Stöppel · Freizeitführer 970

W0190279

RAD-
WANDERN

Oliver Kockskämper

Donau

Von der Quelle bis Wien

STÖPPEL
VERLAG

Übersichtskarte

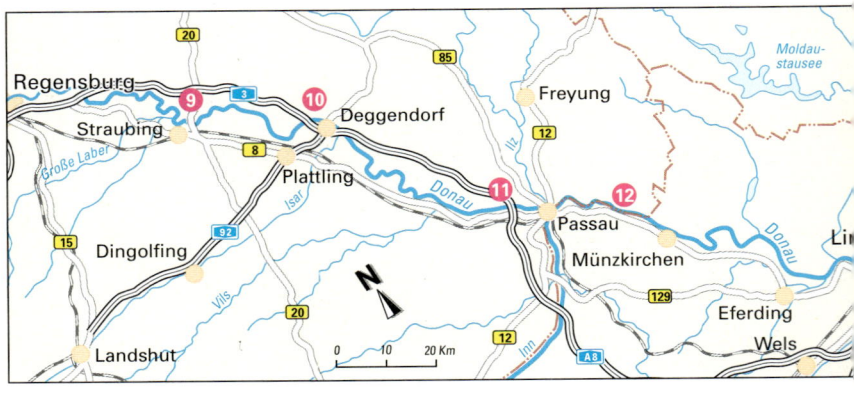

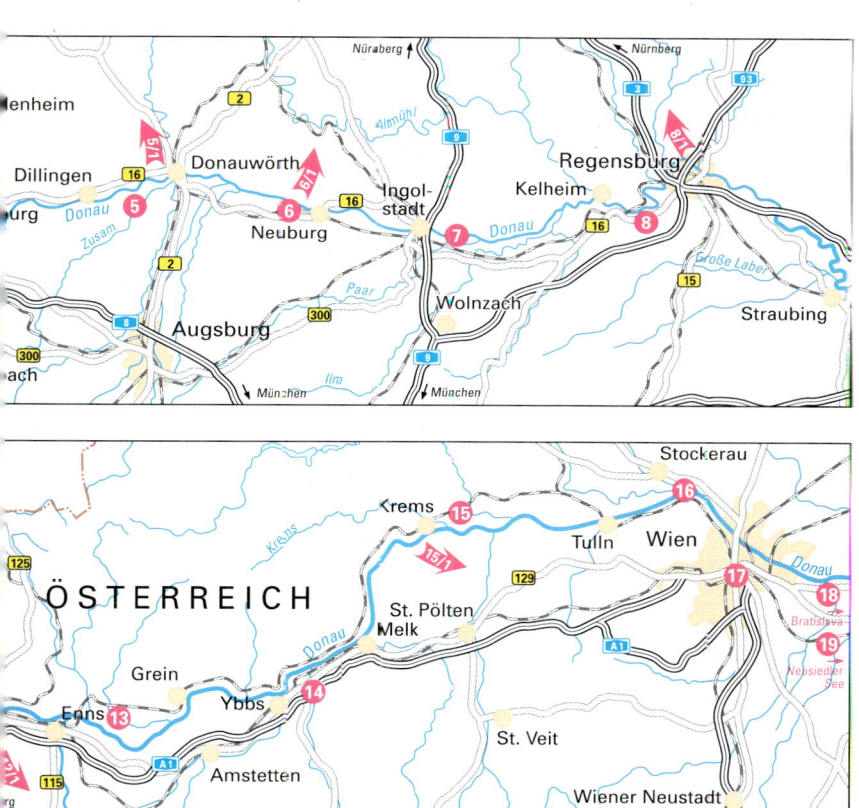

Die roten Ziffern entsprechen den Touren-Nummern dieses Buches.

Trotz größter Sorgfalt bei Recherche und Zusammenstellung der Touren in diesem Buch können Autor und Verlag für die gemachten Angaben keine Gewähr übernehmen

Bildnachweis:
Verkehrsamt Dillingen (S. 75). - Verkehrsamt Eberbach (S. 203). - Stadt Krumbach (S. 83). - H.-H. Rohlfs, Herrsching (S. 191). - O. Kockskämper, Troisdorf (übrige Fotos).

Redaktion: H.-H. Rohlfs, Herrsching
Karten: Computerkartographie Carrle, Schondorf a.A.
DTP: Robert Stöppel, Weilheim; H.-H. Rohlfs, Herrsching
Herstellung: Das Grüne Atelier, Holzkirchen
Lithos: Lorenz & Zeller, Inning a.A.
Druck: EOS, St. Ottilien
Printed in Germany

ISBN: 3-89306-070-7

Inhalt

Symbolerklärungen

km	Streckenlänge, Dauer der Tour
START	Startpunkt
🚲	Streckeninformationen, Besondere Hinweise
🗙	Einkehrmöglichkeiten
👑	Bademöglichkeiten, Seen, öffentliche Bäder
i	Informationsstellen, Zusätzliche Informationen
🚲	Fahradverleih, Werkstatt

Kartenlegende

★	Sehenswürdigkeit	**P R**	Parkplatz, Rastplatz
🏰	Kirche, Kapelle	🔵	Spielplatz
🏰	Burg, Schloß	Bf	Bahnhof
🏰	Ruine	U S	U-Bahn / S-Bahn
⚏	Turm, Mahnmal	🚵	Mountainbike
M	Museum Freilichtmuseum	J A	Jugendherberge, Camping
⌂ ⌂	Freibad, Hallenbad	F	Freizeitpark
X	Gasthaus, Biergarten	⁂	Aussichtspunkt
ND	Naturdenkmal	⊥	Wegkreuz, Marterl
🌀 🌀	Windmühle, Wassermühle	••••	Grabhügel

Tourenverlauf:

Startpunkt O ⟶ Steigungen ⟶ ⟶ ⟵ ••••◄ Abstecher

Richtungspfeil ⟶ Abkürzung, Alternative

8

Vorwort

Grüß Gott, liebe Radelfreunde !

Herzlich willkommen am wohl berühmtesten Fluß Europas. Es gibt wohl kaum einen anderen Strom auf der Erde, der so oft besungen wurde und und soviel Geschichte gemacht hat wie die Donau. In unserer Zeit kommt ein weiteres Attribut hinzu - an keinem Fluß tummeln sich derart viele Radfahrer wie an der Donau - Schätzungen belaufen sich auf weit über 100.000 Radler im Jahr!

Doch was ist es, das schon seit Menschengedenken die Anziehungskraft dieses Flusses ausmacht? Nun, um die Antwort darauf zu finden haben Sie sich, lieber Leser, die Donau als Urlaubsziel ausgesucht. Und wie könnte man die Donau besser kennenlernen als mit dem Fahrrad? Daß es entlang der Donau eine nicht bezifferbare Anzahl von Sehenswürdigkeiten, Geschichte und Geschichten, aber auch eindrucksvolle Natur gibt, ist bekannt. Doch die Donau bietet noch mehr: Einen excellenten Radwanderweg, der an der Quelle in Donaueschingen beginnt und uns bis nach Wien begleitet. Der Donauradweg läßt Radlerherzen höher schlagen: Von den rund 876 km verlaufen weit über 90% (geschätzt) fernab aller Straßen, begleitet von einer perfekten Beschilderung.

Wenn man am Start in Donaueschingen steht und 876 km vor sich hat, dann ist dies schon „ein Packen Holz", der möglicherweise abschreckt. Darum vorab das Wichtigste: Wir wollen radwandern und nicht „radrasen" - wenn Sie also vorhaben, die Strecke ausschließlich des Radfahrens wegen zu absolvieren, d.h. „möglichst viele Kilometer am Tag zu fressen", dann lassen Sie dieses Buch besser als unnötigen Ballast zuhause - eine ordinäre Karte tut es dann auch!

Wir haben uns nämlich entschlossen, die Donau, ihre Städte, ihre Landschaft, ihre Geschichte und ihre Menschen zu genießen. Genau deshalb werde ich mich auch hüten, Ihnen bestimmte Etappen „vorzuschreiben". Die Unterteilung dieses Buches dient lediglich zur besseren Übersicht und soll soll Ihnen bei der individuellen Planung des Urlaubes behilflich sein. Wo Sie Ihre Tagesetappe beenden, ist freilich Ihnen selbst überlassen - dies hängt von sehr vielen Faktoren ab wie z.B. Kondition, Motivation, Besichtigungslust usw.

Vor allem aber, wenn Sie mit Kindern reisen -und dafür ist der Donau-radweg wie geschaffen- sollten Sie die Etappen kurz und die Pausen lang halten, denn wenn die Kinder keine Zeit für Erholung und Spiel haben, wird der Urlaub schnell für alle Beteiligten zur Strapaze.

Mit der Übernachtung dürfte es keine allzu großen Probleme geben, denn fast alle Hotels/Pensionen entlang der Strecke haben sich auf Radwanderer eingestellt und erklären sich gerne bereit, uns auch für nur eine Nacht aufzunehmen. Doch in diesem Zusammenhang ein ganz wichtiger Tip: Wie bereits erwähnt, werden Sie an der Donau nicht al-lein als Radfahrer unterwegs sein - und am Spätnachmittag geht der große Run auf die Zimmer los, wodurch es immer wieder zu Engpässen kommt. Da Sie bereits gegen Mittag abschätzen können, wo Sie am selbigen Tag ankommen werden, sollten Sie im betreffenden Fremden-verkehrsamt anrufen und sich ein Zimmer reservieren lassen. Aus die-sem Grunde habe ich Ihnen im Serviceteil die wichtigsten Adressen und Rufnummern angegeben. Dasselbe gilt auch für für die Jugendherber-gen, deren Adressen und Rufnummern ebenfalls angegeben sind.

Die wahren „Naturfreaks", die mit dem Zelt unterwegs sind, werden da weniger Probleme haben - auf den ebenfalls im Buch angegebenen Campingplätzen wird es zwar manchmal eng, aber ein Plätzchen für die Nacht ist hier immer zu finden.
Wo wir gerade bei der Natur sind, noch ein weiterer wichtiger Hinweis: Leider fühlen sich nicht nur Radfahrer an der schönen Donau wohl, son-dern auch die Stechmücken. Ein schwitzender Radfahrerkörper ist für Mücken immer ein willkommenes Mittagsmahl, und daher sollten Sie unbedingt ein Insektenschutzmittel mit ins Ihr Gepäck nehmen!

Die Anreise zum Startpunkt (Donaueschingen) sollte sinnvoller Weise mit der Bahn erfolgen. Neben den umweltfreundlichen Aspekten steht die Tatsache zu Buche, daß es sich ja um eine Streckentour handelt und Sie daher ohnehin am Ende des Urlaubes mit der Bahn wieder zurück müssen. Also warum dann nicht gleich mit der Bahn nach Hause? Mit der Bahn zu erreichen ist der Ausgangsort Donaueschingen problem-los, denn es liegt direkt an der Bahnlinie Offenburg-Villingen/Schwen-ningen-Tuttlingen-Singen.

Wer dennoch lieber mit dem Auto anreisen mag (was ohne Frage vor allem mit Kindern bequemer ist), hat ebenfalls keine Probleme - die Autobahn A 81 (E41) Stuttgart-westlicher Bodensee führt keine 10 km an Donaueschingen vorbei.

Doch um nochmals kurz auf die Toureneinteilung bei unserem Radurlaub zurückzukommen: Eine grobe Richtschnur möchte ich Ihnen nicht vorenthalter: Vie fach sind Natur, Geschichte und Sehenswürdigkeiten so reizvoll, daß mar häufig längere Pausen einlegt. Daher sollte man durchschnittlich 40-60 km für einen Tag maximal einplanen, auch wenn die gesamte Strecke fast brettleben ist. Desweiteren kommt hirzu, daß die Strecke tei we se mit Campingplätzen und Jugendherbergen recht dürftig ausgestattet ist, so daß auch hier eine Abstimmung der Etappenlänge erfolgen muß. In dem Buch habe ich daher versucht, die Touren entsprechend so zu wählen, daß am Ende ein Ziel steht, n dem Zeltmöglichkeit, Jugendherberge und Privatunterkünfte zur Verfügung stehen.

Aus der laufenden Etappennummerierung und den entsprechenden Kilometerangaben können Sie erkennen, daß 3 bis 4 Wochen für d e Strecke von Donaueschingen nach Wien absolutes Minimum sind, wenn man auch nur einen Teil der Sehenswürdigkeiten besichtigen wi l. Aber warum das ganze „am Stück" durchziehen? - Teilen Sie sich die gesamte Tour doch einfach für mehrere Urlaube auf!

Nun aber langer Rede kurzer Sinn: Ich wünsche Ihnen einen unvergeßlichen Urlaub an der Donau mit sonnigem, aber nicht allzu heißem Radler-Wetter!

Oliver Kockskämper

Einleitung

Die Donau

Auf unserer langen Tour wird sie uns stets ein treuer Begleiter sein - die Donau. Aus diesem Grunde möchte ich Ihnen diesen eindrucksvollen Fluß kurz vorstellen, was sicherlich schwer fällt bei all' dem, was es Wissenswertes über ihn gibt.

Einleitend hätte ich nun gerne geschrieben „die Länge von der Quelle bis zur Mündung beträgt ... „. Tja, sie mündet -und das weiß fast jedes Kind- in Form eines riesigen sumpfigen Deltas im Schwarzen Meer, aber bei der Quelle, da scheiden sich die Geister. Jeder „ordentliche" Schwabe hat in der Schule gelernt: „Brig(ach) und Breg bringen d'Donau z'weg". Also ist die Brigach die Quelle? Oder die Breg? Aber eigentlich war doch in Donaueschingen ....?

Nun gut - in den vergangenen Jahrhunderten hat es schon viele Streitigkeiten darüber gegeben, was denn nun die „echte" Quelle der Donau sei: Fest steht, das die Breg in 1.078 m ü.d.M. in der Nähe von Furtwangen entspringt und mehr Wasser führt als die Brigach. Diese beiden (Quell-)Flüsse (Bäche) vereinigen sich in Donaueschingen - und genau hier, so legte man erst in diesem Jahrhundert fest, ist die Quelle der Donau!

Und somit mißt die Donau eine Länge von 2.840 km und ist damit hinter der Wolga der zweitlängste Fluß Europas. Acht Länder duchquert oder tangiert die Donau auf ihrer langen Reise und wechselt dabei ab und an ihren Namen: In Deutschland und Österreich heißt sie Donau, in der Tschechischen Republik und Ungarn Dunaj, in Restjugoslawien Dunav, als rumänisch - bulgarischer Grenzfluß Dunàrea, ehe sie unter selbigem Namen im Grenzgebiet der Ukraine zu Rumänien ins Schwarze Meer fließt.

So wechselvoll wie die Namen und Länder so ist auch die Geschichte der Donau, die es freilich lange vor der Menschheit gab - damals war ihre Quelle vermutlich irgendwo in den Alpen - sie floß in Richtung Südwesten, also direkt gegen die heutige Richtung, die sie erst nach einigen geologischen Katastrophen wie dem Zusammenfall des Rheingrabens, dem Meteoritenschlag im Donauries, usw. bekam. Als dann schließlich die Menschen kamen, gaben sie ihr den Namen „danu", was im Indogermanischen so viel bedeutet wie Fluß. Von damals bis heute ist der Fluß aus der Menschheitsgeschichte nicht wegzudenken - egal ob es die Kelten, die Römer (hier hieß er danubius), die Schwaben, d e Bajuvaren, die Türken, die Tartaren oder andere Völker waren - alle hinterließen ihre Spuren, auf die wir im Verlauf unserer Tour immer wieder treffen werden. Sicherlich kann hier mit Fug und Recht behauptet werden, die Donau hat der Menschheit ihre Geschichte aufgedrückt wie kaum ein anderer Fluß auf der Welt, vielleicht nur noch vergleichbar mit Nil oder Tiber.

Auch ihr Gesicht wechselt die Donau häufig: Im oberen Verlauf, etwa bis Ulm, ist sie fast wild und fließt teilweise inmitten bizarrer Felsformationen. Von Ulm bis Passau ist sie eher behäbig und bescheiden zu nennen - doch sie wächst unaufhaltsam. In Passau hat sie bereits die Fluten der Isar (Zufluß bei Deggendorf) verdaut und bekommt nun die Wassermassen von Inn und Ilz dazu - der Fluß wird zum mächtigen Strom und durchfließt den vielleicht schönsten Abschnitt.

„Vielleicht schönsten Abschnitt", weil wir uns als Radfahrer allein das enge Tal mit der breiten Donau teilen dürfen. Unterbrochen wird diese Idylle immer wieder von hübschen Städten. Doch daß hier kein Irrtum aufkommt: Auch die Strecken vor und nach dem Stück zwischen Passau und Linz gefolgt von der Wachau haben ihren Reiz, der oftmals sehr vielfältig geprägt ist. Hinter der Wachau, im Tullner Becken, wird das Gebiet wieder sehr weitläufig - die Donau nutzt dies zur Erlangung einer immensen Breite, in der sie dann auch „unser" Ziel -Wien- erreicht. Freilich hat die Donau ihr Ziel noch lange nicht erreicht - sie wird ihr Gesicht noch mehrmals verändern, ehe sie sich deltaförmig ins Schwarze Meer ergießt.

Dies tut sie so eindrucksvoll, wie sie ihre lange Reise zurückgelegt hat. denn ihr Wasserreichtum ist an der Mündung größer als von Elbe, Weser und Rhein zusammen!

1

Wo alles beginnt...

Von Donaueschingen nach Beuron

Toureninfos

km etwa 62 km (bis Leibertingen etwa 67 km)

START Donauquelle in Donaueschingen

Teilweise etwas hügelige Strecke ohne anstrengende lange Steigungen auf einem hervorragend gekennzeichneten Radweg. Einige Abstecher wie z.B. auf den Hegau-Vulkan weisen Steigungen auf.

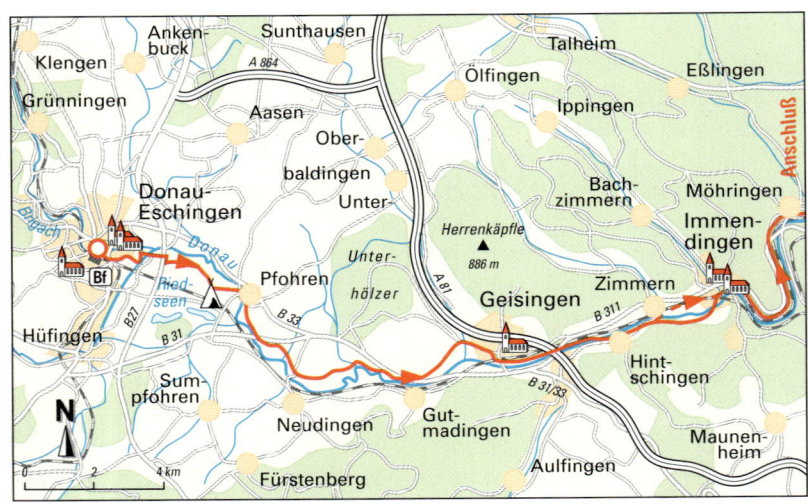

Das Ziel dieser Etappe ist abhängig von der Art Ihrer Übernachtung: Campingplatz in Hausen, Jugendherberge in Leibertigen, Zimmer in Beuron

Mehrere in Donaueschingen und Tuttlingen, desweiteren in Pfohren, Neudingen, Geisingen, Immendingen, Möhringen, Nendingen, Mühlheim, Fridingen, Beuron, Leibertingen und Hausen

Donaueschingen - Freibad und Riedsee (letzterer bei Pfohren) - Tuttlingen - Hallen- und Freibad Mühlheim - Hallenbad Fridingen - Freibad

 Donaueschingen - Fürstlich Fürstenbergische Hofbibliothek Di-Fr 9-12.30 und 15-19 Uhr - Fürstlich Fürstenbergische Sammlungen Di-So 9-12 und 13.30-17 Uhr - Schloß Ostern-Sept. Mi-Mo 9-12 und 14-17 Uhr

Herzlich willkommen in Donaueschingen, dem Startpunkt unserer Radreise !

Da eine jede Reise irgendwo einmal beginnen muß, habe ich mich für den Bahnhof entschieden, da ein großer Teil der Radelfreunde dort ankommt und da der Bahnhof auch für Autofahrer ohne große Probleme zu finden ist.

Vor dem Bahnhof stehend sehen wir auf der anderen Seite der Bahnhofstraße linkerhand die Post und rechterhand die Josephstraße.

Um unsere Tour ruhig zu beginnen, bietet es sich an, zunächst einmal jene Örtlichkeit kennenzulernen, an der sich die offizielle Donauquelle befindet:

Donaueschingen: Da weder Brigach noch Breg für Reisende ein unüberwindliches Hindernis darstellten, blieb die Region um Donaueschingen zunächst unbeachtet. Vor allem fällt auf, daß die Römer keinerlei große Spuren hier hinterließen, wie sie es an anderen Orten entlang der Donau taten. So waren die Alemannen die ersten, die sich um 260 herum hier häuslich niederließen. Bis zur ersten urkundlichen Erwähnung dauerte es dann wieder recht lange - 889 wurde in der Reichenauer Urkunde ein „Esginga" erwähnt, der in den darauffolgenden Jahrhunderten ein unbeschriebener Flecken blieb. Im 13./14.Jh. gab es hier ein Adelsgeschlecht der Herren von Blumberg, ehe schließlich der Besitz an die Fürstenberger kam. Friedrich Ferdinand von Fürstenberg sorgte ab 1653 dafür, daß das verschlafene Nest zu einer prachtvollen Residenz ausgebaut wurde.

Nachdem Donaueschingen 1806 Amtsstadt geworden war und 1870 das Solebad eröffnet wurde, schien das Aufstreben der Stadt unaufhaltsam zu sein. Leider wurden die Pläne 1908 durch einen Großbrand jäh beendet. Nachdem einige Teile wieder aufgebaut waren, kam der Zweite Weltkrieg und machte die Mühen gleich wieder zunichte. Daher ist es auch nicht erstaunlich, daß uns heute ein recht unregelmäßiger Stadtkern empfängt, der allerdings einige sehr schöne Gebäude zu bieten hat, die wir uns nun ansehen wollen:

Dafür fahren wir zunächst die Josephstraße entlang, überqueren die Brigach und kommen zum Postplatz, den wir nach schräg links wieder verlassen.

Auf der linken Straßenseite steht die historische Brauerei Fürstenberg, die Bierkennern sicherlich ein Begriff sein dürfte. Falls nicht, haben Sie hier die Gelegenheit zum Testen - aber bitte in Maßen, denn es warten noch einige Sehenswürdigkeiten auf uns!

An der Brauerei vorbei kommen wir direkt zur ersten Sehenswürdigkeit der Stadt, nämlich zur Fürstlich Fürstenbergischen Hofbibliothek.

Bei der Gründung 1730 war diese **Bibliothek** für das Schloß Meßkirch gedacht, doch schon 1750 entschloß man sich, die 150.000 Bände, 1.200 Handschriften, 510 Inkunabeln (Drucke aus den Anfängen des Buchdruckes, bis 16.Jh.) und 2.500 Musikhandschriften nach Donaueschingen zu verlagern, wo sie uns heute noch zur Verfügung stehen. Der Lesesaal ist in der Woche zugänglich (s. Infoteil), doch um die echten Schätze zu Gesicht zu bekommen, ist eine Voranmeldung erforderlich. Und diese „Schätze" können sich wahrlich sehen lassen: Miniaturhandschriften aus dem 9.-16.Jh. oder Handschriften vom Schwabenspiegel und von Parzival erwecken nicht nur beim Kenner erstaunte Blicke.

Vor der Hofbibliothek stehend fahren wir links die Haldenstraße weiter und kommen direkt zur Stadtkirche St.Johann Baptist.

Das Datum der Kirchweihe, 1747, läßt erahnen, daß es sich bei dem Sakralbau um eine **Barockkirche** handelt. In der Tat schuf der Prager Baumeister Max Krankas ein exquisites Beispiel für die Kunst des böhmischen Barock, das mit einer Hallenhöhe von 18 m dazu noch sehr groß ausgefallen ist. Im Innern der Kirche finden wir alles, was das Kenner-Herz begehrt. Unterstrichen wird die Eleganz noch durch zwölf wundervolle Apostelfiguren und eine holzgeschnitzte Madonna, die vermutlich von 1525 stammt.

Wir fahren links an der Kirche vorbei (Fürstenbergstraße), biegen sogleich wieder links ab und kommen kurz darauf zum Karlsplatz mit seinem Karlsbau.

Info

Im Karlsbau sind die **Fürstlich Fürstenbergischen Sammlungen** untergebracht, die für jedermanns Geschmack etwas zu bieten haben: Zu sehen sind die Abteilungen volkstümliche und höfische Kunst, Geologie, Mineralogie, Zoologie und nicht zuletzt eine Gemäldegalerie mit altdeutschen Tafelbildern aus dem 15./16.Jh., darunter auch der Wildensteiner Altar.

Der Höhepunkt der Sammlung kam erst 1850 in Fürstenbergischen Besitz - die Handschrift C des Nibelungenliedes aus Hohenems. Sie ist eine von nur drei vollständigen Handschriften, die im 13.Jh. über das Heldenepos entstanden sind.

Vom Karlsplatz fahren wir so, wie wir herkamen, wieder zurück zur Fürstenbergstraße und sehen schräg links auf der anderen Straßenseite eine echte "Muß"-Sehenswürdigkeit.

Info

Eine Radtour an der Donau zu beginnen, ohne sich das Fürstliche Schloß von Donaueschingen angeschaut zu haben, ist schon beinahe eine Sünde. Schon das Schloß ist attraktiv, aber im Park hinter dem Schloß "fängt alles an" - da liegt die "Donauquelle".

Doch zunächst zum **Schloß** selbst: 1772 entschlossen sich die Fürsten von Fürstenberg, sich eine neue Residenz zu gönnen und ließen sich ein prachtvolles Schloß bauen, das allerdings 1893-96 wesentliche Änderungen erfuhr. Was uns hier empfängt, läßt uns erahnen, daß die Fürsten wahrlich keine armen Leute waren - Möbel aus Zeiten der Renaissance, des Barock und des Rokoko werden umrahmt von herrlichen Wandteppichen. Besonders zu empfehlen sind der Festsaal, die Salons, das Kupferzimmer und natürlich die Empfangshalle mit dem Treppenhaus.

Nun aber hinaus in den Garten zur "Donauquelle", die hier in Form eines Brunnen dargestellt wird, was ja eigentlich, wie wir nun wissen, falsch ist (daher die Anführungszeichen).

Info

Nichts desto trotz schufen A. Weinberger und A. Heer 1896 einen prachtvollen, offiziellen **Ursprung der Donau**. Der Brunnen trägt die Inschrift "Über dem Meere 687 m, bis zum Meere 2840 km". Die Marmorgruppe, die den Brunnen "bewacht", zeigt die Mutter Baar als Symbol für die Landschaft (Baar), die der Donau den Weg nach Osten zeigt. Die "Donauquelle" und der herrliche Park, der sie umgibt sind wahrlich ein würdevoller Auftakt zu unserer Radwanderung.

Wer schon auf Reisen geht, der möchte natürlich auch die jeweiligen **Gaumen-Spezialitäten** der Region kennenlernen. Und da wir uns ja sportlich fortbewegen, können wir auch ohne schlechtes Gewissen einmal so richtig schlemmen. Aus diesem Grunde habe ich versucht, an einigen Stellen dieses Buches auf die kulinarischen Genüsse der jeweiligen Region hinzuweisen, wobei selbstverständlich nur eine kleine Auswahl gegeben werden kann.

Gleich zu Beginn unseres Urlaubes befinden wir uns in einer wahren Feinschmecker-Region, die höchst unterschiedliche Speisen zu bieten hat: Eine rustikale Vesper (oder Veschper, wie man hier sagt), ist das Bauernplättli (Bauernplatte) mit kernigem Bauernbrot, Blut- und Leberwurst, Gurken, Tomaten und einem Stück Schwarzwälder Speck. Zur besseren Verdauung wird danach ein Chrisewässerli (Kirschwasser, von franz.: cerise für Kirsche) oder ein Schwarzwälder Hefeschnaps getrunken.

Die Winzerveschper hat ebenfalls den Schwarzwälder Speck oder Schinken zum Bestandteil, der hier jedoch durch Rahmkäse und Zwiebelkuchen ergänzt wird. Ebenfalls berühmt ist die Suppenvielfalt: Kartoffel-, Lauch-, Kohlrabi-, Bohnen-, Grünkern-, Spargel-, oder Schneckensüpple, die Variationen scheinen unbegrenzt. Schnecken sind sehr beliebt und finden im Badischen Schneckentopf ihren Höhepunkt, bei dem die Schnecken mit Gemüsestreifen gedünstet und durch Reis komplettiert serviert werden.

Durch die vielen Flüsse des Schwarzwaldes versteht es sich fast von selbst, daß auch Fisch mit oben auf der Speisekarte steht. Hecht, Gebirgsbach- und Regenbogenforelle sind die häufigsten Vertreter, die in den unterschiedlichsten Zubereitungen kredenzt werden. Falls Sie zur Spargelzeit unterwegs sind, sollten Sie sich die hiesigen Spargel-Spezialitäten nicht entgehen lassen. Zum Spargel wird gerne Kratzete, das sind auseinandergerissene Omelettes, serviert. Fleischfans sei unbedingt das Schäufele empfohlen, jenes beste Stück von der Schweineschulter, das leicht geräuchert und gepökelt wird. Daß man sich am Nachmittag in einem Café ein Stück Schwarzwälder Kirschtorte gönnt, versteht sich glaube ich von selbst.

Sie sehen also - auch von der Verpflegung her wird unsere Radtour zu einem interessanten Erlebnis, vor allem deshalb, weil sich im Verlaufe der Tour die regionale Küche oftmals schlagartig ändert und doch stets appetitlich bleibt.

So, nun kennen wir den Fluß, dem wir unseren Urlaub widmen, wir kennen die offizielle Quelle der Donau, wissen, wie es in Donaueschingen aussieht und kennen auch die regionale Küche. Jetzt heißt es aber endlich „auf die Räder schwingen" und losfahren. Kleiner Tip - auch wenn Sie noch so sehr auf das Radeln „brennen" - lassen Sie es bitte ruhig angehen, denn die erste Etappe „zieht" sich!

Auf eine detaillierte Beschreibung des Weges können wir in diesem Buch getrost verzichten, denn wie bereits im Vorwort erwähnt, ist der Donau-Radwanderweg vorzüglich beschildert, so daß ein Verfahren nahezu ausgeschlossen ist.

"Brig`und Breg bringen d`Donau z`weg" - die offizielle Quelle
aber befindet sich hier im Schloßpark von Donaueschingen

Wir folgen also von der Donauquelle, bzw. vom Schloß aus den Wegweisern und kommen nach entspannter Fahrt nach Pfohren.

Info

Pfohren: Tja, kaum losgefahren, schon gibt es wieder Grund, vom Rad abzusteigen, denn das Dorf besitzt gleich zwei Sehenswürdigkeiten. Unübersehbar ist die für Graf Friedrich zu Fürstenberg 1471 erbaute Entenburg. Die stolze Wasserburg bekam von Kaiser Maximilian I seinen Narren und beherbergt heute diverse Gemäldeausstellungen. Die zweite Attraktion ist die im 18. Jh. errichtete Pfarrkirche St.Johann, deren Turm teilweise Ursprünge aus dem Romanischen enthält.

Zurück an der Entenburg folgen wir wieder dem Radweg über den Entenburgweg weiter bis zur Wiesenstraße, die nachher Birchring heißt und Pfohren verläßt. Wenig später besteht die Möglichkeit, den Rad-weg auf einer Landstraße nach rechts zu verlassen, denn so gelangt man nach Neudingen.

Tip

In **Neudingen** gibt es eine schöne Parkanlage, in der sich auch die Gruftkirche der Fürstenberger aus dem 19. Jh. befindet. Wer sich für den Adel interessiert, sollte Neu-dingen nicht auslassen.

Von Neudingen aus fahren wir dieselbe Straße zurück bis zu der Ein-mündung, an der wir vom Radweg abbogen. Wir fahren nach rechts auf dem Radweg weiter und kommen durch ruhige Natur.

Wer gute Augen und etwas Glück hat, kann hier einige Störche beobachten.

Nach kurzer Fahrt durch das Feuchtgebiet treffen wir wieder auf die Bundesstraße und fahren rechts parallel der Straße weiter. Schon bald treffen wir in Geisingen ein.

Info

Geisingen: Das heute rund 5.500 Einwohner zählende Städtchen gibt es vermutlich seit 764. Nachdem Geisingen 1318 die Stadtrechte erhielt, gehörte es kurze Zeit später zu den Besitztümern der Fürstenberger. Markantestes Bauwerk ist das große Zementwerk. Das wäre nicht besonders erwähnenswert, hätte das Werk nicht 1973 den Architekturpreis für Industriebau bekommen. Die Besitzer sind auch stolz auf die umweltfreundliche und rationelle Anlage und bieten sogar Führungen durch die Anlagen an (Tel. 07704/507). Doch auch Kunstfreunde kommen in Geisingen nicht zu kurz und können sich an der Wallfahrtskapelle Heilig Kreuz (1741), die erst kürzlich restauriert wurde, erfreuen.

Auch die Natur macht auf sich aufmerksam. Links neben Geisingen reckt sich der 841 m hohe **Wartenberg** in die Höhe. Er gilt als das Eingangstor der Donau in die Alb. Auf dem Gipfel wartet nicht nur eine eindrucksvolle Aussicht, sondern auch die Reste einer im 12. Jh. aus Basaltstein errichteten Burg.

Wir verlassen Geisingen dem Radweg folgend. Dabei ist es ratsam, den Schildern besondere Beachtung zu schenken, denn es muß des öfteren abgebogen werden! Als nächstes erreichen wir Immendingen.

Info

Immendingen ist heute ein netter Ferienort im Naturpark „Obere Donau". Schmuckstück der Kleinstadt ist das Schloß (16. Jh.), welches heute das Rathaus beherbergt.

Wer nicht gerade aus dem Ruhrgebiet kommt und derartiges zu Genüge kennt, der kann von Immendingen aus etwa 3 km in das nördlich gelegene Weißenbachtal nach Bachzimmern fahren (beschildert). Dort stehen die Reste eines alten Hochofens und ein Schau-Kohlenmeiler.

Eine andere, außergewöhnliche Sehenswürdigkeit befindet sich etwa 3 km südlich von Immendingen. Oberhalb der Kaserne liegt Gundelhof-Hewenegg. Hier gibt es den alten Hegau-Vulkan Hewenegg. Einst baute man aus dem Basalt des Vulkans hier oben eine Burg, von der allerdings nicht mehr viel übrig ist. Das Basalt wird heute in Steinbrüchen abgebaut.

Doch zurück nach Immendingen: Egal, ob sie einen Abstecher in den Ort gemacht haben - der Radweg über- bzw. unterquert die Donau und die Bahnlinie, neben der es links weitergeht. Neben den Bahnschienen her kommen wir zur Freizeitanlage „Donauversinkung", wo sich die Gelegenheit zu einer Rast bietet. Der Radweg jedoch zweigt kurz vor dem Parkplatz links ab, überquert die Donau und bringt uns nach wenigen hundert Metern zur Donauversickerung.

Der Radweg zieht sich nun für rund 3 km an den Bahnlinien entlang, unter einer Landstraße hindurch, schließlich auch über die Schienen nach Möhringen.

Vom Rathaus aus führt uns der Radweg etwas „zackig" durch Möhringen. Die gut sichtbaren Schilder lotsen uns über Schafmarkt, geradeaus über die Bischofzeller Straße, Gihrsteinstraße, Anton-Braun-Straße, Bleichstraße und Mühlberg hinaus aus der Kleinstadt. Wir fahren in schöner Umgebung weiter zwischen der Donau (zur Rechten) und dem Wald (zur Linken), bis wir zum Freibad von Tuttlingen kommen. Für diejenigen, die sich nicht erst abkühlen wollen, wird es mit Tuttlingen (rd. 34.000 Einwohner) zum ersten Mal großstädtisch, was ganze Aufmerksamkeit in Bezug auf Autoverkehr bedeutet.

Vom Freibad aus folgen wir weiter der Donau, kommen unter zwei Eisenbahnbrücken sowie einer Straßenunterführung (B14) her und fahren neben der Sportanlage und dem Festplatz weiter. Wir lassen die kleine Brücke rechts liegen und kommen auf die Stuttgarter Straße, wo wir nach wenigen Metern rechts abbiegen und unter der Brücke herfahren. Nachdem wir die kreuzende Weimarstraße geradeaus überquert haben, stehen wir zwei Straßenecken weiter direkt auf dem Marktplatz.

baute man das heutige Wahrzeichen - die Burg auf dem Honberg, die unübersehbar über uns liegt. Man erreicht sie, indem man vom Rathausplatz geradeaus der oberen Hauptstraße bis hinter den Friedhof folgt, links in die Mattsteigstraße einbiegt und dann die Serpentinen erklimmt. Man erbaute die Burg damals aus gutem Grund, denn unmittelbar zuvor hatten die Truppen der Reichsstädte Tuttlingen in Schutt und Asche gelegt. Lange Zeit beschützte sie die Stadt, wurde jedoch 1645 nach langer Belagerung durch Konrad Wiederholt weitgehend zerstört.

Sie sollten auf die noch erhaltenen Türme steigen und den herrlichen Blick über Tuttlingen genießen. Auffällig ist dabei, daß die Stadt sehr planmäßig angelegt wurde.dies war nicht allzu schwer, denn im 30-jährigen Krieg wurden bereits viele Bauten zerstört. Was die Truppen nicht zerstörten, „schaffte" dann 1803 eine ungeheure Feuersbrunst, die Tuttlingen dem Erdboden gleich machte. Übrigens, in den Kellergewölben der Burg soll ein Schatz versteckt sein - doch leider werden wir nicht die ersten sein, die ihn suchen. Wir fahren zurück zu „unserem" Marktplatz, an dem sich auch das imposante Rathaus und die Touristeninfo befindet. Auf dem Marktplatz vor dem Rathaus stehend können Sie links der Bahnhofstraße folgen, die das Herz der Stadt bildet. Wenn Sie nach wenigen Metern in der Bahnhofstraße rechts in die Donaustraße einbiegen, finden Sie das **Heimatmuseum** mit Exponaten zu Handwerk, Gewerbe, Möbel und natürlich Geschichte. Ein Hauch von Ruhrgebiet kommt auf, wenn über die Tuttlinger Eisen- und Stahlindustrie anhand von Schaustücken und Erklärungen berichtet wird. Kein Wunder, denn ein wenig weiter die Donau herunter (an unserem Radweg) steht die Hütte Ludwigstal, die 1694 von Herzog Erhard Ludwig gegründet wurde und bis 1861 in Betrieb war.

Nach der Stadtbesichtigung fahren wir vom Marktplatz aus wieder zurück zur Donau, überqueren diese jedoch nicht, sondern folgen brav über öffentliche Straßen dem rechten Ufer (die erste Straße, in die wir vor der Brücke einbiegen, heißt „In Wöhrden"). Zielsicher kommen wir so heraus aus der Stadt und können wieder ganz entspannt der Radweg-Beschilderung folgen. Der nächste Stop lohnt sich in Mühlheim.

Info

Der erste Eindruck von **Mühlheim** täuscht, denn auf den ersten Blick scheint es nichts Historisches zu geben. Selbst die evangelische Pfarrkirche, an der wir vorbeikommen, ist recht neu. Doch es wird besser:

An der ev. Kirche biegen wir links ab auf die Hauptstraße, ehe uns ein Schild „Altstadt" neugierig macht. Dem Ufer weiter folgend kommen wir durch den historischen Teil Mühlheims.

Info

Mühlheim: Nach einem kleinen Anstieg sehen wir Reste der alten Stadtmauer und das bemerkenswerte **Schloß** der Herren von Enzberg. Es wurde 1751-53 auf den Überbleibseln einer alten Burg errichtet. Da die Altstadt eine Historie vermuten läßt, sei Ihnen die tragische Geschichte dieses Ortes nicht verschwiegen: Mühlheim war einst eine belebte Kleinstadt, die langsam aber stetig wuchs. Doch der 30-jährige Krieg und die Pest brachten Mühlheim dem Verfall nahe - ganze 10 Einwohner lebten hier 1633 noch. Doch diese zwei Handvoll bauten ihre Stadt nach und nach wieder

Donauversickerung bei Immendingen

auf, die über Jahrhunderte gedieh. All' dies machte der 2. Weltkrieg weitgehend wieder zunichte. Doch ähnlich wie in anderen deutschen Städten baute man nach dem zweiten Weltkrieg aus Trümmern eine Stadt, die heute einfach nur als schön bezeichnet werden kann. Die St.Galluskapelle hat die ganzen Tragödien überlebt. Die 1275 gegründete Kirche gab den Einwohnern Mühlheims immer wieder neuen Mut und Kraft. Kein Wunder, daß sie einen liebevoll gestalteten Chor besitzt.

Wer Abkühlung sucht, der findet diese garantiert bei der Besichtigung der Mühlheimer **Felsenhöhlen**.

Mit Mühlheim wird unsere Tour nun auch das, was man einzigartig nennen kann - vor uns liegt ein Abschnitt, der genauso romantisch wie wild und urgewaltig wirkt. Über weite Strecken haben wir als Radler das Donautal für uns alleine.

So verlassen wir die Mühlheimer Altstadt an der St. Gallus-Kirche vorbei, fahren bei den letzten Häusern rechts und haben die nächsten Kilometer Zeit zum entspannten Radeln in wundervoller Natur. Nach einer weiteren Überquerung der Bahnschienen kommen wir nach Fridingen.

Fridingen hat lange Geschichte, die seit dem Fund eines Gräberfeldes aus dem 6.Jh. bestätigt wird. Die Grafen von Hohenberg sorgten dafür, daß Fridingen 1300 eine Stadt wurde. Doch die Freude währte nur kurz, denn schon 1381 kam Fridingen zu Österreich. Die in Folge gewachsene Kleinstadt litt unter den zahlreichen Kriegen, die es bis in das 18.Jh. hinein gab. Und so kommt es, daß die meisten Gebäude erst aus der württembergischen Zeit (ab 1806) stammen. Nichts desto trotz ist die Altstadt äußerst attraktiv, was sie nicht zuletzt dem Ifflinger Schloß (Teile aus dem 15.Jh., heute Heimatmuseum) zu verdanken hat. Auch die Stadtpfarrkirche aus dem 19.Jh. kann sich sehen lassen. Ihre Grundsubstanz geht bis in das 9.Jh. zurück.

Info Weitere Attraktionen von Fridingen sind ausgeschildert, aber mit etwas „Kletterarbeit" verbunden: Nordwestlich der Stadt (ca. 3,5 km) liegt die sehenswerte **Kolbinger Tropfsteinhöhle**, die erst 1913 erschlossen wurde. Westlich über Fridingen stehen die Überreste der ehemaligen Wallfahrtskirche Maria Hilf aus dem 17./18.Jh. Und nördlich über dem Bahnhof liegt der Aussichtsturm Gansnest, der wegen seiner spektakulären Aussicht empfehlenswert ist.

Wir verlassen Fridingen direkt an der Donau entlang.

Tip Bei der nächsten Linksbiegung der Donau finden wir wieder Donauversickerungsstellen, dessen Bedeutung wir ja bereits kennen. Auch hier versickert ein großer Teil des Flusses in der südlichen Alb und bahnt sich durch unterirdische Wege. Auch dieses Wasser speist den Aachtopf, der von Fridingen aus 18 km entfernt liegt.

Während der weiteren Fahrt auf dem Radweg sehen wir oben auf einem spitzen Felsen das Schloß Bronnen, das fast vollständig aus dem 13. Jahrhundert stammt. Beneidenswert sind die Inhaber dieses Prachtstückes, die uns als Touristen (aus verständlichen Gründen) keinen Eintritt gewähren.

Info Ganz in der Nähe befindet sich die **Jägerhaushöhle**. Seit der Entdeckung dieser Höhle ist eines klar: Wir sind wahrlich nicht die ersten, die dieses schöne Stückchen Erde kennenlernen. Die Spuren in der Höhle führen zurück in die Mittelsteinzeit (8.000 bis 5.000 v.Chr.) und lassen erkennen, daß es in dieser Zeit 5 Entwicklungsstufen des Menschen gegeben hat.

Wir folgen weiter dem Lauf der Donau und kommen wenige Kilometer weiter nach Beuron.

Info **Beuron:** Bereits 861 wurde in einer Urkunde ein "Purron" erwähnt, das jedoch keine allzu große Bedeutung hatte. Dies änderte sich schlagartig, als der Edelfreie Peregrin Ende des 11.Jhs. nach einer Marienerscheinung an dieser Stelle ein Augustinerchorherrenstift gründete (oder besser „stiftete").

Zunächst zählte Beuron zu den wichtigsten Klostern des Landes, geriet aber im 16./17.Jh. in Vergessenheit und verwahrloste. Erst um 1700 herum kam das Kloster zu neuer Blüte. 1732-38 errichtete man die prachtvolle Stiftskirche, für die Sie sich wirklich Zeit nehmen sollten - allein die Gemälde von Johannes Ignaz sind dafür Grund genug. Die Freude am neuen Prunk dauerte nicht lang - 1802 kamen die Fürsten von Hohenzollern-Sigmaringen nach der Säkularisation in den Besitz des Klosters und ließen es leerstehen - der endgültige Verfall schien gekommen. Doch 1863 schenkte die großherzige Königin Katharina von Hohenzollern den Benediktinermönchen die Anlage. Die Benediktiner bedankten sich auf ihre Weise und machten aus dem Kloster ein Zentrum für Kunst und Wissenschaft, das heute internationalen Rang besitzt.

Hinter den Mauern des Klosters finden Sie außer der Kirche noch weitere interessante Objekte wie die Gnadenkirche (1898, mit Gnadenbild und Bildern der Erzäbte) oder das Bibelmuseum.

Aber auch den Ort Beuron selbst mit seinen pittoresken Häusern und der Archenbrücke über die Donau sollten Sie auf keinen Fall versäumen! Vom Kloster Beuron aus fahren wieder zurück auf die andere Seite der Bahnschienen, um wieder auf unseren Radweg zu gelangen. Wenn Sie Ihre erste Tagesetappe hier beenden möchten, kommt es nun auf die Wahl der Übernachtungsmöglichkeit an, wie es weitergeht: Privatzimmer sind in Beuron zu bekommen; der nächste Campingplatz ist in Hausen (7 km weiter an der Donau, bitte die nachfolgende Tourenbeschreibung „von Beuron nach Zwiefalten" beachten); die Jugendherberge liegt in Leibertingen.

Doch die Alternativroute über Leibertingen ist auch für „Nicht-JHler" attraktiv, weil sie zwar eine mühsame Kletterarbeit erfordert, aber mit Leibertingen, Burg Wildenstein und Kreenheinstetten einiges zu bieten hat. Zeltfreunden sei gesagt, daß auch diese Alternative nach Hausen, also zum Campingplatz, führt.
Also folgen wir der Straße nach Leibertingen, die schon bald recht steil wird, links abzweigt und letztendlich „satte" 250 Höhenmeter überwindet.

Leibertingen: 1100 wurde hier, hoch über der Donau die „Wilde von Wildenstein", oder auch einfach Festung am Altwildenstein genannt, erbaut. Die **Burg Wildenstein** wurde im 13.Jh. nochmals verändert, bevor sie kurz darauf fast vollständig zerstört wurde. 1512-54 errichtete man dann direkt oberhalb der alten Burg die heutige Burg Wildenstein, die ein phantastisches Beispiel mittelalterlicher Baukunst darstellt.

Die Baulichkeiten an sich sind schon spektakulär, aber im Innern der Burgkapelle steht eine wahre Berühmtheit - der Wildensteiner Altar von 1538. Falls Sie sich in Donaueschingen genauer umgesehen haben, so werden Sie bereits wissen, daß es sich hierbei leider nur um eine Kopie handelt, denn das Original steht in den Fürstenbergischen Sammlungen von Donaueschingen. Im übrigen befinden wir uns hier genau am Dreiländereck von Baden, Württemberg und Hohenzollern - kein Wunder, daß sich hier schon lange eine Burg befindet!

Für diejenigen, die von Jugendherberge zu Jugendherberge radeln, ist die JH Burg Wildenstein eine würdevolle Endstation - urige Gemäuer und eine herrliche Aussicht - sicherlich ist Burg Wildenstein eine der schönsten Jugendherbergen Deutschlands!

Nachdem wir Burg und Aussicht genossen (und vielleicht ja auch in der Jugendherberge übernachtet) haben, fahren wir wieder zurück nach Leibertingen und biegen im Ort links ab in Richtung Lengenfeld/ Kreenheinstetten. Etwa 1 km hinter Lengenfeld geht es wieder links ab und dann in entspannter (aber bitte vorsichtiger, weil steiler) Abfahrt wieder hinunter ins Donautal bei Hausen, wo wir beim Tennisplatz wieder auf den Donauradweg treffen.

Wer mag, kann vor der Abfahrt noch einen Abstecher nach **Kreenheinstetten** machen, wo man vor der Dorfkirche das Denkmal des kaiserlichen Hofpredigers Abraham de Santa Clara (1644-1709) sehen kann. Sein Geburtshaus befindet sich ebenfalls hier in Kreenheinstetten - heute befindet sich der Gasthof „Zur Traube" darin.

1.1

„Warmradeln" rund um die Donauquelle
Von Donaueschingen über Bad Dürrheim nach Villingen und zurück

Toureninfos

 ca. 35 km

 Stadtmitte (Donauquelle) von Donaueschingen

 Zum Teil einige stärkere Anstiege Die gewählte Strecke führt soweit als möglich über Rad- oder Forstwege bzw. wenig befahrene Straßen

 Mehrere in Bad Dürrheim und Villingen, desweiteren in Kirchdorf, Klengen und Grüningen

 Schwimmbäder in Bad Dürrheim und Villingen

 Bad Dürrheim - Narrenschopf-Museum sonntags 10-12 und 14-17.30 Uhr - Solemar täglich ab 8 Uhr - Haus des Gastes Mi 15-16.30 und So 14 - 17 Uhr Schwenningen - Heimat- und Uhrenmuseum Di-Do, Sa und 1.So im Monat 14-17 Uhr Villingen - Franziskaner-Museum Di-So 10-12 und Do 15-17 Uhr

So, nun wissen wir, wie es im Süden und im Westen der Donauquelle aussieht und auch den Osten werden wir im Rahmen unserer Donau-Radwanderung kennenlernen. Um die Region von Donaueschingen kennenzulernen, machen wir uns nun auf in Richtung Norden. Mit Bad Dürrheim und Villingen-Schwenningen gibt es dort sehr attraktive Ziele und darüber hinaus radeln wir auch ein wenig an der „heimlichen Donauquelle", der Brigach vorbei.

Wir beginnen unsere Rundtour wieder an der Donauquelle, bzw. am Karlsplatz und folgen von dort der nach Norden gerichteten Moltke-straße. Wir treffen wenig später auf die Pfohrener Straße, fahren weni-ge Meter links, um dann gleich wieder rechts abzubiegen in die Dürr-heimer Straße.

Während die Dürrheimer Straße später einen Rechtsbogen macht, um auf die Bundesstraßen B 27 und B 33 zu führen, fahren wir in diesem Bogen schräg links weiter. Die wenig befahrene Straße, auf der wir uns nun befinden, macht einen Rechts-, dann einen Linksbogen und verläuft sodann etwa 1,5 km geradeaus. Dies schildere ich deshalb so genau, weil wir nach diesen rund 1,5 km rechts abbiegen müssen nach Ankenbuck.

Nicht verschweigen darf ich, daß wir trotz dieses sich doch recht leicht anhörenden Weges fortwährend mit einigen Steigungen kämpfen müssen. Hinter den Häusern von Ankenbuck geht es ein paar hundert Meter nach rechts Richtung Autobahn und dann in einer „Haarnadelkurve" (bitte nicht wörtlich nehmen) zunächst parallel zur Bundesstraße, dann unter derselben her nach Bad Dürrheim.

Info

Bad Dürrheim: Die ersten Menschen siedelten in dieser Gegend bereits vor vielen Jahrhunderten. So fand man im nahegelegenen Moor Reste von Pfahlbauten und Gräber aus der Allemannenzeit. Die Geschichte von „Bad" Dürrheim begann 1922, als man bei Bohrungen in einer 125 bis 150 tief gelegenen Sole (ca. 28°C) Salz fand. Schon bald erkannte man die Heilwirkung in Bezug auf Asthma, Rheuma, usw. und es dauerte nicht lange, bis Dürrheim den Beinamen Bad bekam. Neben den vielen Kureinrichtungen sticht vor allem das „Solemar" hervor, ein riesiges, 1987 errichtetes Sole-Mineral-Erlebnisbad, das Jung und Alt bei 760 qm Wasserfläche reichlich Spaß zu bieten hat.

Interessant ist auch das Haus des Gastes, das sich im ehemaligen Salzsiederhaus von 1824 befindet und heute das Berta- Kien-Tier- und Jagdmuseum sowie eine Kunstsammlung beherbergt. Im alten Salzspeicher sind die Narren los: Karnevals- bzw. Faschings-Fans werden um den "Narrenschopf" nicht herumkommen. Hier, in der Luisenstraße, zeigt das närrische Museum auf rund 1.200 qm Ausstellungsfläche hunderte von Masken, Kostümen und alles, was mit dem närrischen Treiben zu tun hat.

Von Bad Dürkheim aus fahren wir nun einfach den Schildern folgend über die Straße nach Schwenningen. Dabei darf ich nicht vergessen zu erwähnen, daß wir uns bei der Bundesstraße (B 27) direkt an der Quelle des Neckar befinden!

Info

Schwenningen: An der Stelle des heutigen Schwenningens gab es um 895 eine Siedlung namens Suanninga, das ruhig vor sich hin schlummerte. 1524 tobte in der Region ein Bauernkrieg, bei dem -man höre und staune- der Ort Schwenningen von den Bauern aus Villingen bis auf die Grundmauern zerstört wurde. In den folgenden Jahrhunderten mußten die Schwenninger ihre Stadt immer wieder nach Zerstörungen (1633 beim 30-jährigen Krieg und ein Großbrand in 1840) neu aufbauen. Das Dorf wuchs zum größten Dorf Württembergs heran und bekam 1907 endlich die Stadtrechte verliehen. Neben der Landwirtschaft bekam Schwenningen ein zweiten wichtigen Wirtschaftsfaktor - 1858 gründete Johannes Bürck die erste Uhrenfabrik, in der (wir sind im Schwarzwald!) natürlich Schwarzwalduhren, gemein hin bekannt als "Kuckucksuhren", gebaut wurden.

Und so ist es auch nicht verwunderlich, daß im Zentrum von Schwenningen, am Muslenplatz, das Heimat- und Uhrenmuseum die erste Adresse für Touristen darstellt. Wen der "Kuckuck" schon immer interessiert hat, der ist hier genau richtig! Weiterhin sehenswert in Schwenningen sind das Rathaus von 1927 (im spätexpressionistischen Stil), der Mauthepark (ein Erholungspark) und die evangelische Stadtkirche aus dem 15.Jahrhundert.

So, nun wollen wir aber auch den anderen Zwilling der Doppelstadt sehen und fahren über die Straße (beschildert, ca. 5km) ins Zentrum von Villingen.

Info

Auch **Villingen** besitzt eine sehr alte Geschichte, die vermutlich in der Hallstattzeit (6.Jh.v.Chr.) begann und 817 zum ersten Mal ein Ad Filingas schreibt. Anders als die Schwester im Westen konnte Villingen schon 999 Zoll-, Markt- und Münzrecht erlangen und wuchs rasch zu einer wichtigen Stadt heran. Die Stadt "Villingen" wurde im 12.Jh. durch die Herzöge von Zähringen gegründet, die auch in den Folgejahren die Geschicke der Gemeinde wesentlich prägten. Doch 1326 war es damit vorbei - Villingen kam zu Österreich und wurde erst 1806 badisch.

Das Villingen von heute macht auf den Besucher den Eindruck, als wäre die Zeit stehengeblieben - als erstes sieht man die fast vollständig erhaltene Stadtmauer mit einigen Wehrtürmen und zwei (von ursprünglich drei) erhaltenen Stadttürmen - das Riettor (1541) und das Bicktor (im 18.Jh. neu errichtet). Inmitten der Stadtmauer erhebt sich würdevoll das Aushängeschild Villingens - das Münster "Unserer Lieben Frau", dessen Gründung auf 1130 datiert wird. In eindrucksvoller Art vereinigt das Gotteshaus unterschiedlichste Stilrichtungen in sich: Die Grundsubstanz, wie z.B. das hübsche Doppelportal auf der Südseite, ist romanisch, und andere Teile der Fassade bekamen nach einem Brand 1271 ein spätgotisches Aussehen. Im Innern des Langhauses hingegen dominiert der Barock in seiner altbekannten Schönheit. Sie merken also - das Münster steht bei einem Besuch in Villingen auf dem Pflichtprogramm!

Vis-a-vis vom Münster steht das ebenfalls sehenswerte Alte Rathaus von 1306, das unter anderem auch ein historisches Museum beherbergt, in dem es eine Töpfersammlung, Goldschmiedearbeiten und vieles mehr zu sehen gibt. Das Rathaus erhielt 1534 sein heutiges Gesicht, hinter dem sich ein Renaissance-Saal verbirgt. Das ebenfalls am Münsterplatz stehende Neue Rathaus ist ein Barock-Gebäude aus dem 18.Jh.

Die Besichtigung von Villingen erweist sich als eine wahre „Kirchentour", denn die wichtigsten Sehenswürdigkeiten haben etwas mit Gotteshäusern zu tun. So liegt im Westen der Altstadt das ehemalige Franziskaner-Kloster von 1268. Außergewöhnlich ist sicherlich, daß hier unser Hauptaugenmerk nicht auf der Klosterkirche von 1292 liegt, sondern eher auf dem Franziskaner-Museum liegen sollte. Uhren, Glas, Trachten und vor allem Funde von einem Fürstenhügel aus der Keltenzeit lassen neben Exponaten zur Regionalgeschichte in diesem Museum keine Langeweile aufkommen.

Wenn wir uns nun dem Nordwesten der Stadt widmen, kommen wir gleich zum nächsten Kloster - dem ehemaligen Benediktinerkloster, das 1806 aufgehoben wurde. Die Namensgebung der Kirche St.Georg ist einfach nachzuvollziehen, denn die Mönche, die einst das Kloster gründeten, kamen aus St.Georgen. Die Kirche ist mit ihrer barocken Pracht eine wahre Augenweide, die man nicht auslassen sollte. Da aller guten Dinge nun mal drei sind, haben wir die Möglichkeit, neben dem Bickentor das sogenannte Bickenkloster von 1278 zu bestaunen. Heute ist in der Anlage eine Klosterschule der Ursulinen untergebracht. Um den obigen Spruch gleich wieder Lügen zu strafen, sei erwähnt, daß es der Kloster in Villingen gar vier gibt, denn im Osten der Stadt steht das ehemalige Johanniter-Kloster, das heute allerdings protestantisch ist.

Historische und moderne Bausubstanz vereint der Marktplatz von Villingen

Nach der Besichtigung von Villingen machen wir uns nun wieder auf den Rückweg, der am Bahnhof von Villingen beginnt. Von dort aus orientieren wir uns stets an den Bahngleisen, neben denen wir links vorbeiradeln. Über die Landstraße (nicht über die Bundesstraße!) kommen wir schnell den Schildern folgend nach Marbach und weiter nach Kirchdorf und Klengen.

Auf der anderen Seite der Bahnschienen fließt bereits seit dem Zentrum von Villingen die Brigach. Da der Fluß ja in Richtung Donaueschingen fließt, können wir unseren restlichen Kilometern entspannt entgegen sehen. Ohne große Steigungen kommen wir nach Grüningen, wo sich Bahn und Straße trennen.

Info **Grüningen:** In Grüningen lockt ein Besuch der Katholischen Pfarrkirche St.Mauritius aus dem 14.Jh.. Auch wenn sie von Außen etwas schlicht erscheint, so hat sie im Innern gut restaurierte Wandmalereien zu bieten, die vermutlich um 1310 entstanden.

Wir folgen weiter der Straße und haben kurz vor dem Zentrum Donaueschingens noch einmal das zweifelhafte Vergnügen, bergauf zu müssen. Doch auch diese knapp 1,5 km sind rasch geschafft und wir haben das Ende unserer Rundtour erreicht.

Eine „etwas andere" Jugendherberge und ein Kleinod in Baden
Von Beuron über Leibertingen nach Meßkirch
und zurück zur Donau

Toureninfos

km ca. 30 km, verkürzte Tour (nur Leibertingen und Kreenheinstetten) ca. 14 km

START Donauradweg / Bahnhof in Beuron
Donauradweg (beim Tennisplatz) in Hausen

🏔 Zum Teil größere Höhenunterschiede. Die gewählte Strecke führt soweit als möglich über Rad- oder Forstwege bzw. wenig befahrene Straßen

🍴 In Leibertingen, Thalheim, Heudorf, Meßkirch, Rohrdorf und Kreenheinstetten

Schwimmbad in Meßkirch

 Meßkirch - Heimatmuseum nach telefonischer Vereinbarung (Tel. Bürgermeisteramt: 07575/3031)

Die Alternativroute über Leibertingen ist auch für „Nicht-JHler" attraktiv, weil sie zwar eine mühsame Kletterarbeit erfordert, aber mit Leibertingen, Burg Wildenstein, Meßkirch und Kreenheinstetten einiges zu bieten hat. Zeltfreunden sei gesagt, daß auch diese Alternative nach Hausen, also zum Campingplatz, führt. Ein Ausflug bis nach Meßkirch sollte aber nicht als „Anhängsel" zur Tour 1, sondern als separate Tour geplant werden.

Also folgen wir der Straße nach Leibertingen, die bald recht steil wird, links abzweigt und letztendlich „satte" 250 Höhenmeter überwindet.

Info

Leibertingen: 1100 wurde hier, hoch über der Donau die „Wilde von Wildenstein", oder auch einfach Festung am Altwildenstein genannt, erbaut. Die **Burg Wildenstein** wurde im 13.Jh. nochmals verändert, bevor sie kurz darauf fast vollständig zerstört wurde. 1512-54 errichtete man dann direkt oberhalb der alten Burg die heutige Burg Wildenstein, die ein phantastisches Beispiel mittelalterlicher Baukunst darstellt.

Die Baulichkeiten an sich sind schon spektakulär, aber im Innern der Burgkapelle steht eine wahre Berühmtheit - der Wildensteiner Altar von 1538. Falls Sie sich in Donaueschingen genauer umgesehen haben, so werden Sie bereits wissen, daß es sich hierbei leider nur um eine Kopie handelt, denn das Original steht in den Fürstenbergischen Sammlungen von Donaueschingen.

Für diejenigen, die von Jugendherberge zu Jugendherberge radeln, ist die JH Burg Wildenstein eine würdevolle Endstation - urige Gemäuer und eine herrliche Aussicht - sicherlich ist Burg Wildenstein eine der schönsten Jugendherbergen Deutschlands!

Nachdem wir Burg und Aussicht genossen (und vielleicht ja auch in der Jugendherberge übernachtet) haben, fahren wir wieder zurück nach Leibertingen. Wer abkürzen mag, biegt im Ort links ab und fährt direkt nach Kreenheinstetten. Etwa 1 km hinter Lengenfeld geht es wieder links ab und dann in entspannter (aber bitte vorsichtiger, weil steiler) Abfahrt wieder hinunter ins Donautal bei Hausen, wo Sie beim Tennisplatz wieder auf den Donauradweg treffen.

Wir jedoch verlassen Leibertingen über die Straße nach Thalheim. Die folgenden rund 4 km verlangen wieder etwas „Kletterarbeit" von uns. In Thalheim fahren wir links nach Heudorf und kommen, immer den Schildern folgend, in entspannter Abfahrt nach Meßkirch.

Meßkirch: Die rund 7.000 Einwohner zählende Stadt fand ihre erste urkundliche Erwähnung im Jahre 1080 als "Messankirche" (Kirche des Messo). Bereits 1261 bekam Meßkirch unter dem Namen Civitas die Stadtrechte verliehen, war fortan in Besitz verschiedener Adelshäuser und kam 1627 unter die Güter der Fürsten von Fürstenberg. In den vergangenen 200 Jahren war Meßkirch Geburtsort mehrerer bekannter Künstler, unter ihnen die Philosophen Martin Heidegger (1889-1979) und Bernhard Welte (1906-1983), der Maler Johann Baptist Seele (1774-1814) und der Komponist Conradin Kreutzer (1780-1848).

Bei derart "geballter Prominenz" ist es nicht verwunderlich, daß wir in der Kirchstraße Nr.7 ein prachtvolles **Schloß** vorfinden. Die Grafen von Zimmern ließen diese vierflüglige Anlage 1557-67 an der Stelle eines älteren Baus errichten. Im Innern des interessant aussehenden Gebäudes beeindruckt vor allem der große Festsaal mit einem nicht minder großen Kamin. Nachdem die Fürstenberger das Schloß aufgegeben hatten, diente es zu unterschiedlichsten Zwecken und ist heute in Besitz der Stadt, die es mitsamt des hübschen Gartens in einem guten Zustand erhält.

Das benachbarte **Heimatmuseum** (Schloßstr.1) gedenkt freilich den berühmten Söhnen der Stadt, allen voran Conradin Kreutzer. Daß daneben auch Schaustücke aus der regionalen Geschichte (Alemannen und Römer sind auch vertreten) gezeigt werden, versteht sich fast von selbst.

Was wäre ein Ort namens Meßkirch ohne Kirche? - Klar gibt es sie, und deren gleich zwei: In der Mengener Straße 15 steht die **Pfarrkirche Unserer Lieben Frau**, ein einschiffiger Bau aus dem 14.Jh. Im Jahre 1576 wurde sie von J.Schwartzenberger, der auch für den Bau des Schlosses verantwortlich war, maßgeblich verändert. Wenn auch die Liebfrauenkirche von außen etwas schmucklos wirkt, so weiß sie im Innern doch mit einer reichhaltigen Ausstattung (Hochaltar von 1760, Glasfenster aus der Gründerzeit) zu überzeugen.

Schon von dem ersten Blick her imposanter wirkt die katholische **Pfarrkirche St.Martin**, die sich wie das Schloß in der Kirchstraße befindet. Einst stand hier eine Missionskirche, die 1526 durch einen dreischiffigen Bau ersetzt wurde. Im 18.Jh. erhielt St.Martin ein reich verziertes, barockes Kleid, das uns heute in vollem Glanz empfängt. Altäre, Fresken, Stuckverzierungen, Epitaphe, liebevoll gepflegte Gärten und die zugefügte Johannes-Nepomuk-Kapelle machen die Besichtigung von St.Martin zu einem wahren Kunstgenuß! Interessant zu wissen ist, daß die Asam-Brüder, die wir auf unserem Weg entlang der Donau vor allem in Ostbayern häufig "treffen" werden, maßgeblich am Bau der Nepomuk-Kapelle beteiligt waren.

Wir verlassen Meßkirch neben der Kirche auf der Straße in Richtung Rohrdorf (beschildert). Diese steigt sogleich ziemlich an, ist aber ohne Frage besser zu fahren, als die parallel verlaufende Bundesstraße. In Rohrdorf treffen wir auf eine große Kreuzung, an der wir links abbiegen in Richtung Hausen/Kreenheinstetten. Während bei den letzten Häusern des Ortes noch rechterhand die Ruine Benzenberg winkt, heißt es für uns durchatmen, denn die rund 7 km bis Kreenheinstetten sind recht anstrengend.

Kreenheinstetten: Vor der Dorfkirche von Kreenheinstetten sieht man das Denkmal des berühmten kaiserlichen Hofpredigers Abraham a Santa Clara (1644-1709). Sein Geburtshaus steht ebenfalls hier in Kreenheinstetten - heute befindet sich der Gasthof "Zur Traube" darin. Abraham de Santa Clara, wie er sich auch schrieb, hieß bürgerlich Johann Ulrich Megerle und gehörte zu den sobezeichneten "Augustiner-Barfüßern" in der Barockzeit.

Wir verlassen Kreenheinstetten auf der Straße in Richtung Hausen, die kurze Zeit später rechts abzeigt und in entspannter (aber bitte vorsichtiger, weil steiler) Abfahrt wieder hinunter ins Donautal bei Hausen führt, wo wir beim Tennisplatz wieder auf den Donauradweg treffen. Bitte beachten Sie, daß hinter dem „Steinernen Tor", das wir durchfahren, eine scharfe S-Kurve folgt, die nicht ungefährlich ist!

2

Gut behütet von Burgen und Klöstern
Von Beuron nach Zwiefaltendorf

Toureninfos

 etwa 76 km

Je nach Tourenwahl und/oder Übernachtungswahl Kloster Beuron, Burg Wildenstein oder Donaubrücke in Hausen

Wer in der Jugendherberge von Leibertingen übernachtet hat, folgt der zuvor beschriebenen Route zurück ins Donautal. Diejenigen, die sich den Aufstieg erspart haben, „warten" noch in Beuron, wo wir auf dem Donauradweg weiterfahren.

So kommen wir an der Kapelle St. Maurus vorbei, die 1868-71 errichtet und von Pater Desiderius Lenz (Gründer der Kunstschule im Kloster Beuron) bemalt wurde. Es lohnt sich, abzusteigen und das Innere der Kirche zu bewundern.

35

Ein paar Pedaltritte hinter der Kapelle überqueren wir abermals die Donau. Eng zwischen Ufer und Berg geschmiegt fahren wir weiter. In der Ferne taucht in schwindelerregender Höhe Schloß Werenwag auf.

Info

An dieser Stelle stand auch schon im 11.Jh. eine Burg, in der später (im 18.Jh.) der Minnesänger Hugo von Werenwag lebte. Das Schloß, das wir heute in eindrucksvoller Lage auf einem Felssporn sehen, stammt überwiegend aus dem 17.-19.Jh., wo es mehrfach erweitert wurde. In dieser Zeit war es zuerst fürstenbergisch, ehe es 1830 den Donaueschinger Fürsten gehörte. (Zu erreichen, wenn wir an der Kapelle St. Maurus den Straßen links der Donau folgen und Berg hinauf fahren.)

Doch wir befinden uns ja noch unten im Tal auf der anderen Donauseite, der wir auch noch einige Kilometer folgen. Hinter den Tennisplätzen ein kurzes Stückchen der Straße folgend, kommen wir zu einer Brücke, die der Radweg aber nicht überquert. Wer mag, kann über die Brücke fahren und kommt so nach Hausen im Tal.

Info

Hausen ist umgeben von zahlreichen Burgruinen, wie die Wagenburg oder die Feste Hausen, die auf den Felsen neben und über dem Ort stehen. Auch ein Schloß hat Hausen und einen Verwaltungssitz für die Gemeinde Beuron. Im Schloß Hausen wohnte, wie auch in Werenwag, einst ein Minnesänger namens „Friedrich von Hausen", der maßgeblich an der Namensgebung es Ortes beteiligt gewesen sein dürfte. Das Hausen von heute lebt hauptsächlich von seiner überwältigenden Natur - Wälder, Berge und Wanderwege locken große Massen von „Fußvolk" an und in den Felsen hängen Kletterer. Die Sehenswürdigkeiten sind eher rar - die Feste Hausen wurde zwar schon im 11.Jh. erbaut und über 600 Jahre von den Herren von Hausen bewohnt, jedoch 1813 abgerissen, so daß uns heute der nette Stadtkern mit der kleinen Kirche erhalten blieb.

Wir verlassen Hausen über die Brücke, über die wir kamen (Nepomukbrücke) und biegen gleich dahinter links ab, um auf dem Radweg unsere Tour fortsetzen zu können. Nach einer Rechtsbiegung kommen wir zur Kapelle St. Georg (Thiergarten).

Info

Klein und unscheinbar steht die Kapelle vor uns - aber genau das ist es, was sie einzigartig macht: St. Georg ist die kleinste romanische Basilika (12.Jh.) Europas. Auch sie ist ein Abbild der Beuroner Kunstschule. Wenn Sie das Innere der Kapelle bewundern mögen, können Sie im Gasthaus den Schlüssel dazu bekommen.

Kurz hinter der Kapelle hat man uns wieder einen kleinen Steg gebaut, um auf das andere Ufer wechseln zu können. Fast überflüssig zu erwähnen, daß auch die Beschilderung so gut ist, daß wir ohne Probleme durch Gutenstein, Dietfurt (in der Nähe liegt die Ruine „Gebrochen Gutenstein" aus dem 14.Jh.) und Nickhof (Beschilderung bitte beachten!) zu den Toren von Inzigkofen gelotst werden.

Inzigkofen wird dominiert von seinem Kloster und seinem Schloßpark, der 1811 für Fürstin Amalie von Hohenzollern angelegt wurde. Interessant ist die sogenannte Teufelsbrücke im Schloßpark. Das im 14.Jh. gegründete ehemalige Augustiner-Kloster wurde für die Hohenzollern als Landsitz umgebaut und beherbergt heute ein Volkshochschulheim und ein Bauernmuseum. Weiterhin ist die 1780 errichtete Kirche St. Johannes Baptista und die 1740 bemalte Einsiedlerkapelle im Klostergarten sehr interessant.

Nach dem Besuch von Inzigkofen fahren wir zurück in die Richtung des bewundernswerten Amalienfelsens. Die Beschilderung des Radweges fordert uns am Kiosk (an der Mauer des Schloßparks) auf, rechts abwärts in Richtung Laiz (Pfarrkirche hl. Peter und Paul, 14.Jh. als Franziskanerkloster gegründet und im 18.Jh. als Basilika umgebaut) zu fahren. Nach den ersten Häusern von Laiz treffen wir auch wieder auf "unsere" Donau. Wir überqueren sie jedoch nicht, sondern fahren bei der Brücke weiter geradeaus auf dem Uferweg am Donaubad vorbei bis zum Zeltplatz. Wenn Sie Sigmaringen bereits kennen, können Sie einfach immer weiter dem Ufer folgen und so die Innenstadt umfahren. Wer die Stadt jedoch noch nicht kennt, folgt uns nach rechts über die Georg-Zimmerer-Straße, denn so kommen wir nach Sigmaringen.

Sigmaringen: Die Ursprünge der Stadt liegen noch nicht einmal hier, sondern ein Stückchen weiter donauabwärts in Sigmaringendorf. Hier lebte im 11.Jh. ein Adelsgeschlecht, daß sich einst entschloß, eine würdevolle Burg zu errichten. Dies geschah nicht auf der Donauseite, wo wir uns befinden, sondern vis-a-vis an dem anderen Ufer. So sprach man 1077 erstmals von der Burg "Sigimaringen", die von König Rudolf von Schwaben belagert und von König Heinrich IV befreit wurde.

Rund 200 Jahre später, 1250, bekam Sigmaringen die Stadtrechte. Alsbald wurde es hier sehr hektisch - die Burg und die Ländereien wechselten die Besitzer wie andere Leute ihr Hemd. So trugen sich die Grafen von Spitzenberg-Helfenstein, die Grafen von Montfort, die Habsburger, die Württemberger, die Werdenberger und sogar die Österreicher in die Besitzurkunde ein. 1535 kehrte dann Ruhe ein, als die Grafen von Hohenzollern Eigner wurden. Sie konnten Teile der neuen Burg (der Bergfried aus dem 12.Jh. steht heute noch) erhalten und ließen sich dann 1627-30 daraus ein prachtvolles Schloß erbauen, das, wenn auch in veränderter Form, noch heute das unübersehbare Wahrzeichen der Stadt ist.

Die Georg-Zimmerer-Straße führt uns direkt bis vor das **Schloß**, welches von Emanuel von Steidl 1895 erbaut wurde, nachdem es 2 Jahre zuvor niedergebrannt war. Ein Rundgang durch das Schloß vermittelt Ihnen einen ausgezeichneten Eindruck über die verschwenderische Ausstattung der Räume, vor allem in der Hubertushalle, in der Waffenhalle und natürlich im Salon. Von der Georg-Zimmerer-Straße aus gesehen liegt noch vor dem Schloß eine weitere Sehenswürdigkeit - die katholische **Pfarrkirche St. Johann** der Evangelist. Wen wundert's bei der Nähe zur ehemaligen Burg, daß die Ursprünge der Kirche auf eine alte Burgkapelle von 1359 zurückgehen. Das

Langhaus wurde 1757/58 in einem phantastischen Barockstil errichtet, den man unbedingt gesehen haben muß. Aufmerksam machen möchte ich auf die Wiege an der nördlichen Seite der Kapelle, in der einst der Kapuzinerpater Fidelis lag. Er starb 1611 als Märtyrer und wurde 1746 heilig gesprochen.

Eine besondere historische Rarität will ich Ihnen nicht vorenthalten: Sie spielt sich am Faschingsdienstag vor dem Rathaus am Marktbrunnen (1884, mit Standbild des ersten Fürsten von Hohenzollern-Sigmaringen) ab: Beim sogenannten "Bräuteln" werden frischvermählte Männer auf einer Bräutelstange um den Marktbrunnen getragen, wobei sie Würstchen und Brezeln an die staunenden Zuschauer verteilen.

Wir verlassen Sigmaringen über die Karlstraße, die links (!) neben der Touristeninfo beginnt. Bei der Erlöserkirche Heidingen treffen wir wieder auf den Donauradweg.

Info
Die **Heidinger Kirche** beherbergt die Gruft der Hohenzollern und ist daher ein „Muß" zur Besichtigung. Die Kirche selber findet ihre Ursprünge in einem 1597 aufgehobenen Dominikanerinnen-Kloster. Der heutige Bau stammt aus den Jahren 1680 (Schiff), und 1889 (Kapelle).

Der Radweg bringt uns an der Donau entlang hinaus aus Sigmaringen und läßt uns für einige Kilometer verschnaufen, ehe wir schließlich nach Sigmaringendorf kommen.

Info
Vor und hinter **Sigmaringendorf** werden Sie vermutlich auf einige Bagger stoßen, die sich am Flußbett der Donau zu schaffen machen. Doch bevor Sie jetzt Schimpf und Schande schreien, sei erwähnt, daß die künstliche Begradigung des Flußlaufes bereits vor rund 30 Jahren abgeschlossen wurde. Was Sie heute sehen, ist eher erfreulich: Die Donau bekommt hier ihr altes Bett zurück.

Doch zurück zu unserer Tour:

Info
In Sigmaringendorf lohnen die Bruckkapelle und das Freilichttheater Waldbühne für einen kurzen Aufenthalt. Aus den glorreichen Zeiten ist kaum etwas übriggeblieben - nur vereinzelte Siedlungsspuren weisen zurück auf die Kelten und die Alemannen, die einst hier lebten.

Der Radweg führt uns als nächstes nach Scheer.

Info
Prunkstück von **Scheer** ist zweifelsohne das eindrucksvolle, weißgetünchte Schloß, das aus der Zeit der Renaissance stammt. Aus der 700-jährigen Stadtgeschichte, die insbesondere von den Grafen von Friedberg-Scheer geprägt wurde, sind neben dem Schloß vor allem die Lorettokapelle und die Kirche St.Nikolaus erhalten geblieben.

Von der Hauptstraße Scheers fahren wir weiter über die Bahnhofstraße und überqueren die Bahnschienen. Nachfolgend halten wir uns dicht an

Einst war er hier zuhause: Karl Anton von Hohenzollern vor dem Schloß Sigmaringen

den Gleisen und kommen via Ennetach (Pfarrkirche Cornelius und Cyprian mit gotischem Sakramentshäuschen) über die Kapellstraße und die Alte Straße nach Mengen.

Info **Mengen** ist eine ehemalige vorderösterreichische Land- und Fuhrmannstadt. Klar, daß sich aus dieser Geschichte heraus eine interessante Kleinstadt entwickelte. Den gerade einmal 10.000 Einwohnern stehen neben der Kirche im Stadtteil Ennetach noch die St.Martins-Kirche und die gotische (später barockisierte) Liebfrauen-Wallfahrtskirche zum Gebet bereit. Neben den Kirchen ist es lohnenswert, die Altstadt mit ihren hübschen Fachwerkhäusern zu besuchen. Die ehemaligen Wehr- und Herrenhäuser stammen überwiegend aus dem Mittelalter und bilden zusammen ein herrliches Ensemble.

Wir fahren zurück zur Alten Straße, dann weiter über die Eisenbahnstraße und die Donaustraße. Nach vorsichtiger Überquerung der stark befahrenen Bundesstraße (B32) passieren wir kurze Zeit später den kleinen Ort Walke, wo es hinter den Häusern in einem Rechtsknick weitergeht. Bei den nachfolgenden Kilometern ist es ratsam, genau auf die Schilder zu achten, da der Radweg einige „Knicke" vollzieht!

 Tip Wer mag, kann einen kurzen Abstecher nach **Hundersingen** machen, wo einst, im 6.Jh.v.Chr., die Kelten lebten. Im hiesigen Keltenmuseum werden die Exponate der archäologischen Ausgrabungen von Heuneburg (donauabwärts) ausgestellt.

Nachdem wir auch die Häuser von Binzwangen hinter uns gelassen haben, verläßt uns die Radwegbeschilderung für etwa 4 km.

Doch keine Panik - Sie können sich absolut nicht verfahren, denn es geht immer weiter geradeaus, bis wir wieder an die Donau kommen. Dann folgen wir dem Ufer und stellen mit Erschrecken fest, daß die Wogen der Donau in einen Kanal gezwängt worden sind. Aber auch hier existieren bereits Pläne für eine „Renaturalisierung". An der Brücke zu der wir nun kommen, verläuft der Radweg zwar wieder geradaus, doch Sie sollten die Gelegenheit nutzen, um über die Brücke in die Innenstadt von Riedlingen zu fahren, die eine willkommene Unterbrechung der zurückgelegten Kilometer darstellt.

Einige der „Radel-Genossen" werden sich hier von uns verabschieden, um auf dem Radwanderweg „Donau-Bodensee" weiter zu fahren. Und dies ist auch schon das erste Indiz für die Hintergründe der Stadt: In Zeiten, als noch keiner von Bahn oder Auto zu träumen wagte, genauer gesagt 1250, kreuzten sich hier die wichtigen Handelswege „Donautal" und „Reutlingen-Bodensee".

Info **Riedlingen:** Grund genug für Graf Wolfrad von Veringen, an dieser Stelle eine Stadt zu gründen. Schaut man auf dem Stadtplan genauer hin, so erkennt man noch heute das quadratische Raster, nach dem man einst die Stadt erbaute. Es entstanden herrliche Fachwerkhäuser, und später (1477) freilich auch ein Rathaus, das zunächst allerdings ein Kaufhaus war. Auch die Georgskirche stammt noch aus der Gründerzeit von 1271. Die heute zu sehende Kirche hat diese Ursprünge bis heute erhalten können und wurde lediglich 1330 und 1486 erweitert.

Aber Sie sollten sich in Riedlingen nicht nur auf das Rathaus und die Kirche beschränken, sondern unbedingt auch durch die alten Gassen schlendern, die Wehranlagen (erhalten sind das Zwiefaltener Tor, Teile des Wehrganges und Reste der Stadtmauer) ansehen und die Weilerkapelle (Barockbau von 1721) bewundern.

Wie zuvor erwähnt, verläuft der Radweg weiter rechts der Donau direkt am Kanalufer. Einige Zeit später tangieren wir Zell und fahren hinter den Bahnschienen parallel zu den Gleisen schnurgeradeaus zweimal
über die Donau (bitte Vorsicht auf den engen Brücken!). Nach der zwe-
ten Donauüberquerung bietet sich ein lohnenswerter Abstecher auf das
andere Ufer an: Dort liegt Zwiefaltendorf und, etwa 5 km die Ach hinauf, Zwiefalten (und dessen Campingplatz).

Info

In **Zwiefaltendorf** lockt vor allem die Tropfsteinhöhle zu einer Besichtigung. Doch
ehe Sie nun nach einem „Loch" als Höhlenzugang suchen, sei berichtet, daß sich die
Höhle im Keller des Gasthauses „Rößle" befindet. „Keller" ist hierbei wohl etwas untertrieben, denn man muß schon 10 m hinunter steigen, um die Stalagmiten und
Stalaktiten in der 20 m langen und 6 m breiten Höhle bewundern zu können.

Am Bahnhof von Zwiefaltendorf beginnt auch der Radweg nach
Zwiefalten. Dieser führt uns über gekennzeichnete Feldwege in den Erholungsort, der für seine Feriengäste Unterhaltung aller Art zu bieten
hat. Die Wegsteigung dorthin ist kaum zu spüren.

Info

Zwiefalten: Die Ursprünge von Kloster und Ort reichen weit zurück in die Geschichte; die Namensgebung läßt es vielleicht schon erahnen: Zwiefalten kommt von „Zwei-
Tal-Falten", womit die zwei lieblichen Täler von Ach und Kesselbach gemeint sind, die
an dieser Stelle eine Ebene bilden. Von dieser Ebene schwärmten auch die Mönche
aus Hirsau, als sie um das Jahr 1000 herum von ihrer Mission zu ihrem Abt zurückkehrten. So war es dann auch 1109 der nachfolgende Abt Wilhelm von Hirsau, der in
Zwiefalten die erste Klosterkirche weihte. Mit dem Kloster kamen auch die Neider,
die den Ordensbrüdern das Land abspenstig machen wollten, was jedoch selbst den
württembergischen Grafen nicht gelang. Im 30-jährigen Krieg erlitt das Kloster große
Schäden, doch auch das konnte die Zwiefaltener Mönche nicht erschüttern - sie beauftragten namenhafte Künstler mit dem Wiederaufbau der Anlage und so entstand
zwischen 1739 und 1765 eine der schönsten Barockkirchen Südwestdeutschlands.
Was die herrlichen Zwiebeltürme von außen versprechen, hält auch das Innere - egal,
ob es die Stuckarbeiten, die Kanzel, die Malereien oder der Chor ist - alles zeugt von
prachtvoller Eleganz. Das Zwiefaltener Kloster sollte also unbedingt auf Ihrem
Ulaubsplan stehen

Wer mag, kann sich etwas außerhalb von Zwiefalten noch eine zweite außergewöhnliche Sehenswürdigkeit ansehen, die **Wimser Höhle**. Man erreicht sie, indem man
von Zwiefalten aus den Schildern nach Goßenzugen folgt. Ein Besuch lohnt sich,
denn es ist die einzige Wasserhöhle Deutschlands, die man mit einem Boot befahren
kann!

Nach den Besichtigungen in Zwiefalten fahren wir einfach denselben
Weg wieder zurück, den wir herkamen, um hinter der Donaubrücke bei
Zwiefaltendorf wieder auf unserem Radweg die Tour fortzusetzen.

2.1

Die „Kur-Tour"
Von Herbertingen über Saulgau und Bad Schussenried nach Bad Buchau und zurück zur Donau

Toureninfos

km ca. 60 km, ohne Bad Waldsee ca. 45 km

START Donaubrücke bei Hundersingen

Teilweise deutliche Steigungen auf Feldwegen oder Nebenstraßen,
teilweise auch auf etwas stärker befahrenen Straßen. Die „Bäder-
Tour" hat allerdings sehr viel zu bieten (s.auch „Baden")!

Mehrere in Saulgau, Bad Waldsee, Bad Schussenried und Bad
Buchau, desweiteren in Herbertingen und Aulendorf

Sehr viele Möglichkeiten: Hallen-, Frei- und Thermalbäder jeweils in
Saulgau, Bad Waldsee, Bad Schussenried und Bad Buchau, desweiteren mehrere Badeseen und Frei- / Hallenbäder

Bad Waldsee - Stadtmuseum im Sommer So 9.30 bis 11.30 Uhr
Kürnbach - Freilichtmuseum Apr-Okt täglich 8.30 bis 18 Uhr Bad
Buchau - Federsee-Museum Apr-Okt täglich 9-11.30 und 13.30 - 17

In der Region südlich von Sigmaringen befindet sich ein wahres „Kur-
Dorado" mit so klanghaften Namen wie Saulgau, Bad Schussenried,
Bad Waldsee oder Bad Buchau. Grund genug für uns, wieder einmal
abzuschweifen von unserem Donau-Radweg und diese Gegend genauer zu erkunden. Obwohl dies nicht ganz ohne Steigungen abgeht, ist
die Tour relativ bequem zu schaffen, wobei zudem noch die Möglichkeit zu einer Abkürzung besteht. Ein entsprechender Hinweis wird im
Text gegeben.

Ein „schlechtes Gewissen" braucht man auch nicht zu haben, denn zwischen Hundersingen und Riedlingen befinden sich nicht allzu wichtige Sehenswürdigkeiten, so daß wir am Donau-Radweg nichts verpassen.

Unser Abstecher beginnt an der Donaubrücke bei Hundersingen, die wir in Richtung Herbertingen überqueren. Kurz hinter der Brücke treffen wir auf die Bundesstraße (B 32 / B 311), der wir links nach Herbertingen folgen. In Herbertingen teilen sich die beiden Bundesstraßen nach rechts und links. Bereits wenige Meter vor (!) dieser Kreuzung biegen wir rechts ab und fahren immer weiter geradeaus, bis wir Herbertingen verlassen haben. Der Straße weiter folgend ist auch schon bald Mieterkingen erreicht, das wir aber nur am Rande tangieren. Gemeinsam mit der Straße nach Fulgenstadt unterqueren wir die Eisenbahn und kommen zu eben diesem Fulgenstadt. Hier atmen wir kräftig durch und erklimmen den Berg nach Saulgau (beschildert).

Info

Saulgau: „Zur Sulis gehen", oder abgekürzt „Sulaga" - die Kelten, die einst in einer Viereckschanze bei dem benachbarten Bondorf lebten, gingen öfters zur Sulis, der Göttin am heilenden Wasser, womit wir auch schon bei dem Hintergrund des Namens Saulgau angelangt wären. Über die Jahrhunderte, ja fast Jahrtausende, hielt sich dieser Name - im Jahre 819 sprach man von einem Solugau oder Sulgen und zwar in dem Zusammenhang, daß Ludwig der Fromme seinem Namen alle Ehre erwies: Er schenkte den hiesigen Hof mitsamt der Kirche dem Buchauer Damenstift.

Später gehörte Saulgau den Grafen von Althausen und bekam während dieser Zeit, 1239, bereits die Stadtrechte verliehen. 1299 verkauften die Grafen Saulgau für 2.000 Silberlinge an die Habsburger und Saulgau wurde damit eine der fünf österreichischen Donaustädte, ehe es 1806 nach Württemberg kam. Bei einer derartigen Geschichte könnte man meinen, bereits vom ersten Meter an in Saulgau über Sehenswürdigkeiten zu stolpern. Doch zunächst sucht man fast vergeblich nach der alten Stadtmauer, von der nur noch ein kleiner Rest und der Katzenturm im alten Klostergarten erhalten ist.

Der alte Klostergarten gehört zum ehemaligen Franziskaner-Kloster (1646-1811), zu dem auch ein Spital (1646) gehörte. Zwar wird das alte Spital heute als Altersheim benutzt, doch die ehemalige Klosterkirche St.Antonius von 1646 entschädigt für die Mühen des Aufstiegs. Hübsche Malereien, viel Stuck und Fresken lassen erahnen, daß es in Saulgau doch einiges zu sehen gibt. Und in der Tat - in der Nähe des Bahnhofs steht die sehenswerte Kreuzkapelle, die Jahr für Jahr viele Wallfahrer in ihren Bann zieht. Sie stammt von 1634 und wird auch Schwedenkapelle genannt, was einen erstaunlichen Hintergrund hat: Die Schweden zogen im 12.JH. brandschatzend durch die Lande und zerstörten viele Städte. Doch als sie in der Kreuzkapelle ankamen, war das mannhohe Kruzifix plötzlich hell erleuchtet und die Schweden flüchteten Hals über Kopf aus der Stadt. Eine interessante Sage, dessen Hauptbestandteil, nämlich das Kruzifix, noch heute besichtigt werden kann.

Und es gibt noch mehr kirchliche Sehenswürdigkeiten in Saulgau zu besichtigen: Auf dem Friedhof Saulgaus steht die 1743 erweiterte Frauenkirche, die mit ihrem phantastischen Hochaltar von 1889 eine Besichtigung sehr empfehlenswert macht. Wichtigstes Gotteshaus in der Stadt ist allerdings ohne Frage die Katholische Pfarrkirche St.Johann Baptist mit ihrem 57 m hohen Turm. Die vor rund 40 Jahren mühevoll restaurierte Kirche von 1402 besticht von Außen mit ihrer betont schlanken Form, und beherbergt im Innern exquisite Details wie z.B. einen Taufstein aus dem 17.JH., verschiedene Bilder, Arkaden und eine Madonna von 1520.

Doch man sollte auf keinen Fall den Eindruck bekommen, Saulgau hätte nicht mehr als nur Kirchen zu bieten - bestes Gegenbeispiel ist der Marktplatz, an dem das sogenannte Haus am Markt seit 1400 steht. Es handelt sich um einen herrlichen Fachwerkbau, der in seinem Innern einen großartigen Ratssaal verbirgt. Überhaupt weiß die Altstadt von Saulgau mit vielen schönen alten Bürger- und Amtshäusern den Besucher zu begeistern. Beachtenswert ist das Hotel "Kleber-Post", das mit seinem goldglänzenden Schild und dem Posthorn kaum zu übersehen ist.

Neben Schauspiel, Jazz- und Kammerkonzerten ziehen in Saulgau vor allem zwei Volksfeste Jahr für Jahr viele Besucher an: Das Johannesfest (24.Juni) mit Musikkorps und Stadtgarde zu Pferd und das seit 1435 ausgerichtete Bächtlefest am 2.Juli-Wochenende. Falls Sie also zu dieser Zeit in der Gegend sind, sollten Sie sich vor allem das Bächtlefest, ein Kinder- und Volksfest nicht entgehen lassen!

Wir verlassen das Zentrum von Saulgau in Richtung Osten auf der Straße in Richtung Bad Schussenried. Wer nun abkürzen mag, der folgt dieser Straße weiter und kommt nach etwa 6 km via Steinbronnen nach Renhardsweiler (Bis dahin einige Steigungen). In Renhardsweiler treffen wir bei der Kirche auf eine Querstraße, auf der wir links und dann sofort wieder rechts abbiegen, so daß wir den Ort in Richtung Schwemme wieder verlassen können. Schwemme lassen wir "rechts liegen" und fahren geradaus weiter nach Hopferbach. Vor Hopferbach treffen wir wieder auf eine Querstraße, der wir ein paar hundert Meter nach rechts folgen, ehe wir sie wieder nach links verlassen. Nach einiger Kletterarbeit und einmaligem Linksabbiegen kommen wir zum Zeller Hof, neben dem sich auch der Zeller See erstreckt, in dem wir uns auch gleich abkühlen können. Wir befinden uns hier unmittelbar neben Bad Schussenried, das ebenso wie die Fortsetzung der Tour etwas weiter hinten im Text beschrieben ist.

Wir folgen zwar auch der Straße in Richtung Bad Schussenried aus Saulgau heraus, zweigen von dieser jedoch hinter den letzten Häusern des Ortes rechts ab in Richtung Lampertsweiler, das wir nach einigen Anstrengungen auch bald (etwa 4,5 km) erreicht haben. Da die Straße recht wenig befahren ist, folgen wir ihr weiter über Rieden nach Boos und hinauf nach Musbach. Bei der Kirche in Musbach folgen wir der Hauptstraße nach rechts und biegen kurz darauf wieder links ab nach Aulendorf, das nach rund 5,5 km erreicht ist.

Aulendorf: Aulendorf ist ein hübsches, rund 7.000 Einwohner zählendes Städtchen, das aus dem Alemannendorf Aligedorf hervorging und 1222 zum ersten Mal urkundlich erwähnt wurde. Die Besitzer wechselten nicht allzu oft - die Grafen von Königsegg herrschten über 250 Jahre in Aulendorf, das 1682 Markt wurde, aber erst 1950 die Stadtrechte erhielt.

Wie man bereits am Begriff "Grafen von Königsegg" erahnen kann, finden wir in Aulendorf ein prachtvolles Schloß, das den Namen Königsegg trägt. Bereits zu romanischer Zeit stand hier eine Burg, die 1699 bis 1701 sowie 1740 und 1780 wesentlich verändert wurde, so daß uns heute ein mächtiger, reich verzierter Bau empfängt. Außer eindrucksvoller Architektur sind hier das Haus des Gastes und eine Gartenanlage zu sehen. Alljährlich im September findet zu Königsegg das Schloßfest statt.

Da Aulendorf zur Zeit der Industrialisierung ein wichtiger Eisenbahnknotenpunkt war, finden wir hier auch eine alte Dampflok und eine Miniatur-Eisenbahn. An der Hauptstraße steht die Katholische Pfarrkirche St.Martin, deren Ursprünge im 11.Jh. liegen. Ab 1498 wurde an ihr ständig um- und angebaut, so daß sie heute ein prächtiges Gotteshaus ist, in dem vor allem der Dreikönigsaltar von 1620, einige Grabmäler aus dem 17.-19.Jh. sowie eine Muttergottes zu beachten sind.

Hinter den ersten Häusern Aulendorfs fahren wir links und dann immer weiter geradeaus (über einige Kreuzungen hinweg) in Richtung Bad Waldsee. Wir kommen durch Boosen (Vorort von Aulendorf) und Unterrauhen nach Brandhaus, wo wir die Straße links verlassen nach Eisenfurth. Hinter Eisenfurt kommen wir nach Thannweiler, wo wir links abbiegen nach Untermöllenbronn. Auch hier biegen wir links ab nach Obermöllenbronn, das wir geradeaus durchfahren. Links an der Kapelle vorbei radeln wir weiter durch das Steinacher Ried und kommen so nach Bad Waldsee.

Bad Waldsee: Zur römischen Zeit gab es hier eine Straße, die einst die Donau mit dem Bodensee verband. Schon bald wurde aus dem verschlafenen Nest ein wichtiger Ort - 850 gab es hier einen Königshof und eine Kirche; 926 beurkundet der Weißenburger Codex ein Waldsee, das von den Hunnen überfallen und zerstört wurde. Königshof und Kirche wurden schnell wieder aufgebaut und ein Augustiner-Chorherrenstift ließ sich ebenfalls hier nieder. Kein Wunder also, daß Waldsee schon 1298 den Status einer Stadt bekam und wenig später eine der österreichischen Donaustädte wurde. Erst 1680 konnten sich die Bürger von Österreich zu einem hohen Preis loskaufen.

1887 schließlich wurde Waldsee württembergische Oberamtsstadt und mit der Eisenbahn kam ab 1869 auch wieder Schwung in die Stadt. Heute ist Waldsee ein renommierter Kurort, der seit 1950 Kurbetrieb mit Moorbädern anbietet und dementsprechend auch seit 1956 den Titel Bad führen darf. Markantestes Bauwerk der Stadt ist ohne Frage die katholische Stadtpfarrkirche St.Peter, die schon von Außen mit ihren beiden über Eck gestellten Türmen begeistert. St.Peter basiert auf einem 1181 durch Friedrich Barbarossa ins Leben gerufenen Augustiner-Chorherrenstift, dem man 1479 eine einschiffige Basilika gönnte. Die wesentlichen Veränderungen, die noch heute sichtbar sind, erfuhr die Kirche um 1720 (Hochaltar), um 1730 (Chorgestühl) und 1765 (viele barocke Details der Innen- und Außenarchitektur).

Neben den üblichen kirchlichen Ausstattungen verfügt St.Peter über ein ganz besonderes Kleinod der Frührenaissance - den „Eisernen Mann". Es handelt sich dabei um eine außergewöhnlich prachtvolle Bronzegrabplatte, auf der ein „Eiserner Mann" (ein

Bad Waldsee - ein idyllischer Kurort

Ritter in Rüstung) dargestellt ist. Um wen es sich bei der Darstellung handelt, ist nicht abschließend geklärt: Offiziell wurde die Grabplatte Georg I, Truchseß von Walburg, der 1467 starb, gewidmet. Gerüchten zufolge war sie allerdings zunächst für seinen Sohn, Georg II (1482 verstorben) gedacht. Da dieser jedoch einen Rückzieher machte, als es um die versprochene Finanzierung des Kirchenneubaus ging, sprach man die Platte einfach seinem Vater zu. Wie erwähnt - die Wahrheit wird wohl nie ans Licht kommen; die Grabplatte ist eine der „Muß"-Sehenswürdigkeiten in Bad Waldsee.

Wer aus einiger Entfernung seine Blicke über die „Skyline" von Bad Waldsee schweifen läßt, der sieht neben den beiden Kirchtürmen von St.Peter einen weiteren Turm aus dem Giebelmeer emporragen. Dieser gehört zum Wurzacher Tor, das um 1400 herum errichtet wurde. Der „Hafendeckel", wie man es auch nannte, gehörte einst zur Stadtbefestigung, die zum überwiegenden Teil 1832/33 abgerissen wurde. Am Wurzacher Tor mußten lange Zeit Händler und Marktbesucher „Pflastergeld" und „Torzoll" bezahlen, um auf den Waldseer Markt zu dürfen - ein Indiz für die oben geschilderte finanzielle Situation der Stadt.

Wir hingegen brauchen heute kleinen „Eintritt" mehr zu zahlen, um die Innenstadt von Bad Waldsee zu besuchen. Und so schauen wir uns nun die Hauptstraße an, wo wir gleich mehrere schöne Gebäude finden: Als erstes ist hier freilich das spätgotische Rathaus aus dem Jahre 1426 zu nennen. Die damals rund 500 Bürger Waldsees finanzierten das Rathaus damals selbst als Zeichen gegen die bereits geschilderte Unterdrückung. Die hübschen Verzierungen erhielt das Rathaus erst 1657. Vis-a-vis dem Rathaus stehen zwei nette Fachwerkhäuser und das ehemalige Kornhaus aus dem 15.Jh. Das hier angesiedelte Stadtmuseum beherbergt natürlich Exponate zur regionalen Geschichte, aber auch eine ganze Reihe von Kunstgegenständen (vorwiegend Plastiken).

Wir verlassen Bad Waldsee über die Straße neben dem Schloßsee in Richtung Bad Schussenried. Die Straße macht einen großen Rechtsbogen und verläuft dann schnurgerade nach Haslanden. Wir befinden uns nun bereits auf der sogenannten Bäderstraße und fahren hinunter über Schlupfen nach Haslach. Die Straße ist nicht sehr befahren, so daß wir ihr weiter folgen können und über Laimbach schließlich nach Kürnbach kommen.

Tip Wen schon immer interessiert hat, wie früher das bäuerliche Leben in dieser Gegend aussah, der sollte das **Freilichtmuseum von Kürnbach** besuchen, in dem es eine ganze Reihe alter Bauernhäuser zu sehen gibt.

Unser nächstes Ziel ist hinter Kürnbach schon zu sehen:

Info **Bad Schussenried:** Schon die Rentierjäger in der Altsteinzeit fühlten sich in der Region um die Schussenquelle ausgesprochen wohl und richteten hier ein Lager ein. Auch ihre Nachfahren in der Mittel- und Jungsteinzeit hinterließen ihre Spuren, ehe es recht ruhig wurde um Schussenried - abgesehen von einer Urkundeneintragung um 700. Das alles änderte sich schlagartig, als in Schussenried 1183 ein Prämonstratenserkloster gegründet wurde, das bis heute die wichtigste Attraktion von Bad Schussenried geblieben ist.

Schussenried bekam 1947 seine Stadtrechte und 1966 den Beinamen „Bad" verliehen, letzteren vor allem für die bekannten Moorbäder. Die Stadt selbst ist hübsch anzusehen und verfügt über einige interessante Gebäude, wie z.b. das Törle (Tor im barocken Stil), die Alte Apotheke (eine ehemalige Ritterburg von 1170) oder das Gebäude der Sparkasse (ehemaliges Gerichtsgebäude von 1513).

Das Highlight von Bad Schussenried ist aber ohne Frage das Kloster, welches wir durch das würdevolle Torhaus betreten. Wir widmen uns zunächst einmal nicht der Kirche, sondern dem Bibliothekssaal, der als „geistvollste, festlichste und heiterste Halle des Barock" bezeichnet wird und von Domenikus Zimmermann sowie von Jakob Enerle (1754-61, Deckengemälde 1771) geschmückt wurde. Bei der Gründung des Klosters errichtete man zunächst eine kleine (romanische) Basilika, die lange bestand. Nach einem Brand mußte sie 1650 neu aufgebaut werden, was in einer pompösen Art geschah. Die heutige Katholische Pfarrkirche St.Magnus wirkt zwar von Außen sehr groß und vor allem recht lang, aber schon fast ein wenig schmucklos. Sobald man aber das Innere betritt, ändert sich dies schlagartig: Über strahlend weißen, mit Stuck und Zierrat versehenen Pfeilern erheben sich herrliche Deckenfresken und eine Rokoko-Kanzel, weiter hinten das reich geschmückte Chorgestühl (1717) und - quasi als krönender Abschluß - der Hochaltar von 1716. Grund genug also, sich auch für St.Magnus ausreichend Zeit zu nehmen. Neben der Kirche befindet sich das zweigeschossige Klostermuseum mit Büchern, Epitaphen, Skulpturen, Mobiliar, einem Meßgewand und zahlreichen anderen religiösen Schaustücken.

Nach all' dieser Pracht fällt es schwer, wieder auf das Rad zu steigen und weiterzuradeln. Doch die nächste Sehenswürdigkeit läßt nur ein paar Minuten auf sich warten! Wir verlassen Bad Schussenried auf der Straße in Richtung Steinhausen (nicht in Richtung Bad Buchau!). Die Straße ist recht wenig befahren und bringt uns über Kleinwinnaden zu einer Querstraße, der wir rechts folgen nach Steinhausen.

Sobald die Silhouette von **Steinhausen** vor uns auftaucht, wissen Sie, warum ich Sie zu diesem „Schlenker" verführt habe: Über den rund 300 Köpfen der Steinhausener erhebt sich mächtig und würdevoll zugleich eine der schönsten Kirchen Süddeutschlands - die „Katholische Pfarrkirche St.Peter und Paul und Wallfahrtskirche zur schmerzhaften Muttergottes auf der Saul". Hinter diesem klangvollen Namen verbirgt sich ein prachtvolles Gotteshaus, das von Domenikus Zimmermann im Auftrag der Abtei Schussenried 1723 bis 1733 gestaltet wurde.

Wir verlassen Steinhausen auf der beschilderten Straße, die neben der Kirche beginnt und uns schon bald nach Schienenhof führt. Geradeaus durch den Ort kommen wir rund 3 km später nach Oggelshausen, das am Rande des Naturschutzgebietes Federsee liegt.

Der **Federsee** liegt inmitten des größten Naturschutzgebietes Südwestdeutschlands, in dem sich über 250 zum Teil seltene Vogelarten heimisch fühlen. Der See war bei seiner Entstehung in der Eiszeit (durch Abschmelzen der Gletscher) erstaunliche 30 qkm groß. Heute mißt er gerade einmal 1,4 qkm Wasserfläche, ist aber durch seine beschilderten Lehrpfade und Aussichtspunkte ein sehr attraktives Ziel. In dem umliegenden Moor werden Ausgrabungen durchgeführt. Die Fundstücke sind im Federsee-Museum von Bad Buchau (s.dort) zu sehen.

Von Oggelshausen aus fahren wir am Südrand des Naturschutzgebietes entlang über die beschilderte Straße und kommen nach etwa 3 km nach Bad Buchau.

Während wir bislang viele Barockschönheiten auf unserer Tour bestaunen konnten, wartet **Bad Buchau** mit einem Stift auf, das zwar 1774-76 errichtet wurde, aber einen klassizistischen Stil erhielt. Doch zunächst zur Stadtgeschichte Bad Buchaus, die mit dem Stift begann: Der fränkische Stadthalter Warin und seine Gattin Adelindis gründeten an dieser Stelle um 770 ein Stift, das zunächst auf einer kleinen Insel im Federsee lag, aber später verlegt wurde. Um das Stift herum entstand nach und nach eine Siedlung, die 1320 zur freien Reichsstadt erhoben wurde. 1806 wurde Bad Buchau württembergisch und ist heute ein vielbesuchter Kurort für Nerven- Gefäß- und Rheumaerkrankungen.

Unser erstes Ziel ist freilich das ehemalige **Stift**, das 1802 säkularisiert wurde. Neben den Stiftsgebäuden aus dem 13.Jh., unter ihnen der Kavaliersbau, interessiert uns vor allem die ehemalige Stiftskirche St.Cornelius und Cyprian. Außer der Krypta aus dem 10.Jh. (!) stammt der überwiegende Teil der Kirche von 1775-76. Strahlendes Weiß und edeles Gold geben der reichhaltigen Ausstattung (schöne Fresken, Figuren, etc.) ein elegantes Ambiente. Im ehemaligen Kloster untergebracht ist das Stiftsmuseum, das zahlreiche Exponate religiöser Kunst beherbergt.

Wer sich mehr für Früh- und Vorgeschichte interessiert, sollte sich unbedingt das bereits erwähnte **Federsee-Museum** anschauen. Bei Ausgrabungen in den Mooren am Federsee wurden außergewöhnliche Stücke gefunden, die in den hohen Vitrinen des Museums gut zur Geltung kommen. Ein anderer Teil des Museums beschäftigt sich mit der Naturgeschichte der Region und ist ebenfalls sehr empfehlenswert.

Im Bad Buchauer Vorort **Kappel**, über den wir unsere Tour fortsetzen, steht die Kirche St.Peter und Paul. Bis 1806 war sie die Pfarrkirche von Bad Buchau, was sich aber änderte, als das Kloster aufgehoben wurde und die Klosterkirche zur Pfarrkiche wurde. Dennoch verdient St.Peter und Paul einer genaueren Betrachtung, denn die Fresken aus dem 11.Jh. und die Altäre sind sehenswert.

Wir verlassen Kappel auf der kleinen Straße in Richtung Moosburg. Wer abkürzen mag und eine stark befahrene Straße nicht scheut, der fährt von Kappel aus nach Kanzach und dann weiter über Dürmentingen und Heudorf nach Riedlingen.
Wir jedoch wählen die familienfreundliche Route und fahren am Westrand des Naturschutzgebietes vorbei nach Moosburg. Hier radeln wir geradeaus durch den Ort durch, bewältigen eine kurze, aber deutliche Steigung und fahren hinunter nach Betzenweiler, wo wir den Schildern folgend bei der Kirche links und dann gleich wieder rechts abbiegen nach Hailtingen. Nach Göffingen wird der Verkehr nun auch hier stärker, aber die 1,5 km sind schnell geschafft. Von Göffingen aus ist es quasi nur ein Katzensprung von 2,5 Bergab-Kilometern bis Riedlingen. Hinter den Bahnschienen treffen wir wieder auf den Donau-Radweg.

Karte zu Tour 2.2

Drei Täler - ein Genuß!
Von Zwiefaltendorf über Zwiefalten und Hayingen
zur Bettelsmannshöhle und zurück zur Donau
durch das Lautertal

Ein außergewöhnliches Wanderheim - Burg Derneck

Toureninfos

km etwa 34 km

START Bahnhof von Zwiefaltendorf

Bis Zwiefalten fast ebene, dann recht bergige Strecke über unbefahrene oder wenig befahrene Straßen/Wege

In Zwiefalten, Hayingen, Wimsen und Lauterach

Zwiefalten - Freibad

Wimser Höhle Apr-Okt. 9-18 Uhr

Am Bahnhof von Zwiefaltendorf beginnt der Radweg nach Zwiefalten. Dieser führt uns über gekennzeichnete Feldwege und Nebenstraßen in den Erholungsort, der für seine Feriengäste Unterhaltung aller Art zu bieten hat. Die Wegsteigung dorthin ist kaum zu spüren.
Im Vorort Baach, den wir durchradeln, sollten Sie den um 1700 entstandenen Dorfbrunnen mit einer steinernen Muttergottes beachten!

Info

Zwiefalten: Daß die Unterhaltung nicht das Einzige ist, was Jahr für Jahr tausende von Touristen nach Zwiefalten zieht, sehen wir bereits von weitem - es ist vielmehr das Zwiefaltener Kloster mit seiner imposanten Klosterkirche. Die Ursprünge von Kloster und Ort reichen weit zurück in die Geschichte; die Namensgebung läßt es vielleicht schon erahnen: Zwiefalten kommt von „Zwei-Tal-Falten", womit die lieblichen Täler von Ach und Kesselbach gemeint sind, die an dieser Stelle eine Ebene bilden.

Von dieser Ebene schwärmten auch die Mönche aus Hirsau, als sie um das Jahr 1000 herum von ihrer Mission zu ihrem Abt zurückkehrten. So war es dann auch 1109 der nachfolgende Abt Wilhelm von Hirsau, der in Zwiefalten die erste Klosterkirche weihte. Mit dem Kloster kamen auch die Neider, die den Ordensbrüdern das Land abspenstig machen wollten, was jedoch selbst den württembergischen Grafen nicht gelang. Im 30-jährigen Krieg erlitt das Kloster große Schäden, doch auch das konnte die Zwiefaltener Mönche nicht erschüttern - sie beauftragten namenhafte Künstler mit dem Wiederaufbau der Anlage und so entstand zwischen 1739 und 1765 eine der schönsten Barockkirchen Südwestdeutschlands, die Katholische Pfarrkirche Unserer Lieben Frau.

Was die herrlichen Zwiebeltürme von außen versprechen, hält auch das Innere - egal, ob es die Stuckarbeiten, die Kanzel, die Malereien oder der Chor ist - alles zeugt von prachtvoller Eleganz. Einige Details aus dieser harmonischen herauszugreifen, scheint fast aussichtslos. Doch besonderes Augenmerk sollte man den Fresken im Langhaus, dem Chorgestühl, dem Gnadenbild der Muttergottes über dem Kreuzaltar und der interessanten Plastik des Propheten Ezechiel widmen. Wissenwert ist auch, daß die Gebäude des Klosters um 1668 entstanden und heute zu großen Teilen als psychiatrische Landeskrankenanstalt genutzt werden.

Nach der Klosterbesichtigung fahren wir weiter nach Goßenzugen.

In **Goßenzugen** überrascht die kleine Magnuskapelle, die 1749 von den am Bau des Zwiefaltener Klosters beteiligten Künstler gestiftet wurde.

Wimsener Höhle: Weiter entlang der Straße kommen wir schon bald nach Wimsen, wo wir uns die nächste außergewöhnliche Sehenswürdigkeit ansehen können, die Wimser Höhle. Den Namen Friedrichshöhle bekam die Grotte, weil sie sogar vom wüttembergischen König Friedrich im Jahre 1803 besucht wurde. Ein Besuch lohnt sich, denn sie ist die einzige Wasserhöhle Deutschlands, die man auf einer Länge von 70 m bergeinwärts mit einem Boot befahren kann! Lassen Sie sich verzaubern von einer faszinierenden Welt unter der Erde, die zu weiten Teilen noch gar nicht erforscht ist - die teilweise trockene, teilweise mit Wasser gefüllte Höhle wurde erst bis zu einer Tiefe von 300 m vermessen.

Deutlich zu spüren war bis nach Wimsen bereits, daß wir uns stetig bergauf bewegen. Und dies setzt sich auch weiter fort, bis wir Hayingen erreicht haben.

Auf dem Weg dorthin versüßt allerdings **Schloß Ehrenfels** den Weg. Es handelt sich um ein würdevolles Schloß von 1735, das im Auftrag des Abtes Benedikt aus Zwiefalten errichtet wurde. Oberhalb der vierflügligen Anlage erhebt sich die Ruine der Burg Altenfels, die bei ihrer Errichtung im 13.Jh. dazu dienen sollte, die Güter der Gundelfinger Adeligen (darunter auch das benachbarte Hayingen) zu beschützen. In der nachfolgender Zeit war Altehrenfels eine Raubritterburg, womit es aber im 15.Jh. vorbei war, als sie in den Besitz des Klosters Zwiefalten kam.

Hayingen: Der staatlich anerkannte Luftkurort Hayingen ist ein herrliches altes Städtchen mit rund 2.100 Einwohnern. Im Rahmen der Bewerbung um den Status eines Kurortes wurde Hayingen ein ansprechendes Äußeres verpaßt, das uns als Besucher zu einer größeren Rast einlädt. Unweit der Ortsmitte liegt in einer Talschlucht das Hayinger Naturtheater, das über die regionalen Grenzen hinaus bekannt ist.

Wer nun die Tour verkürzen möchte, der kann von Hayingen aus der kleinen Straße in Richtung Südosten folgen (beschildert) und kommt über Oberwilzingen zurück nach Rechtenstein an der Donau. Wir jedoch, "klettern" noch ein wenig weiter und folgen von Hayingen der Straße nach Indelhausen, das auch schon bald erreicht ist. Nach der Abfahrt zum Lautertal machen wir an der nächsten Kreuzung (bei Indelhausen) einen Abstecher nach links (beschildert in Richtung Münsingen). Wenig später erreichen wir hinter Weiler die Bettelmannshöhle.

Wenige hundert Meter neben der Burg Derneck, die heute als Wanderheim benutzt wird, liegt die 30 m lange **Bettelmannshöhle**. Der Weg durch die 25 begehbaren Meter der Höhle vollzieht sich ohne das übliche "Höhlen-Frösteln", denn wir sind hier in der wärmsten Höhle der ganzen Region.

Wir haben nun den nördlichsten Punkt unserer Exkursion erreicht und haben einige entspannte Radel-Kilometer vor uns. So fahren wir also wieder zurück über Weiler nach Anhausen und kommen in den „romantischen" Teil des Lautertals. Feldwege und fast unbefahrene Nebenstraßen führen uns immer dicht gedrängt an den Fluß durch das enge Tal der Großen Lauter. Fast überflüssig zu erwähnen, daß mit Steigungen hier nicht mehr zu rechnen ist.

"Über unseren Köpfen" sind immer wieder alte **Burgruinen** zu sehen, die einst das Tal bewachten. Hinter Anhausen sind dies in Folge die Ruinen Schützenberg (linkes Ufer), Maisenburg (rechtes Ufer), Warthausen, Mönsberg, St.Ruprecht (linkes Ufer).

So kommen wir schließlich nach Lauterach, wo wir uns an der ersten großen Kreuzung schräg links, an der nächsten großen Kreuzung (wo es links abgeht nach Ehingen) rechts orientieren. Schon bald ist Neuburg erreicht, wo wir uns links halten und alsbald die Bundesstraße (B 311) erreichen. Geradeaus weiter kommen wir nach Munderkingen, wo wir wieder Anschluß an den Donau-Radweg haben.

Ich bitte allerdings zu beachten, daß Sie bei dieser Tour die beiden Orte Ober- und Untermarchtal am Donauradweg ausgelassen haben. Mit dem **Kloster Obermarchtal** und dem **Schloß Untermarchtal** locken allerdings zwei Sehenswürdigkeiten, die einen kleinen Abstecher zurück donauaufwärts attraktiv machen.

3

Superlative wohin man sieht

Von Zwiefaltendorf nach Ulm

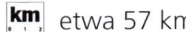

Toureninfos

km — etwa 57 km

START — Zwiefaltendorf (Donaubrücke)

Die Strecke ist ohne allzu große Anstrengungen zu fahren. Die einzige nennenswerte Steigung befindet sich zwischen Zwiefaltendorf und Datthausen, also schon gleich zu Beginn dieser Tour Mit Ulm warten zahlreiche Attraktionen, so daß diese Stadt als Endstation einer Tour gewählt werden sollte.

i Achtung Campingfreunde! Ulm selbst verfügt nicht über einen eigenen Zeltplatz. Der letzte Zeltplatz vor Ulm befindet sich am Badesee bei Ersingen!

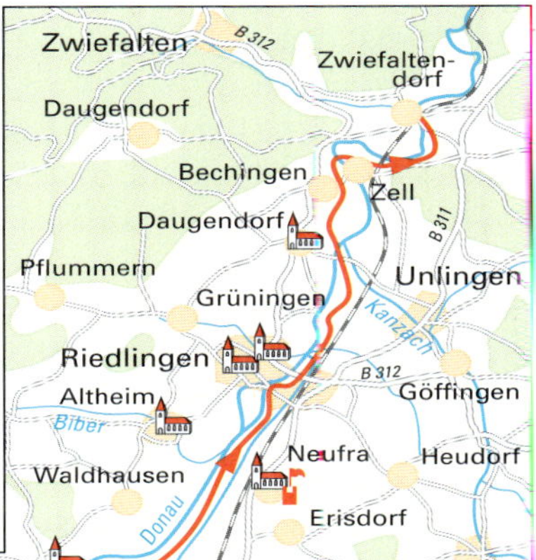
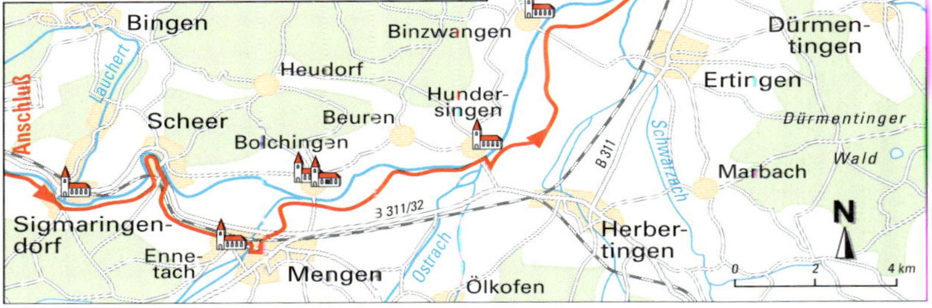

☒ Zahlreiche in Ulm und Neu-Ulm, desweiteren in Zwiefaltendorf, Obermarchtal, Munderkingen, Rottenacker, Ehingen, Öpfingen, Oberdischingen (Abstecher) und Erbach (bei der Alternativroute: Allmendingen, Schmiechen, Schelklingen, Blaubeuren und Blaustein),

👑 Zwiefalten - Freibad, Rottenacker - Badesee, Ehingen - Freibad Ersingen - Badeseen, Erbach - Badesee, Ulm - mehrere Hallen- und Freibäder; bei der Alternativroute Freibäder in Allmendingen, Schelklingen und Blaubeuren und Hallenbäder in Blaubeuren und Blaustein

🕐 *Ehingen* - Heimatmuseum Mi 10-12 und 14-18 Uhr, Fr 15-19 Uhr, So 10-17 Uhr. *Blaubeuren* - Kloster Palmsonntag bis Oktober täglich 9-18 Uhr - Urgeschichtliches Museum Apr-Okt. Di-So 10-17 Uhr - Heimatmuseum Apr-Okt. täglich 10-17 Uhr - Hammerschmiede März-Okt. 10-18 Uhr. *Erbach* - Schloß Apr-Okt. nur Sa und So 14-18 Uhr . *Ulm* - Münster täglich 9-17 Uhr, Führung nach Vereinbarung Stadtmuseum Di-So 10-17 Uhr Brotmuseum So-Fr 10-12 und 15-17.30 Uhr Aquarium mit Tropenhaus Di-So 10-17 Uhr. *Neu-Ulm* - Heimatmuseum Mi 14-17 Uhr und So 10-12 Uhr

Hinter der Brücke bei Zwiefaltendorf (auf der rechten Donauseite) folgen wir wieder den Schildern des Donauradweges und kommen später entlang der Bundesstraße (B 311) nach Obermarchtal.

Info

Obermarchtal ist schon sehr lange besiedelt, zumindest weisen Funde auf vorchristliche Siedlungen und auf römische Besiedlung hin. Irgendwann kamen dann die Grafen von Alaholfing hierher und bauten die Altenburg, dessen Gräben man noch heute auf dem anderen Donauufer sehen kann. 776 gründete einer der Grafen ein Benediktinerkloster, das allerdings schon bald darauf verfiel. 1171 war es Pfalzgraf Hugo III, der einen weiteren Versuch unternahm und an dieser Stelle ein Prämonstratenser-Chorherrenstift gründete, das sich weitaus besser entwickelte. Es wurde Abtei und 1500 sogar Reichsabtei.

Die uns schon geläufige Geschichte der Gotteshäuser in dieser Region setzte sich auch in Obermarchtal fort - nach dem Bau eines Klosters wurde dasselbe im 30-jährigen Krieg fast bis auf die Grundmauern zerstört - erhalten blieb nur die Gottesackerkapelle von 1481. So stammen die heute zu sehenden Klostergebäude fast allesamt aus dem 17./18.Jh. 1686-1701 wurde die meisterhafte Klosterkirche erschaffen, die vor allem durch ihr imposantes Hauptschiff, den Hochaltar (1696), die Sakristei und den Chor (1692) zu gefallen weiß. Seit 1973 ist die Diözese Rottenburg-Stuttgart Eigentümer der Anlage und betreibthier eine Schule.

Tip

Ehe Sie nun weiterfahren, sollten Sie beachten, daß auch das Dorf Obermarchtal eine hübsche Pfarrkirche besitzt, dessen Gründungszeit im 12. Jh. liegt. Das heutige Aussehen bekam sie 1730-40. Daß wir sie heute in so schmuckem Glanz erleben dürfen, haben wir einer gründlichen Restaurierung zu verdanken, die 1974 abgeschlossen werden konnte.

Zur Fortsetzung unserer Tour fahren wir wieder durch den Tunnel auf den Radweg zurück, der uns schon bald nach Untermarchtal bringt.

Info

Untermarchtal: Schon von weitem sehen wir das Wahrzeichen Untermarchtals - das einstige Schloß der Herren von Speth. 1887 entdeckten die Ordensschwestern des Heiligen Vinzenz diese abgelegene Anlage und leben seitdem hier in völliger Abgeschiedenheit. Aus eben diesem Grunde ist das Schloß auch nicht zu besichtigen.

So fahren wir also weiter durch den Ort, überqueren die Donau und biegen kurz hinter der Brücke rechts ab in Richtung Munderkingen. Wer abkürzen mag und den Straßenverkehr nicht scheut, kann von hier aus direkt nach Munderkingen weiterfahren und trifft beim Bahnhof wieder auf den Radweg. Dabei kommt man auch an der Wallfahrtskapelle Frauenberg von 1722 vorbei. Wir jedoch folgen dem offiziellen Radwanderweg und kommen auch nach Munderkingen.

Info

Über die Hausener Straße und später (schräg links) über die Schilerstraße kommen wir in die historische Altstadt von **Munderkingen**. Die Kleinstadt hat eine lange Geschichte, die vor allem dadurch bestimmt wurde, daß sie ab 1297 für mehr als 600 Jahre zu Österreich gehörte. Das Munderkingen von heute besticht durch seinen hervorragend erhaltenen Stadtkern, der von der Kirche St.Dionysius beherrscht wird. Die Kirche wurde im 16./18.Jh. erbaut und verfügt über eine erstaunliche Ausstattung (Pfarrhof, Altar, Chor). Aber auch der Rest der Altstadt mit Fachwerkhäusern, einem Renaissance-Brunnen und dem Rathaus ist sehr sehenswert.

Ab dem Munderkinger Bahnhof folgen wir wieder den Schildern, die uns u.a. auch durch Rotteracker führen. Wenig später locken einige kleine Badeseen zu einer erfrischenden Abkühlung, bevor wir in die nächste größere Stadt kommen.

Info

Ehingen: Mit dem Rathaus steht auch schon gleich die erste Sehenswürdigkeit der Stadt vor uns. Es ist eng mit der Stadtgeschichte verbunden, da hier im 17./18.Jh. die Landstände von Schwaben-Österreich tagten. Ehingen war schon seit 1343 österreichisch und ging erst 1806 an Württemberg. Das heutige Rathaus stammt von 1714, wurde jedoch zweimal (1890 und 1837) grundlegend verändert. Damit teilt es das Schicksal der meisten Gebäude der Stadt, die im 17. und 18.Jh. durch mehrere Großfeuer immer wieder beschädigt wurden. Das gilt auch für das Wahrzeichen der Stadt, die 1719 erbaute Herz-Jesu-Kirche, welche auf ein Konvikt der Zwiefaltener Mönche zurückgeht. Neben den klassischen Barock-Feinheiten begeistert die Kirche vor allem durch ihren interessanten Altar

Doch Ehingen hat noch mehr zu bieten, so z.B. die St.Blasius-Kirche (Teile aus dem 13.Jh., Chor aus dem 18.Jh., vor einigen Jahren frisch restauriert), das Ritterhaus (Giebel von 1692), den Vorort Berg (andere Donauseite, auf ihm basiert die Stadtgründung durch die Grafen von Berg im 13.Jh.) oder das Heilig-Geist-Spital von 1532, in dem heute das Heimatmuseum untergebracht ist. Das Heimatmuseum zeigt eine Biographie des ehemaligen Reichsfinanzministers Mathias Erzberger (1921 ermordet), Wertvolles aus dem Apothekerhandwerk, regionale Literatur und vieles mehr - ein lohnenswerter Besuch!

Am Ehinger Marktplatz steht nun eine größere Entscheidung an: Unser Radweg folgt ab hier weiter der Donau und führt uns via Erbach nach Ulm. Eine empfehlenswerte Alternativstrecke führt uns durch das Blautal via Blaubeuren und Blaustein nach Ulm und ist in der nachstehenden Tour beschrieben. Diejenigen, die nicht unserer Alternativroute über Blaubeuren folgen mögen, fahren einfach weiter nach den Schildern des Donau-Radweges entlang der Donau weiter. Zwischendurch (bei Ersingen) lohnt ein Abstecher nach Oberdischingen.

Kaum zu glauben, aber **Oberdischingen** hat eine wahrlich ruhmreiche Geschichte, die von Graf Franz Ludwig Schenk von Castell, der hier 1736-1821 lebte, wesentlich geprägt wurde. Der Malefiz-Schenk, wie er genannt wurde, hatte sich zum Ziel gesetzt, Dieben, Räubern und anderen Kriminellen in dieser Region das Handwerk zu legen, was ihm einige Zeit auch ganz gut gelang. Zeuge aus dieser Zeit ist seine ehemalige Residenz von 1767, in der es (freilich) auch ein Zucht- und Arbeitshaus gab. Neben dem dreiflügeligen Barockbau sind in Oberdischingen noch die 1800 erbaute Pfarrkirche und die etwas abseits gelegene Dreifaltigkeitskapelle (18.Jahrhundert) sehenswert.

Von Oberdischingen fahren wir am besten denselben Weg über die Donau zurück, über den wir herkamen. Wir verlassen Ersingen nach Westen (in Richtung Kirche) und haben wenig später die Möglichkeit, uns in den Badeseen abzukühlen und unser Zelt aufzuschlagen. Bitte beachten Sie, daß sich hier die letzte Zeltmöglichkeit vor Ulm (noch etwa 24 km) befindet! Hinter dem See kommen wir an einer Landmaschinenfabrik vorbei zu einem Stauwehr an der Donau. Rechts von uns erstreckt sich der Stausee (Kesselsee), links von uns funkelt die Donau - mit diesem Bild fahren wir etwa 3 km weiter, bis wir zu den Bahnschienen kommen, vor denen wir erst einmal ein paar Meter nach links fahren müssen, ehe wir sie passieren können.

Hier, bei der Riedmühle, haben Sie die Gelegenheit, etwas abzukürzen, indem Sie weiter zwischen Donau und Staubecken weiterfahren. Einige Zeit hinter Donaustetten treffen Sie dann wieder auf den Donau-Radwanderweg.

Wir jedoch wollen uns auch Erbach nicht entgehen lassen und fahren daher hinter den Schiener links, ein kleines Stückchen am Ufer entlang und überqueren die Donau. Am Badesee vorbei kommen wir wieder zu den Schienen, vor denen wir rechts fahren, um kurze Zeit später auch am Bahnhof vorbei zu kommen. Beim Bahnhof haben wir nun die Gelegenheit, in die Innenstadt von Erbach zu gelangen.

Erbach: Schmuckstück der Stadt ist zweifelsohne das wuchtige, vierflügelige Schloß von 1550. Es wurde eirst für Hans von Baumgarten errichtet, bevor 1622 die Freiherren von Ulm-Erbach hier einzogen. Die zweite Sehenswürdigkeit von Erbach ist die St.Martins-Kirche, die 1767-69 erbaut wurde. Unter den hübscher Deckenfresken bezaubert eine Madonnenfigur aus dem 15.Jh.

Von der Stadtmitte Erbachs müssen wir nun wieder am Bahnhof vorbei auf die andere Seite der Bahnschienen, um wieder auf unseren Radweg zu kommen. Im nachfolgenden Gewerbegebiet geht es nach rechts hinaus aus Erbach. An einigen Baggerseen vorbei kommen wir wieder zurück an die Donau, die wir aber noch nicht überqueren. So folgen wir dem Fluß bis in das Industriegebiet Ulm-Donautal. Bei den Gebäuden des Südkur ers fahren wir rechts und überqueren mittels Fußgängerbrücke die Donau. Auf dem anderen Ufer angekommen folgen wir der Laupheimer Straße und unterqueren beim Marineheim eine kreuzende Landstraße.

Wer mag, kann der Landstraße nach Wilblingen (beschildert) folgen und sich das ehemalige Barockkloster anschauen, das über eine phantastische Bibliothek verfügt. Der Radweg jedoch bringt uns zielsicher an das Donauufer von Ulm (Donauschwabenufer). An der Wilhelmshöhe und an Teilen der Stadtmauer vorbei kommen wir zur Heldbrücke. Wer Ulm bereits kennt und auf eine Besichtigung verzichtet, der fährt nun ganz einfach am Ufer weiter und folgt der im übernächsten Kapitel beschriebenen Tour. Wir jedoch halten uns bei der Heldbrücke rechts und kommen über die Donaustraße nach Ulm.

Ulm: Wem die Berechnungen der Historiker z.B. in Bezug auf das Gräberfeld in der Nähe des Hauptbahnhofes zu ungenau sind, der sei auf den 22.Juli 854 verwiesen, als zum ersten Mal schrift ich ein „Ulma" festgehalten wird. Damals herrschte hier ein Kirchenstreit, den erst Ludwig der Deutsche beruhigen konnte. Zu dieser Zeit stand an der Blaumündung eine Burg, um die herum langsam eine Stadt herangewachsen war. 1181 war es Kaiser Barbarossa, von dem Ulm seine Stadtrechte erhielt. Holz, Wein und Salz gab es in der Gegend reichlich und so kam es, daß Ulm im 14. und 15.Jh. zu einer großen, wohlhabenden Stadt gedieh, wobei das 14.Jh. ein besonders war: 1377 legte man den Grundstein zum Bau des Münsters und im selben Jahrhundert, genauer gesagt 1397 verzeichnete man den sogenannten Schwörmontag. Hintergrund war, daß die Zünfte 1354 erfolgreich ihre Rechte angemeldet hatten und dies 1397 in einer Verfassung festgeschrieben wurde. Auf diese Verfassung wurden die Angehörigen der Zünfte am Schwörmontag vereidigt.

Und so wird noch heute am vorletzten Julimontag im Jahr der Schwörmontag gefeiert. Dabei hält der Oberbürgermeister um genau 11.15 Uhr die Schwörrede und anschließend läutet die Schwörglocke im Münster. Begleitet wird dies mit einem turbulenten Volksfest, dessen zweiter Höhepunkt am Nachmittag die „Nabada" ist. Dabei werden die sogenannten „Ulmer Schachteln", Einwegschiffe aus Holz, zu Wasser gelassen und ein paar Kilometer flußabwärts geschifft. Früher wurden die Schiffe dort zerlegt und das Holz verkauft. Eine weitere Gaudi ist das „Fischerstechen", ein Turnier auf der Donau, das leider nur alle vier Jahre stattfindet (nächstes Mal 1998).

Dann kam das Jahr 1802. Ulm war bayerisch und völlig überschuldet - der Untergang der Stadt schien endgültig besiegelt. 1810 wurde Ulm dann württembergisch und erholte sich nach und nach wieder. Seitdem ist die Flußmitte erklärte Grenze zwischen Bayern und Baden-Württemberg. Das hört sich ganz belanglos an, vor allem bei dem Hintergrund, daß im Rahmen der Europäischen Union halb Europa zusammengehört. Doch in Ulm scheint die Grenze höher zu sein als anderswo - hört man sich genauer um, so erfährt man, daß da schon eine ganz tiefe Kluft existiert. So wird z.B. ein Ulmer Bürger nur in absoluten Notfällen, wenn es keinen anderen Weg mehr gibt, einen Handwerker aus Neu-Ulm (Bayern) bestellen - und umgekehrt ist es ganz genauso. Der Zweite Weltkrieg machte viele Mühen wieder zunichte - über 70% des Stadtgebietes lagen am Kriegsende in Schutt und Asche. Man mag darüber diskutieren, ob es Absicht oder Zufall war, aber das Münster erlitt kaum Bombenschäden.

Doch außer dem Gotteshaus gibt es in Ulm noch viele weitere Sehenswürdigkeiten, so daß wir ein „volles Programm" haben: An der Donaustraße, über die wir nach Ulm hinein kommen, treffen wir schon auf die ersten Attraktionen - zuerst auf den Reichenauer Hof, der 1535 erbaut wurde und im Ostflügel einen reich verzierten Prunkraum besitzt. Ein Stückchen weiter steht der Ochsenhauser Klosterhof aus dem 15./16.Jh. mit einer tollen Säulenhalle in der ersten Etage. Schon jetzt ist man verblüfft, welch' tolle Arbeit die Restaurateure geleistet haben - die mittelalterlichen Gebäude sehen so aus, als hätte es den Zweiten Weltkrieg gar nicht gegeben.

Biegen wir von der Donaustraße rechts in die Neue Straße (Vorsicht, viel Verkehr) ein, so sehen wir an der nächsten Ecke die Dreifaltigkeitskirche und davor den Petrusbrunnen (1815). Die Kirche stammt ursprünglich aus dem 14.Jh., mußte jedoch nach 1944 gründlich erneuert werden. Ein paar Meter weiter in der Neuen Straße liegt die 1605-1708 errichtete Adlerbastei. Ist das Gebäude an sich schon interessant, so ist es die dazu gehörige Geschichte noch mehr: 1811 wollte Albrecht Ludwig Berblinger hier vor versammelter Prominenz seinen neuen Flugapparat (eine Art Drachen) ausprobieren. Auf dem Sims stehend und auf einen günstigen Wind wartend, bekam er einen Stoß von hinten, stürzte ab und zerschellte am Boden. Es herrschte nach dem Absturz nicht etwa Trauer und Betroffenheit, sondern schallendes Lachen, dem sich auch der König gerne anschloß.

Verlassen wir also wieder diesen zweifelhaften Ort und fahren über die Neue Straße. Hinter der Kreuzung zur Donaustraße steht auf der linken Seite der Delphinenbrunnen (16.Jh.) und dahinter das **Stadtmuseum**. Wer gerne in Museen geht, der ist hier genau richt g. Im Stadtmuseum sind alle Kunststile vom Mittelalter bis in die Moderne dargestellt. Einer der Höhepunkte ist sicherlich die Sammlung von Porzellanfiguren, die Johann Jakob Rommel (Vater von 13 Kindern) 1800 bis 1846 anfertigte. Die Figuren stellen bürgerliche und adelige Menschen in allen Lebenslagen dar. Aber auch die anderen Exponate des Museums machen einen Besuch lohnenswert. Direkt neben dem Stadtmuseum erstreckt sich der Marktplatz und an dessen Ende das **Rathaus**. In der Blütezeit Ulms baute man 1370 an dieser Stelle ein Kaufhaus, erkannte jedoch schon bald, daß es als solches viel zu schade war. So zogen 1419 die ersten Behörden in die herrlich ausstaffierten Räumlichkeiten, deren Wände mit antiken und biblischen Motiven bemalt sind.

Bei der Außenansicht des Rathauses fällt zunächst die astronomische Uhr auf, die bereits seit 1520 hier am Ostgiebel hängt. Den Südgiebel schmücken die Wappen jener Städte, mit denen Ulm Handelsgeschäfte abwickelte. Vor dem Südgiebel befindet sich ein Brunnen, den Jörg Syrlin der Ältere 1482 bei der Erschaffung „Fischerkasten" taufte.

Neben den zahlreichen Details des Rathauses ist vor allem das Treppenhaus erwähnenswert, in dem es eine Nachbildung des Fluggerätes von Albrecht Ludwig Berblinger (s.v.) zu sehen gibt. Wir gehen hinter dem Fischkasten weiter, rechts am Stadtbad vorbei und kommen zum Metzgerturm. Man denkt unwillkürlich an Pisa, wenn man den Metzgerturm vor sich hat, denn der ehemalige Kerkerturm von 1345 hat eine Neigung von sage und schreibe 2,05 m! Der Turm ist noch einer der gut erhaltenen Stadtmauerreste, vor denen wir hier ebenfalls stehen. Wir befinden uns schon im alten Fischerviertel, auch Blauviertel genannt. Hier, bei der Mündung der Blau in die Donau, begann einst die Stadtgeschichte von Ulm. Kein Wunder also, daß wir hier die ältesten und die schönsten Häuser der Stadt, darunter das „Schöne Haus" (ehemaliges Zunfthaus der Schiffsleute), das Schiefe Haus (eines der ältesten und noch bewohrten Häuser der Stadt) oder das Schwörhaus (1613, erst 1954 restauriert, hier ist der Schauplatz des „Schwörmontag"), stehen. Nicht vergessen sollten Sie, auf die kleine Blauinsel im Blauviertel zu gehen. Hier war das alte Gerberviertel der Stadt, aus dem die ersten größeren Handelsbeziehungen Ulms resultieren. Die wohl imposanteste Straße des historischen Viertels ist die Kronengasse, die uns zurück zum Fischkasten vor dem Rathaus führt.

Es gibt ein besonderes Museum in Ulm, das einzige **Brotmuseum** der Welt! Es liegt recht weit außerhalb im Südwesten der Stadt (in der Fürstenecker Straße 17) und wird daher allzu oft vernachlässigt. Da das Brotbacken eine der ältesten Tätigkeiten des Menschen ist, reicht die Darstellung im Museum rund 8.000 Jahre zurück. Highlight der Ausstellung ist ohne Frage die 4.000 Jahre alte Figur eines ägyptischen Brotträgers.

Zurück am Rathaus, bzw. an der Neuen Straße, blicken wir links und sehen auf der anderen Straßenseite den Neuen Bau. Tja, was soll uns dieser Begriff sagen - ein „Neubau" ist es jedenfalls nicht, dieses ehemalige Lagerhaus von 1534 ! Wie auch immer, das Äußere verspricht, was das Innere hält - ein attraktives Treppenhaus und ein eindrucksvoller Innenhof. Wir wechseln vor dem Rathaus stehend die Seite der Neuen Straße, gehen etwas rechts versetzt geradeaus die Kramgasse weiter, sehen rechts das Schuhhaus (es ist das ehemalige Zunfthaus der Schuster von 1537) und davor der Georgsbrunnen von 1580. So kommen wir zum Münsterplatz mit dem Löwenbrunnen (er stammt von 1590; die Löwen halten die Wappenschilde von Reich und Stadt). Vor uns liegt nun im wahrsten Sinne des Wortes der Höhepunkt von Ulm, das **Münster**. Fast jedes Kind lernt in der Schule: Der höchste Kirchturm der Erde ist der des Ulmer Münsters mit sage und schreibe 161,60 Metern! Am 30. Juni 1377 legte Bürgermeister Ludwig Krafft genau 3 Stunden nach Sonnenaufgang den Grundstein zum Bau einer gewaltigen Kirche. Die fünf Schiffe der gotischen Basilika waren schon bald errichtet, doch man erkannte, daß die Ausmaße der Kathedrale doch ein wenig übertrieben schienen - 29.000 Menschen sollten in der Kirche Platz finden, und das, wo Ulm zu dieser Zeit einmal ganze 12.000 Einwohner zählte! So wurde gebaut und wieder gestoppt, dann wieder etwas gebaut, ehe um 1540 ein endgültiger Baustopp verhängt wurde. Die Bauzeit erscheint auf den ersten Blick recht lang, doch effektiv wurde während dieser Zeit nur 66 Jahre an der Kirche gewerkelt. Rund 300 Jahre blieb der Sakralbau unvollendet, ehe man sich 1844 zum Weiterbau entschloß. Und wieder dauerte es viele Jahre, bis das Ulmer Münster 1890 endlich fertiggestellt war.

Das Innere des Münsters besticht durch prachtvolle Eleganz, der von der Orgel mit ihren 93 Registern und etwa 8.000 Pfeifen untermalt wird. Beachtenswert sind insbesondere das über 26 m hohe Sakramentshaus (1467), die kleinen Kapellen (Neidhardtkapelle, Konrad-Sam-Kapelle oder Bessererkapelle), die Altäre oder das 1469-74 aus Eiche geschnitzte Chorgestühl. Lassen Sie sich also reichlich Zeit, um das Ulmer Münster so richtig genießen zu können.

Wer noch mehr von Ulm kennenlernen möchte, der kann via Donaustraße wieder zur Heldbrücke zurückfahren, die uns über die Donau, die Donauinsel und die „kleine Donau" führt. So kommen wir nach Neu-Ulm.

Info

Neu-Ulm ist in der Tat neu - naja, zumindest neuer als Ulm, denn erst ab 1811 entwickelte sich hier eine dichtere Besiedlung. So überrascht es auch nicht, daß die Kirche St.Johannes Baptist, die an der Augsburger Straße liegt (hinter der Brücke noch ein Stück geradaus, dann links) relativ jungen Alters ist - sie wurde 1921-27 erbaut.

Interessanter ist da schon das **Heimatmuseum** von Neu-Ulm (hinter der Brücke geradeaus über die Augsburger Straße hinweg an der Petruskirche vorbei). Das Museum verfügt über eine geologische Abteilung und über interessante prähistorische Exponate.

Nach dem Ausflug nach Neu-Ulm sollten Sie über eine der Brücken zum anderen Donauufer zurückkehren, denn hier, direkt am Fluß, verläuft auch unser Radweg weiter. Nachdem wir auch die Gänstorbrücke passiert haben, wird es kurze Zeit später wundervoll grün zu unserer Linken. Wir haben zwar noch nicht den Stadtrand von Ulm erreicht, aber dafür die Friedrichsau.

Info

Die **Friedrichsau**, ein von König Friedrich gestifteter Park, der hier seit 1811 die Ulmer Bürger zum Relaxen einlädt. Höhepunkt der Friedrichsau war ohne Zweifel die Ausrichtung der ersten baden-württembergischen Landesgartenschau in 1980. Die

Das Vorzeigemotiv von Ulm: Ulmer Münster mit dem höchsten Kirchturm der Welt

Info

Friedrichsau bringt nicht nur Ruhe und Entspannung, sondern hat auch einiges anderes zu bieten wie z.B. die Donauhalle mit dem 40.000 qm umfasser den Messegelände, das sehenswerte Aquarium mit Tropenhaus und sogar einen Bärenzwinger (!), was eine willkommene Abwechslung in unseren „Besichtigungsstreß" bringt.

Staunen, Schmunzeln und Stirnrunzeln, alles ist drin in Ulm. Und es gäbe noch viel mehr zu sehen und zu schreiben über diese alte Stadt an der Donau. Doch es warten auf unserer Tour noch viele andere interessante Städte und Sehenswürdigkeiten. Daher werden wir uns nun wieder auf die Räder schwingen und weiterfahren.

3.1

Der Blautopf - ein Schwäbischer Leckerbissen

Von Ehingen über Blaubeuren und Blaustein nach Ulm

Toureninfos

 etwa 28 km

 Marktplatz in Ehingen

 Einige Steigungen, die jedoch keine allzu großen Schwierigkeiten bereiten. Mit Ulm warten zahlreiche Attraktionen, so daß diese Stadt als Endstation einer Tour gewählt werden sollte.

Achtung Campingfreunde! Ulm selbst verfügt nicht über einen eigenen Zeltplatz. Der nächste Zeltplatz bei Ulm befindet sich am Badesee bei Ersingen!

 In Allmendingen, Schmiechen, Schelklingen, Blaubeuren und Blaustein

 Freibäder in Allmendingen, Schelklingen, und Blaubeuren Hallenbäder in Blaubeuren und Blaustein

 Blaubeuren - Kloster -Palmsonntag bis Oktober täglich 9-18 Uhr - Urgeschichtliches Museum Apr-Okt. Di-So 10-17 Uhr - Heimatmuseum Apr-Okt. täglich 10-17 Uhr - Hammerschmiede März-Okt. 10-18

Vom Marktplatz in Ehingen fahren wir auf der Bahnhofstraße weiter, vor dem Bahnhof rechts, unterqueren Bahnschienen und Bundesstraße (B311) und kommen in einem langgezogenen Bogen nach Allmendingen. Durch Allmendingen fahren wir weiter, bis wir wieder auf die Gleise stoßen und folgen denselben (mit einem Schlenker nach links) via Schmiechen nach Schelklingen, wo hinter dem Bahnhof die Schienen unterquert werden.

Info

In **Schelklingen** locken die Altstadt, das Heimatmuseum im alten Rathaus, die St.Afra-Kapelle (auf dem Friedhof, 13.Jh.) und etwas abseits das ehemalige Benediktiner-Kloster Urspring (1127 gegründet) zu einem Aufenthalt.

Nach Unterquerung der Bahnschienen halten wir uns links und kommen am Freibad sowie an dem sogenannten Hohlen Fels (Wohnhöhle in der Altsteinzeit) vorbei. Wir folgen weiter dem Lauf der Aach und kommen zum Friedhof von Weiler.

Info

Weiler: Hier befindet sich das Naturdenkmal Bruckfels und das sogenannte Geißenklösterle, eine Ausgrabungsstätte. Der Tübinger Professor Müllerbeck fand hier Spuren des Cromagnon-Menschen, der in der Altsteinzeit lebte. Fundstücke waren ein 33.000 Jahre altes Elfenbeinsteinplättchen und andere Schmuckstücke.

Hinter dem Friedhof queren wir abermals die Bahnschienen. Den Ort Weiler läßt der Radweg „links liegen", aber in Weiler finden sich ebenfalls Spuren aus der Urzeit.

Info

Im Felsenlabyrinth mit dem putzigen Namen „Küssende Sau" und in der Brillenhöhle fand Professor Riek Stein- und Knochenwerkzeuge von 25.000 bis 12.000 v.Chr.

Wie gesagt, führt der Radweg rechts an Weiler vorbei. So halten wir uns direkt an den Bahnschienen und kommen so nach Blaubeuren.

Info

Blaubeuren: Die Geschichte Blaubeurens begann 1085, als hier ein Benediktiner-Kloster gegründet wurde. Schon bald wuchs um das Kloster herum ein kleines Dorf, das 1267 die Stadtrechte erhielt. Blaubeuren kann sich zurecht „Perle der Schwäbischen Alb" nennen - inmitten der herrlichen Landschaft liegt eine glanzvolle Kleinstadt.

Wir biegen bei der Einfahrt in die Stadt vor dem Bahnhof links ab, fahren die Weilerstraße immer weiter geradeaus bis zum Rathaus und bekommen sogleich den ersten guten Eindruck von Blaubeuren.

Info

Das **Rathaus** ist ein hübsches Fachwerkhaus aus dem 15.Jh., das im Zusammenspiel mit dem Renaissance-Brunner auf dem vorgelagerten Marktplatz ein schönes Motiv abgibt. Wer mag, kann vom Marktplatz aus die neben dem Rathaus beginnende Karlstraße entlang fahren und gelangt nach wenigen Metern zur evangelischen Pfarrkirche (14. und 15.Jh., Altar aus dem 15.Jh.) und zum urgeschichtlichen **Museum**. Letzteres ist im ehemaligen Heilig-Geist-Spital (15.Jh.) untergebracht und verfügt über außergewöhnliche Fundstücke aus den Höhlen der Umgebung, unter ihnen eine Elfenbeinfigur, deren Alter auf etwa 35.000 Jahre geschätzt wird.

Wir fahren nach der Museumsbesichtigung zurück zum Marktplatz und verlassen diesen über die Klosterstraße die uns direkt zum **Kloster** bringt, das einige ursprüngliche Teile aus der Gründerzeit (1085) erhalten konnte. Die überwiegende Substanz des heutigen Baus stammt jedoch von 1510. Schmuckstück im Innern ist ohne Frage

der 1493 erbaute Hochaltar. Michael Erhart, sein Sohn Gregor und der Maler Bartho-
lomäus Zeitblom schufen einen Flügelaltar, der lange Seinesgleichen suchen muß: Ist
der Altar geschlossen, sieht man die Passion Christi. Das Öffnen der Äußeren Flügel
gibt 16 Zeichnungen von Johannes dem Täufer preis und bei abermaligem Öffnen
wird die Weihnachtsgeschichte sichtbar - eine überwältigende Kunst! Die Altarflügel
werden jeden Sonntag zwischen 14.30 und 15.30 bewegt!

So, nun aber endlich zum **Blautopf**, der nicht etwa eine weitere Schwäbische Mahlzeit ist, sondern eine geologische Rarität. Freilich ist es eine Legende, daß man jahr-
hundertelang die Tiefe des Blautopfes nicht messen konnte, weil eine Nixe, genannt
die schöne Lau, im Blautopf lebte und den Faden des Lotes immer wieder durch-
schnitt. Heute weiß man, daß der Blautopf 21 m tief ist (bis dahin kann man bei sonnigem Wetter fast sehen) und mit einer Schüttung von bis zu 26.200 Liter pro Sekun-
de (!) eine der größten Karstquellen Europas darstellt. Doch damit nicht genug - der
Blautopf ist nicht etwa einfach nur ein Loch, aus dem Wasser sprudelt. Vielmehr er-
schließt sich unter ihm ein wahres Labyrinth unterirdischer Tunnelsysteme, das immer
noch nicht vollständig erforscht ist. Erst vor 10 Jahren entdeckte Jochen Hasenmayer
den Mörike-Dom, eine Höhle, dessen Abmaße rund 120 (L) X 25 (B) X 30 (H) Meter
betragen. Die Höhle liegt 150 m unter der Erde und 1.300 m entfernt vom Blautopf.

Tip

Wenn Sie unserem Abstecher nach Blaubeuren gefolgt sind, ist also ein Besuch des
Blautopfes, dessen Wasser übrigens wirklich blau ist, obligat. Wenn Sie schon einmal
hier sind, sollten Sie sich auch die am Blautopf stehende **Hammerschmiede** anschau-
en, die seit 1804 im Gebäude des ehemaligen Wasserwerkes (1742) untergebracht ist.

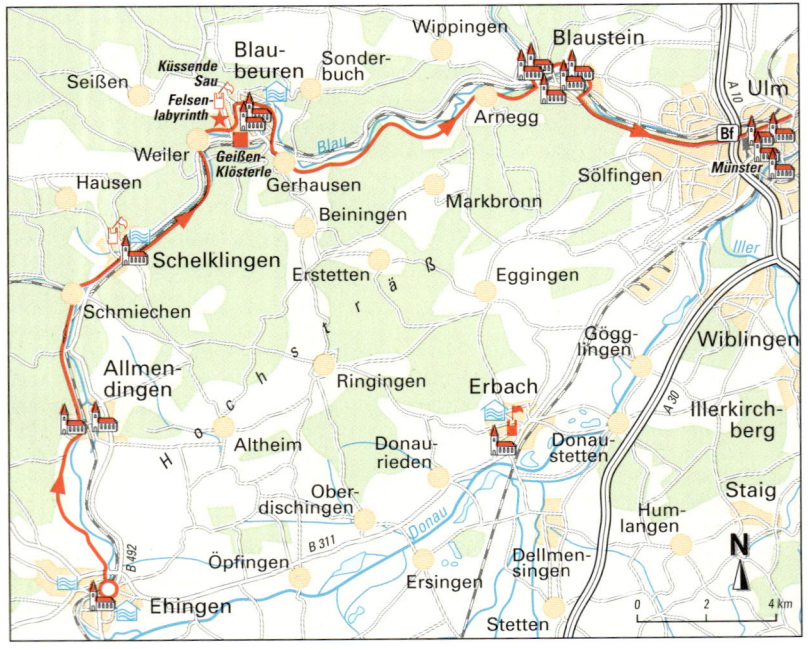

Wir verlassen den Blautopf und fahren über die Blaubergstraße am Freibad vorbei. Der Weg führt über die Blau-Brücke, an der Schule vorbei,
biegt links ab und orientiert sich im weiteren Verlauf stets an der Blau.
Bitte erhöhte Vorsicht beim Überqueren der stark befahrenen Bundesstraße (B28)! Die nächsten Kilometer sind sehr entspannend - durch
Arnegg (auf rechter Uferseite bleiben) kommen wir nach Blaustein.

Info **Blaustein:** Im Ortsteil Klingenstein, den wir zunächst passieren, lockt das gleichnamige Schloß von 1756 (Privatbesitz, daher kein öffentlicher Zugang).

Das Zentrum von Blaustein stellt mit einigen hübschen alten Häusern einen interessanten Abstecher dar, den man allerdings nicht zu lang aus-
fallen lassen sollte, da mit Ulm die erste "richtige" Großstadt auf uns
wartet. Der Radweg mündet im Ortsteil Klingenstein auf die Bundesstraße. Zum Glück wurde ein Radweg neben der Straße angelegt, der
uns für die nächsten etwa 8 km lauten, aber dennoch entspannten
Fahrspaß garantiert. Schließ ich wird es „ernst" - die Bebauung wird
dichter und vor uns taucht mit dem Blaubeurer Tor ein Verkehrschaos
auf. Doch kein Grund zur Unruhe - auch hier wurde an uns Radler gedacht und ein hervorragender Radweg angelegt, der vom Straßenverkehr unberührt bleibt. Den Wegweisern „Stadtmitte" folgend kommen
wir ins Zentrum von Ulm. Um allerdings Anschluß an den Donau-Radwanderweg zu bekommen, von dem aus wir auch unsere Stadtbesichtigung starten wollen, müssen Sie vor Bahnhof und Autobus-
bahnhof weiter geradeaus fahren und kommen so zum Donauufer.

4

Giebelmeer mit Vergangenheit
Von Ulm nach Dillingen

Toureninfos

 etwa 55 km

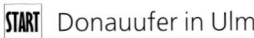 Donauufer in Ulm

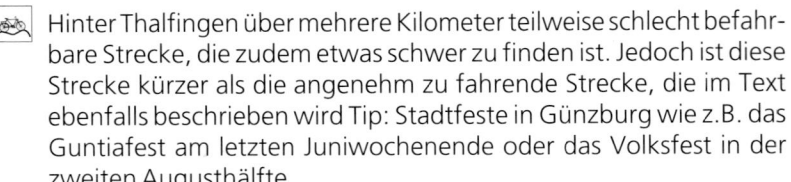 Hinter Thalfingen über mehrere Kilometer teilweise schlecht befahrbare Strecke, die zudem etwas schwer zu finden ist. Jedoch ist diese Strecke kürzer als die angenehm zu fahrende Strecke, die im Text ebenfalls beschrieben wird Tip: Stadtfeste in Günzburg wie z.b. das Guntiafest am letzten Juniwochenende oder das Volksfest in der zweiten Augusthälfte

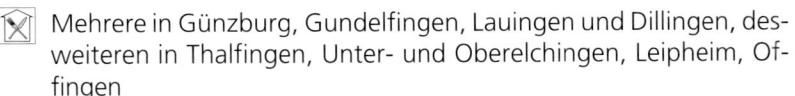 Mehrere in Günzburg, Gundelfingen, Lauingen und Dillingen, desweiteren in Thalfingen, Unter- und Oberelchingen, Leipheim, Offingen

Nähe Thalfingen am Pfuhler See - Unterelchingen Riedelsee - Leipheim zwei Hallenbäder - Günzburg Waldfreibad - Gundelfingen Natursee-freibad - Lauingen Hallenbad und auf der anderen Donauseite (2km) Badesee - Dillingen Hallen- und Freibad

Günzburg - Unteres Tor jeden Di 11-17 Uhr, 1.So im Monat 14-17 Uhr -Heimatmuseum Di-Fr 10-12 Uhr und Mai-Sept. auch Sa und So 14-16 Uhr -Stadtführungen am ersten So im Monat, Start 10 Uhr am Rathaus *Gundelfingen* - Automobil-Veteranen-Salon Ostern-Okt. täglich

Wir verlassen das Ulmer Ballungszentrum direkt entlang der Donau an der Friedrichsau vorbei. Im Bereich der Friedrichsau wechseln wir das Ufer, verabschieden uns also demnach von Baden-Württemberg und befinden uns in Bayern. Der Radweg am Südufer der Donau bringt uns zum Naherholungsgebiet Pfuhler See, wo es an sonnigen Tagen hoch her geht. Kurz vorher aber wechseln wir einmal mehr das Ufer und fahren nach rechts zwischen den Gleisen und dem Fluß weiter. Der Uferweg ist hier schon nicht besonders angenehm zu fahren und verschlechtert sich im weiteren Verlauf noch merklich, so daß das Radfahren mit Gepäck zur Tortur werden kann. Wem dies nichts ausmacht, der kann weiter dem Uferweg folgen und kommt nach rund 7 km in einem Linksbogen bei Weißingen wieder auf unseren Donauradweg.

Wir jedoch nutzen nach rund 1,5 km die Gelegenheit, die Bahnschienen zu passieren und fahren hinter denselben direkt rechts am Bahnhof vorbei durch Thalfingen. Etwa 300 m hinter dem Bahnhof biegen wir links ab und fahren zunächst rechtwinklig von den Gleisen weg. Schließlich biegen wir rechts in die Elchinger Straße ein, die uns aus Thalfingen heraus zurück zur Bahn führt. Für nächsten etwa 4 km schmiegt sich der Radweg an den Bahndamm, so daß wir am Hallenbad vorbei nach Oberelchingen kommen,

Info

Oberelchingen: Zwar verläuft der Radweg weiter entlang der Bahn, aber ein Abstecher in den Ort lohnt sich. Das schöne Ortsbild wird gekrönt durch die Klosterkirche, die aus dem 12. und 18 Jh. stammt und die unterschiedlichen Stilrichtungen dieser Zeit harmonisch in sich vereirt. Blickfang des bereits um 1000 gegründeten Klosters sind die Heiligenstatuen und der Hochaltar der Kirche.

Der Radweg folgt, wie oben erwähnt, weiter der Bahn. Etwa 150 m hinter dem Bahnhof von Unterelchingen kreuzen wir die Gleise und fahren sodann links weiter, um kurz darauf (etwa 300 m) rechts abzubiegen. Auf der kleinen Straße wird es kurze Zeit später laut, wenn die Autobahn (A 7) unterquert wird, ehe es geruhsam weiter geht nach Weißingen.

Wer mag, kann sich zwischendurch noch im **Riedelsee** abkühlen.

In Weißingen müssen wir einmal rechts und kurz darauf wieder links abbiegen und können dann „Natur pur" genießen: Immer weiter geradeaus verläuft der Weg durch den beschaulichen Auwald. Einige Zeit später dröhnt uns wieder Verkehrslärm ins Ohr, der uns aber nicht stören muß - genüßlich fahren wir unter der Autobahn (A 8) hindurch und kommen wieder an die Donau mit einer Brücke. Nun müssen wir uns entscheiden: Die Natur liegt auf der linken, die Sehenswürdigkeiten auf der rechten Donauseite. Wer sich für die Natur entscheidet, folgt ganz einfach dem Donauradweg bis zur Donauüberquerung, wo wir auf diejenigen treffen, die sich Leipheim und Günzburg angeschaut haben. Sie haben sich für die Sehenswürdigkeiten entschieden? Nun gut, dann fahren wir also über die Brücke und am Bahnhof vorbei (geradeaus hinter der Brücke). Danach biegen wir links ab in Richtung Stadtmitte, wobei Sie vielleicht über den starken Anstieg stöhnen werden. Aber es lohnt sich, denn oben liegt Leipheim.

Gleich zu Beginn sehen wir die Hauptattraktion der Kleinstadt (Stadtrechte sei 1330) - das Gässen-Schloß aus dem 16.Jh., das genau so aussieht, wie man sich ein mittelalterliches Schloß vorstellt. Im Innern lockt zudem eine Uhren- und Waffenausstellung. Aber auch der Rest von **Leipheim** ist sehenswert - eine gut erhaltene Stadtmauer mit Wehrtürmen, prächtige, alte Häuser und nicht zuletzt die im 14.Jh. erbaute Pfeilerbasilika St. Veit warten darauf, von Ihnen entdeckt zu werden.

Durch Leipheim hindurch zu fahren ist recht einfach: die steile Straße, über die wir neben dem Schloß hineinkamen, biegt rechts ab und knickt ein paar Meter weiter links ab. Dann fahren wir immer geradeaus bis zu den letzten Häusern, rechts quasi vor den letzten Häusern her in Richtung Hallenbad und vor dem Hallenbad links Richtung Günzburg. Glücklicherweise wurde hier neben der Bundesstraße (B 10) ein Radweg angelegt, der uns neben der Straße her schnurgerade ins Herz von Günzburg führt.

Günzburg: Wer von historischen Städten an der Donau redet, der kommt auch an Günzburg nicht vorbei. Die Stadtgeschichte begann 77/78 n. Chr., als die Römer zum Schutz des Donauübergangs das Kastell Guntia errichteten. Die Römer hielten sich mit ihren bis zu 500 Mann starken Reitertruppen lange auf; Grabfunde aus dem 1.Jh. belegen, daß es hier eine wohlhabende Gemeinde gegeben haben muß. Es ist übrigens das größte freigelegte Gräberfeld nördlich der Alpen. Den Römern folgten die Alemannen, die hier einen Herzogshof anlegten. Die älteste Urkunde, die ein "ze Gunceburch" belegt, stammt von 1065 und wurde von König Heinrich IV unterschrieben. 1307 kam Günzburg dann zu den Habsburgern, die es auch über 500 Jahre behielten. Die Habsburger brachten Schwung in die Geschichte - im 14. Jh. eine neue Stadt (Oberstadt), die 1307 die Stadtrechte erhielt. Unter Erzherzog Ferdinand II wurde dann 1577-80 ein prächtiges Renaissance-Schloß und eine Hofkirche gebaut - im

30jährigen Krieg wurde all' die Pracht wieder zerstört. Was die Schweden heile ließen, schaffte dann der spanische Erbfolgekrieg(1701-14), ein Schloßbrand (1703) und ein vernichtender Großbrand in der Oberstadt am 8. Mai 1735. Doch trotz alledem war die Moral der Günzburger nie gebrochen - um ein Zeichen für den Neuanfang zu setzen, begann man 1736 mit dem Bau der Frauenkirche, dem heutigen Schmuckstück der Stadt. Vier Jahre später kam Maria Theresia an die Macht und sorgte dafür, daß die gesamte Stadt zu neuem Glanz erstrahlte.

Doch damit auch genügend Worte zur Geschichte und auf zur Stadtbesichtigung: Wir kommen also über die Bundesstraße (B10) ins Zentrum und biegen an der großen Kreuzung rechts in die Ulmer Straße ein. Nach einem Linksknick der Ulmer Straße sehen wir auf der rechten Seite die gotische Spitalkirche, deren Inneres barocke Ausstattungen und eine Stuckdecke von 1720 besitzt. Wir fahren (noch vor der Kirche) links zum Stadtberg ab und kommen zum eigentlichen Wahrzeichen der Stadt, dem unteren Tor. Das Stadttor war ziemlich verwahrlost, als sich am 30.05.1984 die "Altstadtfreunde Günzburg e.V." erschlossen, das Wahrzeichen wieder herzurichten. Der Wiederaufbau war am 28.03.1992 beendet, so daß uns von der Obersten Etage ein herrlicher Blick über die Stadt, hübsche restaurierte Räume in den anderen Etagen und sogar ein Cafe erwartet.

Hinter dem Stadttor biegen wir die erste Straße rechts (Rathausgasse) ein und kommen zunächst zum **Heimatmuseum**. Im ehemaligen Piaristen-Ko leg wurde 1904 ein Museum gegründet, das jedoch so rasch wuchs, daß schon 1934 Teile davon ins benachbarte Schloß ausgelagert werden mußten. So sehen wir hier heute vor allem re-

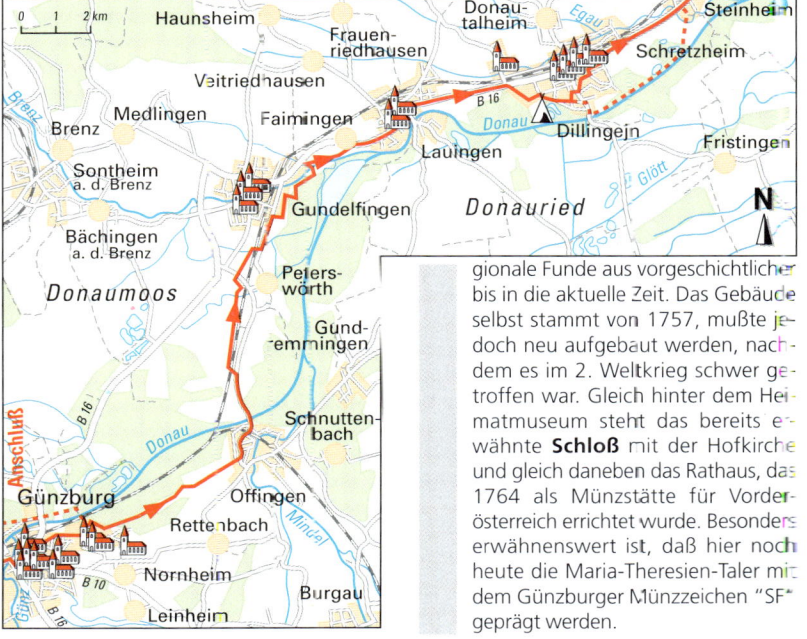

gionale Funde aus vorgeschichtlicher bis ins die aktuelle Zeit. Das Gebäude selbst stammt von 1757, mußte jedoch neu aufgebaut werden, nachdem es im 2. Weltkrieg schwer getroffen war. Gleich hinter dem Heimatmuseum steht das bereits erwähnte **Schloß** mit der Hofkirche und gleich daneben das Rathaus, das 1764 als Münzstätte für Vorderösterreich errichtet wurde. Besonders erwähnenswert ist, daß hier noch heute die Maria-Theresien-Taler mit dem Günzburger Münzzeichen "SF" geprägt werden.

Wir gehen (fahren) wieder zurück in Richtung Unteres Tor, biegen rechts ab und stehen am Beginn des imposanten Marktplatzes. Schräg gegenüber auf der linken Seite steht das ehemalige Gasthaus "Zur Krone", in dem schon Kaiser Joseph II und Bayernkönig Max I übernachteten. In der Mitte des Marktplatzes befindet sich der interessante neue Marktbrunnen, in dem Details der Stadtgeschichte dargestellt sind. Hinter dem Marktbrunnen biegen wir links ein und sehen an der nächsten Straßenkreuzung (rechts) das Maria-Ward-Institut, das von 1677 bis 1782 ein Franziskanerinnen-Kloster war. Wer mag kann ein Stückchen weiter geradeaus gehen und sich den Kuhturm mit einem 400 Jahre alten achteckigen Aufbau anschauen. Wir biegen am Maria-Ward-Institut rechts ab und stehen plötzlich vor der Frauenkirche, einem eher unscheinbaren Bau. Wer vom Äußeren vielleicht etwas enttäuscht ist, wird mit dem Innenausbau von 1736-41 im Rokoko-Stil entschädigt. Kirchen-Kenner wird interessieren, daß der Wessobrunner Domenikus Zimmermann für den Innenausbau verantwortlich war. Blickfang ist ohne Zweifel der herrliche, glänzende Altar.

Zurück zum Marktplatz halten wir uns auf demselben rechts, bis wir am Ende der Fußgängerzone ankommen (hier waren wir schon einmal nach der Besichtigung der Frauenkirche). Die Dillinger Straße (B16), die sich schräg links vor uns erstreckt, sieht mit ihrem Verkehr nicht besonders radlerfreundlich aus. Aber wir müssen ihr leider dennoch folgen, um aus Günzburg heraus zu kommen. Unmittelbar vor der Eisenbahnbrücke verlassen wir die Dillinger Straße nach rechts und kommen nach einer kurzen, aber anstrengenden Steigung nach Reisensburg. Hier fahren wir in Richtung Schloß (gotischer Kern von 700, später barockisiert, aber nicht zugänglich) und treffen hinter dem Schloß bei der Kirche wieder auf den Donauradweg, dem wir nun wieder folgen können. Auf dem weiteren Weg locken wieder kleine Aufenthalte wie z.b. Offingen mit seinem Schloß von 1748 und der Rundkapelle St.Leonard von 1747. Nicht zu übersehen ist das Kernkraftwerk Gundremmingen, das bei seiner Inbetriebnahme 1966 das erste Kernkraftwerk Deutschlands war. Während der Radweg Gundelfingen links liegen läßt, wollen wir uns die Innenstadt anschauen, fahren daher im Industriegebiet geradeaus und folgen der Schildern „Stadtmitte".

Gundelfingen: Zur Namensgebung gibt es zwei Theorien - die eine bezieht sich auf den Gund (=Zusammenfluß) von Brenz und Donau, die andere geht auf den hier ansässigen Ahnherren Gundolf zurück. Nachdem Gundelfingen im 8.Jh. beurkundet war, erhielt es 1200 die Stadtrechte, verbunden mit dem Bau einer Wehrmauser und dreier Tore. Innerhalb der Wehrmauer entstand im Laufe der Jahrhunderte ein äußerst sehenswertes Stadtbild, das mit der Stadtmauer und dem Lauingen Tor (13./17.Jh.) beginnt. Im Stadtkern fällt vor allem das **Rathaus** von 1677, das in seinem Ratssaal ein überwältigendes Gemälde (Motiv ist eine Schlacht) beherbergt, ins Auge. Als zweites markantes Bauwerk ist die Stadtpfarrkirche St.Martin aus dem 14.Jh. zu nennen, die genau an der Stelle einer alten Holzkirche aus dem 7.Jh. erbaut wurde. Das Innere der heutigen Kirche ist in Rokoko gehalten. Auch das Schloß Schlachtegg aus dem 16.Jh. muß bei den Gundelfinger Sehenswürdigkeiten genannt werden.

Wir verlassen das Stadtzentrum Gundelfingens den Schildern Echenbrunn/Lauingen folgend und treffen bei Echenbrunn wieder auf den Donauradweg.

In **Faimingen** lockt ein Abstecher zur Römischen Tempelanlage „Apollo Grannus", die ergänzt wurde durch das Römische Vicus (Dorf) namens „Phoebiana". Durch die aufgestellten Infotafeln leben hier die Römer förmlich wieder auf - sehr gut sind die damaligen Verhältnisse nachvollziehbar. Bei der 1.000 qm großen Anlage handelt es sich um den größten Römischen Tempel nördlich der Alpen (!), der erst 1987 der Öffentlichkeit als Freilichtmuseum zugänglich gemacht wurde.

Die Bundesstraße (B16) führt uns von Faimingen direkt in das Herz unseres nächsten Höhepunktes.

Lauingen: Wenn die Lauinger von der uralten Geschichte ihrer Stadt reden, kann man ihnen getrost recht geben, denn bereits seit Ende der Eiszeit leben Menschen in diesem Gebiet. Funde belegen eine Besiedlung in der Alt-, Mittel- und Jungsteinzeit, Bronzezeit, Urnenfelderzeit, 1.Eisenzeit, Hallsteinzeit, 2.Eisenzeit und Keltenzeit. Daß die Römer ebenfalls hier waren, durften wir in Faimingen schon beeindruckt feststellen. Während Römer und Alemannen die Gegend bei Faimingen bevorzugten, kam erst im 6.Jh. wieder Leben ins heutige Lauingen, wobei schon die erste Siedlung den Namen Lougingen trug.

Die Abwandlung „Lauigen" liest man zum ersten Mal um 750 im Zusammenhang mit einer Schenkung an das Kloster Fulda. Nachdem Lauingen einige Zeit Königsstadt der Staufer war, kam es nach Bayern-Wittelsbach und blieb sodann bis heute bayerisch. Im Mittelalter wurde es turbulent: In Lauingen wechselten ständig die Herrscher und Kriege tobten. Auch der 2.Weltkrieg ging nicht spurlos an Lauingen vorrüber, so daß ein großflächiger Wiederaufbau erforderlich wurde. Dies gelang in so vorzüglicher Art und Weise, daß uns heute ein historisches Stadtbild par excellence entgegensteht: Im Zentrum gibt es nicht einen modernen Hochbau, dafür aber ein wahres Meer von alten Giebeldächern!

Nicht zu übersehen ist das **Wahrzeichen** der Stadt, der schlanke Schimmelturm von 1478, der 1571 auf 55 m aufgestockt wurde. Er steht direkt am Vorzeigeplatz Lauingens, am rechteckigen Marktplatz, auf dem auch das Albertus-Magnus-Denkmal steht. Dieser Albertus Magnus ist sicherlich der berühmteste Sohn der Stadt. Er lebte von 1193 bis 1280 und galt als der größte Gelehrte des Mittelalters. So verstand er es wie kein anderer, Naturwissenschaften und Theologie miteinander zu verknüpfen, ohne gleich an den Pranger gestellt zu werden. Auf der Südseite des Marktplatzes ragt das mächtige **Rathaus** empor, das 1783-1793 erbaut wurde. Interessant ist, daß die Bürger von Lauingen selbst einen erheblichen Anteil der Baukosten von 50.000 Gulden beitrugen. Prunkstück des Rathauses ist der hübsch verzierte Festsaal, der erst 1970/71 renoviert wurde. Und dabei -das ist ebenfalls außergewöhnlich- stammten die meisten Gelder wieder aus den Privattaschen der Bürger!

Wer durch Lauingen kommt, der kann auch das spätgotische **St.Martinsmünster** nicht übersehen. 62 m lang und 22 m breit ist die Hallenkirche, in deren Inneren schlanke Säulen das Netzgewölbe tragen. Neben dem Altar ist das Rotmarmor-Grabmal für die Pfalzgräfin Elisabeth (1563 verstorben) beachtenswert. Etwas abseits vom Stadtzentrum am Oberen Wall liegt das ehemalige herzoglich-bayerische Schloß, das 1474-82 erbaut wurde und als zweite Residenz der Pfalz Neuburg diente. Später geriet das Schloß in Vergessenheit, diente um 1707 als Mälzerei und wurde 1878 sogar als Ruine abgeschrieben. 1890 entschloß man sich, das Gebäude doch zu restaurieren, so daß uns heute ein strahlend weißer Bau mit roten Dachziegeln empfängt. Wer mehr über Lauingen erfahren mag, der geht ins **Heimathaus** an der Hauptstraße. Schon 1791 fing man hier an, die verschiedensten Exponate aus der Gegend zu Sammeln. Es ist somit die älteste städtische Sammlung von ganz Bayern!

Wir verlassen Lauingen über die Hauptdurchfahrtsstraße (B16) in Richtung Dillingen. Am Ortsausgang besteht die Möglichkeit, rechts abzuzweigen und in einem weiten Bogen durch die Donauauen nach Dillingen zu fahren. Da die Bundesstraße einen separaten Radweg besitzt, wählen wir den kürzeren Weg und kommen alsbald nach Dillingen.

Dillingen wurde 973 zum ersten Mal als „castellum dilinga" urkundlich erwähnt. Damals gab es hier eine kleine, 400 Jahre alte Alemannensiedlung, die von einer Burg beschützt wurde. Es dauerte fast weitere 300 Jahre, bis hier eine „richtige" Stadt entstand. 1258 kam Dillingen zum Hochstift Augsburg. Da den Bischöfen die Lage gut gefiel, verlegten sie ihren Sitz hierher und so kam es, daß Dillingen bis 1802 fürstbischöfliche Stadt blieb.

Wir kommen über die Lauinger Straße (B16) nach Dillingen hinein. Noch vor dem Bahnhof, der sich Linkerhand befindet, biegen wir rechts ab in die Prälat-Hummel-Straße. Nach ein paar hundert Metern biegen wir links ein in die Kardinal-von-Waldburg-Straße und sehen die erste Sehenswürdigkeit der Stadt, die Akademie für Lehrerfortbildung.

Die **ehemalige Universität** mit Jesuitenkolleg wurde 1688/89 erbaut und findet ohne Frage in der Aula ihren Höhepunkt. Diese ist ganz im Stile des Rokoko gehalten und trägt nicht ohne Grund den Namen „Goldener Saal". Bei all' dem Prunk an den Wänden könnte man glatt vergessen, auch 'mal über sich zu schauen. Dort verewigte sich Johannes Anwander 1761-64 mit einem atemberaubenden Deckengemälde. Auch der Bibliothekssaal sollte bei einer Besichtigung nicht ausgelassen werden. Unmittelbar neben der Akademie erhebt sich die Studienkirche Mariä Himmelfahrt. 1610-17 entstand der Grundbau, dem 1750-68 eine Umgestaltung folgte. An dieser Erneuerung waren zahlreiche Künstler beteiligt, zu denen auch Christoph Scheffler gehörte, der die Deckenfresken schuf. Scheffler war ein Schüler des Asam-Barocks, jenem Kunststil, dem wir auf unserer weiteren Reise noch öfters begegnen werden. Die Kirche ist einer der Höhepunkte Dillingens, für den Sie sich Zeit nehmen sollten.

Von der Kirche aus fahren wir weiter zum Heinrich-Roth-Platz, geradeaus in die Königsstraße hinein und biegen links ab in die Klosterstraße. So kommen wir zur **Basilika St.Peter**, die von 1619-28 erbaut wurde. Nachdem auch 1734/35 die Deckenfresken fertiggestellt waren, blieb die Kirche bis heute unverändert. Doch es gibt den-

"Goldener Saal", die Aula der ehemaligen Universität in Dillingen

noch wichtiges zu berichten: 1979 erhob Papst Johannes Paul II die Kirche zur Päpstlichen Basilika! Der achteckige Aufsatz des Kirchturmes wurde übrigens 1669/70 von David Motzhardt erschaffen. Ein weiterer Höhepunkt Dillingens ist das **Schloß**. Die ältesten Fragmente des Schlosses gehen bis in die Zeit der Staufer zurück (13.Jh.). Wie wir bereits wissen, hatten später hier die Fürstbischöfe ihre Residenz, wovon noch die gotische Madonna (15´7) am Eingang und die Ulrichskapelle (14.Jh., 1790 umgebaut) im Schloßgarten zeugen. Über die Historie des Schlosses gibt es nicht allzu viel zu berichten, denn die Fürstbischöfe waren über die Jahrhunderte hinweg so zufrieden daß, sie es unverändert ließen. Nachdem sie das Schloß verlassen hatten, fügte man 1827 lediglich den Renaissancegiebel hinzu.

Wer auf weltliche Dinge steht, der sollte ins **Stadt- und Hochstiftsmuseum** gehen, das sich überwiegend mit der Stadthistorie und der Geschichte der Akademie beschäftigt. Sie erreichen es, wenn Sie vom Schloß kommend die erste Straße links zum Hafenmarkt gehen. Wieder zurück auf der Königsstraße können wir noch das alte **Rathaus** von 1500 bewundern (Hausnummer 37). Es blieb über Jahrhunderte im Kern unverändert; nur der Renaissancegiebel wurde später hinzugefügt. Überhaupt kann man die Königsstraße mit ihren alten Häuserfassaden, dem Kopfsteinpflaster und dem Mitteltorturm (Unterbau 13.Jh., Renovierung nach Brand 1763) als das Aushängeschild Dillingens bezeichnen. Freilich gibt es in Dillingen noch viele weitere interessante Gebäude zu sehen, wie z.B. das Kapuzinerkloster (am Kapuzinerplatz, Kirche von 1695/97), die St.Wolfgangskapelle (Kapuzinerstraße 1, vor 1591), die St.Leonardskapelle (Donauwörther Straße 10, älteste Kirche der Stadt) und vieles mehr.

Bevor Sie aus Dillingen abfahren, möchte ich auch noch berichten, daß hier Gutes für Körper und Geist getan wurde: Johann Sebastian Kneipp erprobte in Dillingen zum ersten Mal Kaltwasseranwendungen zur Heilung verschiedener Beschwerden und legte damit den Grundstein zu noch heute wichtigen Heilbehandlungen.

4.1

Unterwegs im Schwäbischen Barockwinkel
Rundtour von Leipheim über Krumbach und Burgau

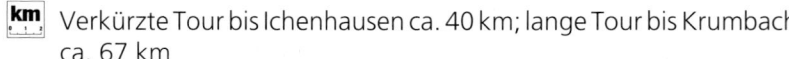
Toureninfos

km Verkürzte Tour bis Ichenhausen ca. 40 km; lange Tour bis Krumbach ca. 67 km

START Bundesstraße (B 10) beim Schwimmbad in Leipheim Ortsmitte von Günzburg, bzw. Startpunkt in Leipheim (bis Leipheim ca. 5 km länger)

Teilweise leichte Höhenunterschiede, die jedoch keine besondere Kondition erfordern. Die gewählte Strecke führt soweit als möglich über Rad- oder Forstwege bzw. wenig befahrene Straßen

In Kissendorf, Anhofen, Autenried, Waldstetten, Wiesenbach, Deisenhausen, Neuburg a.d.K., Ettenbeuren, Scheppach (Abstecher), mehrere in Leipheim, Ichenhausen, Krumbach, Burgau und Günzburg

Freibäder in Leipheim, Ichenhausen, Krumbach, Wettenhausen, Burgau und Günzburg; Hallenbäder in Leipheim, Krumbach und Günzburg; Silbersee (Badesee) bei Remshardt

Günzburg s. Tour 4 *Autenried:* - Schloß mit Ikonenmuseum sonn- und feiertags 14 - 17 Uhr *Ichenhausen:* - Schulmuseum Di bis So 10 - 17 Uhr *Stoffenried:* - Kreisheimatstube 2.u.4. So im Monat 14 - 17 Uhr *Krumbach:* - Heimatmuseum 1.u.3. So im Monat 14 - 17 Uhr *Naichen:* - Hammerschmiede sonn- und feiertags 13 - 17 Uhr *Burgau:* - Tiermuseum 1. und letzter So im Monat 14 - 17 Uhr, Juni/Juli nach Vereinb., August geschlossen - Schloß mit Museum 1. So im Monat 14 - 16 Uhr - Veteranen-Museum täglich 10 - 17 Uhr

Willkommen im „Schwäbischen Barockwinkel!". Ohne Frage macht dieser Slogan des Fremdenverkehrsamtes Günzburg neugierig auf die Region um Günzburg herum. Grund genug also, einmal vom Donau-Rad-wanderweg abzuzweigen und diesen „Winkel" zu erkunden. Und dies bietet sich besonders in Leipheim an, wo unser Tourenvorschlag Sie nach südlich der Donau führt. Nach dieser Exkursion kommen wir nach Günzburg, das auch am Donauradweg unser nächstes Ziel gewesen wäre. Ausgangspunkt unseres „Ausfluges" ist die Bundesstraße (B 10) in Leibheim neben dem Schwimmbad.

Dieser B 10 folgen wir ein Stückchen in Richtung Ulm (Autobahn) und zweigen noch vor der Autobahn links ab in Richtung Bubesheim. Die wenig befahrene Straße verläuft zunächst parallel der Autobahn, ehe uns die Möglichkeit zur Unterquerung der Autobahn gegeben wird. So verlassen wir also die Straße nach rechts und radeln hinter der Auto-bahn an einer Baumschule vorbei. Hinter dieser biegen wir links, wenig später rechts und dann wieder links ab. Etwas ansteigend auf einem verträumten Waldweg geht es weiter bis zu einer Querstraße, der wir einige Meter nach links folgen. An der nächsten Kreuzung biegen wir rechts, an der zweiten Straße links ab und kommen durch die Ortsmitte von Kissendorf. An dem Platz folgen wir schräg links versetzt (gerade-aus) der Vorfahrtsstraße in Richtung Großkissendorf, das wir sogleich an der nächsten Querstraße links abbiegend wieder verlassen. Die Stra-ße bringt uns mit einem kleinen Anstieg nach Anhofen, das wir zu-nächst geradeaus durchradeln. Rechts an der Dorfkirche vorbei kom-men wir zu einer Querstraße, der wir einige Meter nach links folgen, um schließlich rechts nach Autenried abzubiegen. Den Straßenschildern folgend kommen wir nach ein paar Hügeln (endlich) zur ersten Sehens-würdigkeit:

Info

Autenried: Die Vorfahrtsstraße geleitet uns geradewegs zur Hauptattraktion Autenrieds, und zwar zum Schloß, das nicht nur über einen idyllischen Weiher ver-fügt: Kaum zu glauben, aber wahr - hier, fernab des großen Tourismus, gibt es die größte Sammlung für ostkirchliche Kunst außerhalb der slawischen Länder und Grie-chenlands! Zu sehen sind rund 2.000 (!) Ikonen (das sind Kultbilder der Ostkirche), über 500 Handschriften, Drucke und Graphiken sowie 500 Exponate aus dem Kunst-gewerbe. Für Liebhaber der Kirchenkunst ist ein Besuch im Ikonenmuseum von Autenried also ein absolutes Muß!

Zur Fortsetzung unserer Tour fahren wir weiter am Schloß vorbei zum Sommerkeller und können hinter den letzten Häusern Autenrieds einen Radweg neben der Straße nach Oxenbronn (beschildert) benutzen.

In Oxenbronn fahren wir auf der Querstraße, auf die wir treffen, nach rechts in Richtung Ichenhausen, das wir über einen weiteren Radweg schon bald erreicht haben.

Info **Ichenhausen** verfügt über eine ganze Reihe sehenswerter Häuser, die immer wieder zum Verweilen einladen. Interessant und außergewöhnlich ist der Besuch der wiederaufgebauten Synagoge von Ichenhausen. Aushängeschild der Stadt ist jedoch das Zweigmuseum des Bayerischen Stattsmuseums. Im Schloß von Ichenhausen wurde das erste Schulmuseum der Welt eingerichtet. In eindrucksvoller Art, meist in plastisch nachgestellten Schulszenen und -räumen wird die gesamte Schulgeschichte, angefangen am Beginn der menschlichen Erziehung bis zur modernen Schule, dargestellt.

Wer nun abkürzen mag, der folgt ab Ichenhausen der Straße (beschildert) nach Unterrohr und trifft dort wieder auf unseren Rundweg. Wir jedoch fahren von der (ebenfalls sehenswerten) Stadtpfarrkirche aus ein Stück zurück in die Richtung, aus der wir kamen. Nachdem wir Bahnschienen und die Günz hinter uns gelassen haben, wählen wir den linken (!) Radweg und biegen kurz darauf links ab (Birkenallee). Wenig später geht es dann wieder links weiter in einen Feldweg hinein. Waldstetten lassen wir „rechts liegen", überqueren die Straße und fahren geradeaus weiter, ehe wir links abbiegen zur Waldstätter Mühle. Vor dem Damm des Stausees fahren wir rechts am Ufer vorbei und umrunden den See bis zur Südspitze. So kommen wir schließlich zur Straße nach Ellzee, der wir bis in den Ort hinein folgen. In Ellzee biegen wir rechts in die Dorfstraße ein und verlassen auf dieser wieder den Ort. Nach den letzten Häusern macht die Straße einen Linksknick, dem auch wir folgen, um so via Hilbertshausen zu unserem nächsten Museum zu kommen.

Info **Stoffenried:** Wen schon immer interessiert hat, wie vor rund 200 Jahren das Landleben aussah, der ist hier genau richtig. Schusterwerkstatt, Kammern, Stuben, Landwirtschaftsgeräte, Gärten und sogar eine Hausbrauerei lassen uns erahnen, daß unsere Vorfahren gar nicht mit dem Luxus unserer Tage gesegnet waren.

Weiter der Straße folgend radeln wir über Sasenthal nach Unterwiesenbach, das über eine beachtenswerte gotische Dorfkirche (13. Jh.) verfügt. Wir fahren weiter geradeaus durch Unterwiesenbach, dem - wen wundert's - Oberwiesenbach folgt. Dort halten wir uns links und kommen so nach Oberegg, wo wir die kreuzende Straße geradeaus passieren. Nach wenigen Metern endet die Straße in einem Linksbogen und trifft auf einen Feldweg, dem wir nach rechts folgen. Am rechten Ufer des Oberegger Weihers vorbei kommen wir zur Südspitze des Sees, wo wir rechts fahren und Deisenhausen erreichen.

 Info Die Dorfkirche von **Deisenhausen** (17. Jh.) ist ein weiterer imposanter Beleg dafür, warum diese Gegend als „Barockwinkel" bezeichnet wird.

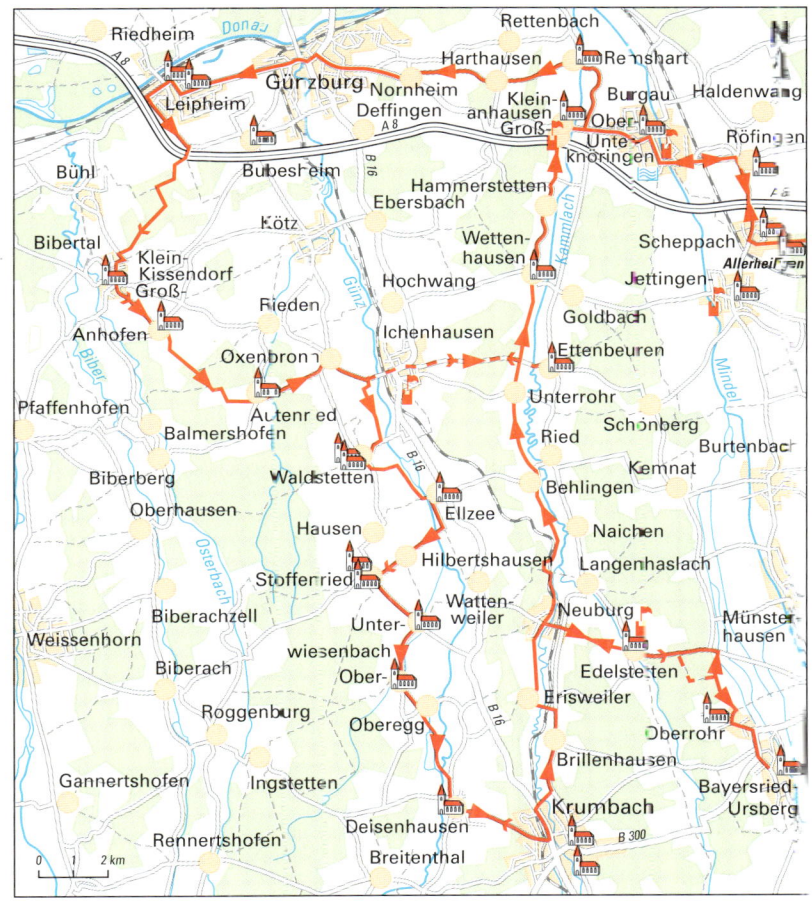

Der ausgeschilderten Straße folgend kommen wir in kurzer Zeit nach Krumbach.

Krumbach ist ein bemerkenswertes Städtchen, das dem Touristen sehr viel zu bieten hat. Da es für uns aber nur eine von vielen Anlaufstationen im Schwäbischen Barockwinkel ist, wollen wir uns auf das Wesentliche beschränken: Obligat ist ein kleiner Rundgang durch die hübsche Altstadt, der immer wieder den Blick auf kleine alte Häuser preis gibt. Beherrschend ist in der Altstadt ohne Frage die Rokoko-Kirche St.Michael (18. Jh.), die vor allem durch ihre reichhaltige Innendekoration besticht. Eine weitere „Pflicht-Sehenswürdigkeit" in Krumbach ist das Heimatmuseum (Heinrich-Linz-Straße). Das ehemalige Judenhaus von 1810 ist ein würdiger Rahmen für das Museum, das sich natürlich mit der regionalen und überregionalen Geschichte beschäftigt. Gezeigt werden auch Exponate aus der bürgerlichen und bäuerlichen Wohnkultur, historische Werkstätten und Kunstgegenstände aus dem 17. - 20. Jh.

Wir verlassen Krumbach über die Bundesstraße (B 10) in Richtung Günzburg (am Bahnhof vorbei). Unmittelbar vor den Bahnschienen biegen wir rechts ab und fahren etwa 2 km neben denselben her, ehe wir bei dem geteerten Querweg die Bahnschienen nach links passieren können. Hinter den Gleisen fahren wir direkt wieder rechts, bei der Querstraße weiter geradeaus und kommen an Erisweiler vorbei. Der Straße folgend sind wir schon bald in Neuburg an der Kammel.

Info Weithin sichtbar und auch das Wahrzeichen von **Neuburg an der Kammel** ist das Schloß, das mit seiner außergewöhnlichen Architektur verblüfft. Wermutstropfen ist allerdings, daß man die schöne Aussicht von dort oben mit einem schweißtreibenden Aufstieg bezahlen muß. Weniger hoch und mindestens genauso interessant ist die Pfarrkirche Neuburgs, die ein ganz besonders Kleinod beherbergt: Die „Kreuzabnahme", geschaffen vom frühbarocken Bildhauer Christoph Roth. In höchst beeindruckender Weise wird jene Szene dargestellt, in der Jesus vom Kreuz abgenommen wird.

Abstecher nach Edelstetten (3 km) und nach Ursberg (6 km)

Wer den schwäbischen Barockwinkel auch wirklich bis in jeden Winkel genießen möchte, der folgt uns nun nach Edelstetten und weiter nach Ursberg. Wer keine Lust auf weitere 6, bzw. 12 Zusatz-Kilometer und einiger „Kletterarbeit" hat, der bleibt im Tal und folgt der Beschreibung hinter Ursberg.

Nach Edelstetten fahren wir von der Mitte Neuburgs aus (Kammel-Brükke) über die Bahnschienen und hinter denselben schräg links versetzt geradaus in den Edelstettener Weg. Die Straße steigt langsam, aber merklich an und schon bald ist das erste Ziel erreicht.

Info **Edelstetten:** Unsere Straße knickt nach den ersten Häusern des Ortes links ab und weist uns unübersehbar den Weg zum wundervollen ehemaligen Damenstift Edelstetten. Fasziniert der Komplex schon von Außen, so werden Sie vom Innern der Stiftskirche bestimmt begeistert sein: Strahlend weißer Stuck, edeles Marmor und funkelndes Gold - ein Meisterwerk des Barock!

Da wir nun so richtig im „Barock-Fieber" sind, fahren wir gleich weiter über die Landstraße in Richtung Thannhausen. Nach rund 3 km folgen wir rechts der abknickenden Straße und kommen via Oberrohr nach Ursberg.

Info Das Ziel in **Ursberg** schlechthin ist die ehemalige Reichsabtei, dessen Klosterkirche 1775 von Joseph Dossenberger barockisiert wurde und nun mit der Stiftskirche von Edelstetten um die Wette glänzt. Trotz der üppigen, barocken Pracht sollten Sie in der Kirche die gotische Kreuzigungsgruppe keinesfalls übersehen! Sehenswert, wenn auch nicht barock, ist die Klosterbibliothek, die 1793/94 im Klassizismus-Stil unter Abt Alois Högg erbaut wurde. Falls Sie Zeit genug haben, können Sie die über 7.000 Bücher lesen! Aber Spaß beiseite - ebenfalls im Kloster untergebracht ist das Museum Ursbergs. das sich auf Holzplastiken von Ferdinand Diez (1708-1777) spezialisiert hat.

Nach der Beendigung der Besichtigungen fahren wir einfach denselben Weg nach Neuburg zurück, den wir herkamen. Wir verlassen Neuburg bei der Pfarrkirche über die Mühlenstraße und biegen später in den Behlinger Weg ein. Danach halten wir uns einfach immer an den Bahnschienen, bis wir nach Keuschlingen kommen. In Keuschlingen bietet sich ein kurzer Abstecher an das andere Ufer der Kammel an, das über einen kleinen Weg zu erreichen ist, denn dort liegt Naichen.

Technik-Fans wird sie bestimmt interessieren, die alte Hammerschmiede im Weiler **Naichen**. Familie Stocker stellte hier 1830 bis 1980 Beile, Schaufeln und anderes Werkzeug her. Außerdem verkauften sie Landmaschinen. Schaustücke des heutigen Museums sind freilich handgeschmiedete Werkzeuge, Turbnenhaus und die Originalwerkstatt.

Zurück in Keuschlingen folgen wir weiter der kleinen Straße über Behlingen nach Unterrohr (immer entlang der Kammel). In Unterrohr stoßen auch diejenigen w eder hinzu, die in Ichenhausen abgekürzt hatten. Wir durchfahren Unterrohr geradlinig (aus Ichenhausen also links abbiegen). Bei den letzten Häusern wird die Straße zum Weg, der bald darauf eine Landstraße quert. Immer geradeaus kommen wir via Reifertsweiler nach Wettenhausen.

Wenn Sie sich in **Wettenhausen** in Richtung Schwimmbad halten, können Sie es schon bald nicht mehr übersehen - das ehemalige Augustinerstift mit der herrlichen, frühbarocken Klosterkirche von 1670. Neben der Kirche sollten Sie im Kloster vor allem die Wandelgänge und den Kaisersaal betrachten.

Wir verlassen Wettenbach und fahren weiter über eine Nebenstraße nach Hammerstetten.

In **Hammerstetten** lockt die kleine Rokoko-Kirche zu einem kurzen Aufenthalt.

Auch hinter Hammerstetten bleiben wir auf der Nebenstraße, die wenig später die Autobahn (A 8) unterquert und nach Großanhausen führt. Im Ort halten wir uns rechts und kommen auf die Bundesstraße (B 10), der wir nach rechts folgen. Hinter Oberknörringen können wir einen Radweg an der Straße benutzen und kommen so nach Burgau.

Die markante Stadtansicht von **Burgau** zeigt uns zwei Türme - den Torbogenturm und daneben den Turm der Stadtpfarrkirche Maria Himmelfahrt, die in der Übergangsphase zum Klassizismus errichtet wurde. Burgau verfügt darüber hinaus über ein Schloß (Norbert-Schuster-Straße), dessen Fassade allerdings „keinen aus den Sokken haut". Interessanter geht es da schon im Innern zu, denn dort befindet sich das Heimatmuseum. Das Museum wurde erst 1986, nachdem das Schloß als Real- und Hauptschule gedient hatte, neu eingerichtet und widmet sich der regionalen Geschichte. Dabei werden vor allem Stücke aus dem bürgerlichen und bäuerlichen Leben der vergangenen Jahrhunderte gezeigt. Das zweite Museum am Orte (in der Haldenwanger Straße) wird vor allem „Stadtmenschen" und Kinder begeistern: Im Tiermuseum sind weit über 1.000 Tiere, Insekten und Vögel aus dem regionalen Raum ausgestellt.

Wer nun die „Nase voll" hat, der fährt nun direkt zurück nach Günzburg und liest hinter der Beschreibung zu Scheppach weiter. Wir jedoch wollen noch einen weiteren Abstecher machen, der allerdings etwas bergig ist: Wir verlassen Burgau in Richtung Bahnhof. Die schnurgerade Straße unterquert links neben dem Bahnhof die Gleise und trifft wenig später wieder auf die Bundesstraße (B 10) bei Röfingen. Wir folgen der Bundesstraße ein paar Meter nach rechts, radeln aber geradeaus in Richtung Autobahn, wenn die B 10 einen Linksknick vollzieht. Nach einem Anstieg und der Autobahnunterquerung sind wir schon bald in Scheppach.

Im Ort **Scheppach** weiß die Pfarrkirche von 1768 zu begeistern, die von Josef Dossenberger in einem imposanten Barockstil ausstaffiert wurde. Die vielen hochglänzenden Details und der reich verzierte Altar lassen die Zeit im Nu verfliegen. Doch allzu lang können wir uns der Schwärmerei nicht hingeben, denn etwas außerhalb von Scheppach (beschildert) lockt eine weitere Dossenberger-Kirche: Die auf einem Hügel plazierte Wallfahrtskirche Allerheiligen drückt eindrucksvoll aus, warum wir uns hier im bezeichneten „Barockwinkel" befinden! Zweifelsohne das Prunkstück der Kirche ist der prachtvolle Altar, aber auch die anderen Ausstattungen sind sehr sehenswert.

Nach dieser Exkursion fahren wir dieselbe Strecke wieder nach Burgau zurück, über die wir herkamen. Burgau verlassen wir über die verkehrsreiche Bundesstraße (B 10) in Richtung Günzburg. In Knörringen verlassen wir die stark befahrene Straße nach rechts in Richtung Remshart (beschildert).

Remshart: Der Name Dossenberger ist uns nun mittlerweile geläufig geworden. Und auch an dem Pfarrhof von Remshart war dieser Künstler maßgeblich beteiligt, was freilich für eine außergewöhnlich schöne Architektur bürgt.

Wer nun „geschlaucht" ist von der Radelei, hat unweit von Remshart die Gelegenheit, sich im Silbersee zu erholen. Es gibt eine Bademöglichkeit, einen Imbiß und einen Campingplatz.

Krumbach/Schwaben: Blick auf Schloß und Pfarrkirche St. Michael

Info

Von Remshart fahren wir den Schildern folgend über die kleine Nebenstraße nach **Harthausen**, wo wir das Riecheim'sche Schloß von 1763 bestaunen können. Es wird als eines der schönsten Häuser der ganzen Gegend bezeichnet und verführt in der Tat zu einem längeren Aufenthalt.

Wir verlassen Harthausen über die Straße nach Nornheim, das schon bald erreicht ist. An der dritten Straße fahren wir links und kommen wieder auf die Burdesstraße (B 10), deren Radweg wir rechts nach Günzburg folgen. In der City von Günzburg haben wir wieder Anschluß an den Donauradweg. Wer nun noch zurück nach Leipheim, dem Ausgangspunkt unserer Rundtour muß, der folgt durch Günzburg hindurch einfach der B 10, die auch hinter den letzten Häusern der Stadt einen Radweg besitzt.

83

5

Geschichte zum Anfassen
Von Dillingen nach Donauwörth

Toureninfos

 etwa 36 km

 Donauwörther Straße (Bundesstraße 16) in Dillingen

 Kurze, entspannende Tour über ebene, teilweise befahrene Straßen/Wege. Die Tour kann bis Neuburg verlängert werden. Dann liegt die Streckenlänge bei etwa 77 km. Bitte beachten: In Neuburg gibt es keine Jugendherberge! Eine Verlängerung der Tour bis Ingolstadt ist aufgrund der zahlreichen Sehenswürdigkeiten, als auch aufgrund der Streckenlänge (100 km, mehrere Steigungen) nicht empfehlenswert

 In Steinheim, Höchstädt und mehrere in Donauwörth

 Höchstädt - Hallenbad und Badeweiher Donauwörth - Hallen- und Freibad und Naherholungsgebiet Baggersee

 Höchstädt: Heimatmuseum - jeder 1. Sonntag im Monat 10.00 - 12.00 Uhr und 14.00 - 17.00 Uhr sonst Vereinbarung 09074/4956 oder 1061 - Donauwörth: Riedtor - 1. So. und 3. Mi im Monat Heimatmuseum und Käthe-Kruse-Museum: Mai-Okt. mittwochs und am 1. Sonntag im Monat Vor- und frühgeschichtliches Museum: 1. Sonntag im Monat Werner-Egk-Begegnungsstätte: nach Vereinbarung unter Tel. 0906/789141

Nun wird es aber Zeit, wieder Boden unter die Räder zu bekommen. Die kürzeste Weiterfahrt folgt einfach dem Radweg entlang der Bundesstraße (B16, in Dillingen heißt sie Donauwörther Straße) nach Steinheim. Die naturverbundene Variante führt aus der Stadtmitte heraus zur Donau. Dazu folgen wir den Wegweisern „Festplatz Donaupark" bis zur Donaubrücke. Diese überqueren wir jedoch nicht, sondern fahren rund 3 km am Ufer nach links weiter. Schließlich führt uns der Radweg links weg vom Fluß, an einigen Weihern vorbei und in einem Bogen nach Steinheim, wo wir wieder auf die Bundesstraße kommen. Nun bleibt nichts anderes, als eben dieser Bundesstraße (B16) nach rechts zu folgen. Nach einem weiteren Rechtsbogen geht es schnurgerade nach Höchstädt.

Höchstädt: Man soll es kaum für möglich halten, aber hier, in dieser kleinen 5.000-Seelen-Gemeinde wurde ein Stückchen Weltgeschichte geschrieben: Am 13. August 1704 tobte hier der spanische Erbfolgekrieg. Die Völkerschlacht wurde nach dem nahegelegenen Blindheim (Blenheim) benannt und fand an diesem Tag ihren Höhepunkt. Damals wurde das bayerisch-französische Heer durch die Engländer, geführt von Lord Marlborough und durch die Kaiserlichen Truppen, geführt von Prinz Eugen, geschlagen. Bei derart wichtiger Geschichte ist es kaum verwunderlich, daß Höchstädt ein eigenes **Heimatmuseum** besitzt. Es steht am Marktplatz und liegt damit unmittelbar an unserem Radweg. Freilich liegt der Schwerpunkt des Museums bei der Schlacht von 1704, und dies in beeindruckender Form: Auf 24 qm wird der „entscheidende Durchbruch der englischen Kavallerie und das verzweifelte Bemühen der Franzosen, die Katastrophe nach abzuwenden" dargestellt. Dies wird dokumentiert durch etwa 9.000 Zinnsoldaten und mehreren dargestellten Szenen. (Hinweis: geplant ist ein Umzug des Museums in das Schloß). Gegen diese Darstellung verblassen die übrigen Exponate des Heimatmuseums leider etwas, die sich vor allem mit der weiteren Ortsgeschichte sowie mit Kunst und Handwerk befassen.

Der **Marktplatz**, auf dem wir uns befinden, stellt auch ohne Zweifel den attraktivsten Teil des Orts dar - neben dem Heimatmuseum recken sich noch weitere hübsche Bürgerhäuser und die spätgotische Pfarrkirche Mariä Himmelfahrt (15./16.Jh.) in die Höhe. Letztere besticht vor allem durch ihren alten Chor (1485/98), ihren barocken Hochaltar und ihre Kanzel (1760). Wir fahren vom Marktplatz aus hinter dem Heimatmuseum in die Herzogin-Anna-Straße hinein, biegen später recht ab zum Schloßberg (Straße) und kommen so zum Pfalz-Neuburgischen Schloß, das im 16.Jh. (ab 1589) am Ort einer noch älteren Burg errichtet wurde. So stammen die unteren Stockwerke des Bergfriedes noch aus dieser Gründerzeit (13.Jh.). Das heutige Renaissance-Schloß beeindruckt durch seine exakte symetrische Bauweise und durch sein schmuckes Inneres (Wandmalereien, Kassettendecken und vieles mehr). Nach seiner teilweisen Zerstörung im 2. Weltkrieg mußte das Schloß mit erheblichem Aufwand (über dreizehn Mio. DM) restauriert werden und strahlt uns heute in neuem Glanz entgegen.

Wenn wir schon am Schloß sind, können wir unseren Radweg auch idyllisch fortsetzen: Wir fahren die Herzogin-Anna-Straße weiter, die schon bald Wertinger Straße heißt (vom Schloßberg kommend also rechts). So kommen wir an den Badeweihern vorbei und fahren hinter dem zweiten Weiher (ca. 600 Meter hinter dem Ortsende, bitte Schilder beachten) links weg von der Straße. Der befestigte Weg bringt uns rechts an einigen anderen Seen vorbei durch verträumte Landschaft nach Sonderheim, wo wir wieder auf den „offiziellen" Radweg treffen.

Die nächsten Kilometer bis Donauwörth „ziehen" sich mächtig - zum einen, weil wenig Abwechslung geboten wird, und zum anderen, weil teilweise eine Landstraße benutzt wird. Auch eine genaue Beachtung der Schilder ist sehr empfehlenswert!!

Info

Donauwörth: Das Prachtstück Donauwörths, die alte Reichsstraße (oder auch „via triumphalis" genannt), zeugt von der glorreichen Geschichte der Stadt. Die Geschichte schien es zunächst nicht gut zu meinen mit Donauwörth: Als Kaiser Claudius seine Römerstraße von Norditalien nach Augsburg bauen ließ, führte er diese zwar nördlich von Augsburg weiter, doch die "via claudia" endete genau vor den Toren Donauwörths. Auch 30 Jahre nach Claudius' Tod, als die Römer den Limes bauten, wurde Donauwörth vernachlässigt. Eher diente die Insel am Zusammenfluß von Wörnitz und Donau ("werd" oder "wörth" genannt, wir radelten hier schon 'drüber) einfach als willkommener Übergang. Im 10.Jh. wurde dies jedoch anders - die erste Brücke wurde gebaut und die Siedlung "werd" bekam Zoll-, Markt- und Münzrecht. Die nachfolgenden Jahrhunderte waren sehr turbulent - Donauwörth gehörte fünfmal zu Schwaben und sechsmal zu Bayern, ehe es 1714 zum letzten und endgültigen Male bayerisch wurde.

Die Stadt litt dadurch immer wieder unter den Kriegen und bekam im 2.Weltkrieg fast den "Gnadenstoß" - weit über 70 % der Stadt wurden zerstört. Doch in liebevoller Kleinarbeit wurde der historische Stadtkern wieder aufgebaut, so daß uns heute eine herrliche Altstadt empfängt. Wir kommen über die Wörnitz-Insel nach Donauwörth hinein und fahren hinter der 2. Brücke durch das Riedtor. Das 1810 erneuerte Stadttor stellt noch einen Teil der ursprünglichen Stadtbefestigung dar. Hinter dem Riedtor erhebt sich rechts das ehemalige Deutschordenshaus, ein 1778 abgeschlossener, klassizistischer Bau, der heute die Werner-Egk-Begegnungsstätte beherbergt. Wer kein Musikliebhaber ist, sollte wissen, daß Werner Egk ein berühmter Opern- und Ballett-Komponist der Neuzeit (1983 verstorben) war. Zu sehen sind u.v.a. sein Flügel und die Geige seiner Frau.

Ein Stückchen weiter (vom Riedtor geradeaus) empfängt uns das wuchtige **Rathaus**, das zwischen dem 13. und 19.Jh. immer wieder umgebaut wurde, so daß sich heute höchst unterschiedliche Architekturstile darin wiederspiegeln. Das Rathaus ist quasi unsere Eingangstür zur Reichsstraße, die nach links weiterläuft. Am besten, Sie schieben die Räder genüßlich durch die Straße und schauen sich in aller Ruhe die hübschen alten Häuser an, die sich rechts und links erheben.

Beachtenswert sind vor allem das Hintermeierhaus aus dem 15./16.Jh. (in dem ehemaligen Gerberhaus befindet sich heute das interessante Heimatmuseum), das Tanzhaus (15.Jh. mit vor- und frühgeschichtlichem Museum) und am Ende der Reichsstraße das Fuggerhaus (15./16.Jh., in dem heute das Landratsamt untergebracht ist). Ebenfalls am Ende der Reichsstraße erhebt sich links die Stadtpfarrkirche Mariä Himmelfahrt. Der gotische Backsteinbau (1444-61) und sein imposanter Turm sind wahrlich ein würdevoller Abschluß der Prachtstraße.

Doch sie sollten Donauwörth nicht verlassen, ohne am Ende der Reichsstraße schräg links weiter zu fahren. So kommt man zum ehemaligen Benediktinerkloster Heilig

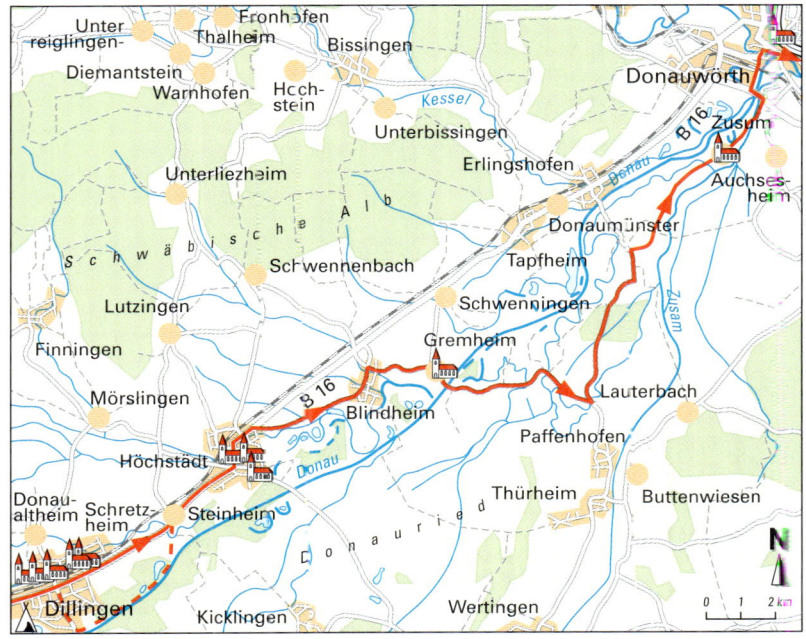

Kreuz, das im 11.Jh. gegründet wurde. Neben dem Klostergebäude aus dem 17./ 18.Jh. fällt vor allem die 1720 errichtete Klosterkirche auf. Die Barockausstellung und der Altar sind einen Besuch wert. Wer endlich einmal wieder Lust auf etwas Außergewöhnliches hat, der sollte der Pflegstraße bis zur Nummer 12a folgen (die Pflegstraße beginnt am Ende der Reichsstraße, vis-a-vis der Pfarrkirche).

Dort befindet sich das Käthe-Kruse-Puppenmuseum, das nicht nur Kinderherzen höher schlagen läßt. Das Museum befindet sich nicht umsonst in Donauwörth, denn bereits seit 1949 werden in Donauwörth Puppen hergestellt. Entsprechend reichhaltig sind die Ausstellungsstücke des Museums.

5.1

Jetzt geht's rund - Nördlingen
Rundtour von Donauwörth über Harburg
nach Nördlingen

Toureninfos

 ca. 50 km

 Riedtor bzw. Reichsstraße in Donauwörth

 Ebene Strecke, die zum größten Teil auf Radwegen neben Straßen verläuft

 Mehrere in Donauwörth, Harburg und Nördlingen, desweiteren in Wörnitzstein, Ebermergen, Hoppingen und Möttingen

 In Donauwörth und Nördlingen

 Harburg - Sammlung im Schloß täglich 9-12 und 13-18 Uhr

„Nördlingen an der Romantischen Straße"...wenn das keine Einladung par excellence ist. Da es zwischen Donauwörth und Nördlingen keine allzu großen Berge, dafür aber einen guten Radweg gibt, machen wir uns auf in das Donau-Ries, über das hinter Donauwörth (s.nächste Tour) noch berichtet wird.

Wir verlassen das Zentrum von Donauwörth von der Reichsstraße in Richtung Jugendherberge, bzw. in Richtung Weißenburg/Nürnberg. Gleich zu beginn scheine ich Sie gleich beschwindelt zu haben, denn unser Weg führt über die vielbefahrene Pflegstraße und steigt zudem noch an. Doch kein Grund zur Aufregung - auf der großen Kreuzung fahren wir noch ein Stückchen weiter geradeaus und biegen dann links ab. Wir kommen zum Ufer der Wörnitz, dem wir nach rechts folgen. Wir folgen den Wogen des Flusses, der einen großen Linksbogen macht, kommen durch Felsheim (mit hübscher Kapelle), fahren weiter am Ufer einen Rechtsbogen, um die Wörnitz schließlich nach Wörnitzstein zu überqueren. In Wörnitzstein folgen wir der Straße nach Ebermergen, das schon bald erreicht ist. Hier queren wir wieder die Wörnitz, ebenso die Bundesstraße (B 25) und folgen der Landstraße in weitem Linksbogen um den Brünsee herum. Wenig später sehen wir unsere erste Station vor Augen.

<table>
<tr><td>Info</td><td>Wir erreichen **Harburg** würdevoll über die Steinerne Brücke von 1712, wobei wir schon den ersten tollen Eindruck von der Stadt bekommen: Wer auf Harburg blickt, der braucht nicht groß zu fragen, was es hier zu sehengibt - das Schloß thront unübersehbar über der Stadt und ist ohne Frage das wichtigste Ziel Und auch die Stadtgeschichte hängt unmittelbar mit dem Schloß zusammen, das -entsprechend dem Ortsnamen- bei der ersten Erwähnung im Jahre 1093 eine Burg war. Den 300 m langen Tunnel, der heute die Autos unter dem Burgberg hindurch führt, gab es freilich noch nicht, als König Adolf 1299 die Burg an die Grafen von Oettingen verpfändete. Er folgte damit einer wenig ruhmreichen Tradition, denn nur 48 Jahre zuvor hatte König Konrad IV die Stadt Harburg an diese Grafen verkauft, bzw. verpfändet. Die Oettinger Adligen setzten sich gerne ins gemachte Nest und kürten Schloß Harburg zu ihrer Residenz. Und noch heute ist dieses Geschlecht im Besitz der Anlage - die Fürsten von Oettingen-Wallerstein.</td></tr>
</table>

Der weitere Streckenverlauf macht ein Verfahren nicht möglich, denn wir folgen von Harburg aus stets der Bundesstraße (B 25). Der Radweg verläuft zunächst links neben der Straße und wechselt etwa 2,5 km hinter Möttingen auf die rechte Seite. So geht es schnurgerade auf die Stadt zu, die der Tour ihren Namen gab.

<table>
<tr><td>Info</td><td>Wer jemals eine Luftaufnahme von **Nördlingen** sah, der weiß, warum ich dieser Tour den Titel „jetzt geht's rund" gab: Inmitten einer kreisrunden Stadtmauer mit zahlreichen Türmen erhebt sich eine Altstadt, die heute noch fast genauso aussieht wie auf einem Kupferstich von 1645. Den Mittelpunkt des Kreises bildet die Stadtpfarrkirche St.Georg mit ihrem 89 m hohen Turm, der weithin als Daniel bekannt ist. Und auf dem Daniel gibt es den -man höre und staune- einzigen Türmer in Deutschland! Bereits seit dem 14.Jh. wird an dieser Tradition in Nördlingen festgehalten. Falls Sie mit dem Begriff des Türmers nichts anfangen können, sei erwähnt, daß es die Aufgabe des Türmers ist, zwischen 22 und 24 Uhr jeden Abend alle halbe Stunde zu rufen „So, Gsell,so!" hinaus auf die Stadt zu rufen. Der Diensthabende im Rathaus ruft dasselbe sodann zurück.

Aber nun sind wir schon mitten in der Stadtbesichtigung, ohne daß Sie erfahren haben, wie es zu dieser herrlichen Stadt kam. Nördlingen liegt, wie bereits erwähnt, im Zentrum des Ries, einem Krater, der vor etwa 15 Mio Jahren durch den Einschlag eines Meteoriten er tstand. Die Römer waren bekanntlich clevere Menschen - so erkannten sie diese exponierte Lage und errichteten hier ein Lager. Ihnen folgten wie gewohnt die Alemannen von denen man einige Friedhöfe identifizieren konnte. 898 gab es an dieser Stelle ein königliches Gut mit zwei kleinen Kirchen, das dem Bistum von Regensburg gestiftet wurde. In Folge blieb Nördlingen lange Zeit in Regensbur-</td></tr>
</table>

ger Besitz. Das änderte sich, als Kaiser Friedrich II Nördlingen gegen ein anderes Gut eintauschte und es 1215 zur freien Reichsstadt erhob. Da auch Ludwig der Bayer und Karl der IV Nördlingen wohlgesonnen waren, konnte die Stadt reichsunmittelbar bleiben und kam 1802 an Bayern. Trotz vieler Kriege, Brände, Plünderungen und nicht zuletzt Hexenkult konnte Nördlingen bis heute sein mittelalterliches Stadtbild erhalten und wird nicht zu unrecht in einem Atemzug mit Heidelberg, Rothenburg o.d.T., Regensburg oder Neuschwanstein genannt.

Der Empfang in Nördlingen könnte eindrucksvoller nicht sein - wir kommen zunächst an die Stadtmauer, die in 14.Jh. errichtet und zwischen dem 16. und 17.Jh. erheblich erweitert wurde, so daß sie schließlich 4 km lang war, 2 Bollwerke, 5 Tore und 16 Türme zählte. So gehört es heute zu jedem Besuch Nördlingens dazu, einmal den Wehrgang abzuschreiten und von Tor zu Tor kommend immer wieder atemberaubende Blicke in die alten Gassen der Stadt zu werfen. Die Altstadt ist freilich nur so gespickt von Sehenswürdigkeiten. Es ist äußerst lohnenswert, einfach ziellos durch die Stadt zu streifen und sich begeistern zu lassen. Die wichtigsten Sehenswürdigkeiten sind:

Selbstverständlich die **Kirche St.Georg** mit dem bereits erwähnten Turm (Daniel). Die Bürger Nördlingens selbst brachten den größten Teil des Geldes auf, das nötig war, um St.Georg zwischen 1427 und 1505 zu errichten. Beteiligt waren eine ganze Reihe namhafter Künstler aus ganz Süddeutschland, was an der heutigen Kirche noch gut nachzuvollziehen ist. Leider wurde im Zuge der Reformation einiges des Inventars entfernt, doch Sakramentshäuschen, Chor, Tafelbild, Hochaltar und zahlreiche andere Stücke machen die Besichtigung von St.Georg empfehlenswert.

Das **Spital** mit einem tollen Hof und einer Kirche. In den Nebengebäuden des Spitals ist heute das Reichsstadtmuseum und das Vor- und Frühgeschichtliche Museum untergebracht. Im Bereich des Reichsstadtmuseums sind kriegerische Darstellungen (u.a. zum 30-jährigen Krieg und zur Schlacht bei Nördlingen 1634) und allerlei Kunstgegenstände zu sehen. Wer eher das Friedliche mag, widmet sich dem anderen Teil des Museums, der sich mit der Geschichte des Ries und der weiteren Region befaßt.

Das **Rathaus**, das im 14.Jh. begonnen und bis 1618 immer wieder verschönert wurde. Besonders sehenswert sind das große Gemälde im Sitzungssaal und die Freitreppe.

Einige weitere **Häuser** um das Rathaus herum, wie z.B. das Leihhaus von 1552 (heute Bibliothek), das Hohe Haus (9 Etagen, von 1442) oder das Tanzhaus (1442).

Die Rückfahrt von Nördlingen nach Donauwörth gestaltet sich als denkbar einfach: Wir nehmen denselben Weg, den wir herkamen: An der Bundesstraße (B 25) entlang fahren wir via Möttingen nach Harburg, wechseln dort die Seite der Wörnitz und fahren am Brünsee vorbei weiter über Ebermergen und Wörnitzstein nach Donauwörth, wo wir über Pfleg- und Reichsstraße zum Riedtor kommen. Genau beim Zusammenfluß von Wörnitz und Donau haben wir wieder Anschluß an den Donau-Radwanderweg.

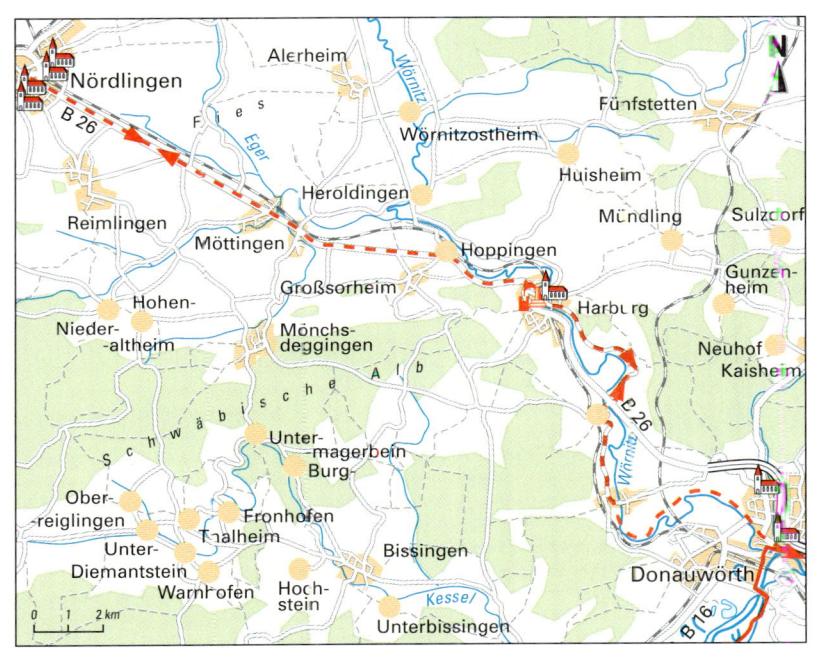

ℹ️ In Nachbarschaft zum "Donau-Radweg" sind im Stöppel Verlag Weilheim erschienen:

Radwanderbücher: 961 Stuttgart Südwest (ISBN 3-924012-92-X)
962 Schwäbische Alb (ISBN 3-924012-93-8)

Wirtshauswandern: 921 Allgäu (ISBN 3-924012-50-4)
953 Bodensee (ISBN 3-924012-84-9)

... mehr als nur Raffinerien
Von Donauwörth nach Ingolstadt

Toureninfos

 etwa 64 km

START Reichsstraße bzw. Rathaus in Donauwörth

Teilweise werden öffentliche Straßen benutzt, die auch etwas „Kletterarbeit" erfordern, wie z.b. bei Leitheim und Stepperg

Zahlreiche in Ingolstadt und Neuburg, desweiteren in Zirgesheim, Altisheim, Marxheim, Bertoldsheim, Rennertshofen/Hatzenhofen, Stepperg und Weichering

In Donauwörth, Neuburg und Ingolstadt Hallen- und Freibäder Baggersee vor und Auwaldsee im Süden (mit Campingplatz) von Ingolstadt

Leitheim Schloß Di-Fr 10.30-14.30 Uhr Ingolstadt Stadtmuseum Di-Sa 9-12 und 13-17 Uhr, So 10-17 Uhr Neues Schloß/Bayerisches Armeemuseum Di-So 8.45-16.30 Uhr Spielzeugmuseum Mo-Fr 10-13 und 14-18 Uhr, Sa 10-12 Uhr, So 10-12 und 14-17 Uhr Deutsches Medizinhistorisches Museum Di-So 10-12 und 14-17 Uhr

i Fahrplan und Infos zur Urdonau-Dampfbahn: Verein zur Erhaltung historischen Eisenbahnmaterials Dollnstein e.V., Postfach 16 11, 85049 Ingolstadt, Tel.: 0841/66380

Wir verlassen Donauwörth über die Reichsstraße, die vor dem Rathaus einen Rechts-Links-Knick macht und dann Kapellstraße heißt. Diese führt uns zur Donaubrücke, vor (!) der wir jedoch links abbiegen. Die nächsten 1-2 Stunden werden nicht allzu entspannend, denn der Radweg führt oftmals über öffentliche Straßen, die nur zum Teil über Radwege verfügen. Zudem wird es merklich hügelig - es sind einige kurze, aber kraftraubende Steigungen zu verzeichnen. Doch es hat auch seine

Vorteile - neben den uns vertrauten Radweg-Tafeln können wir uns nun auch an den großen Straßenschildern bzw. -wegweisern orientieren

Wir fahren übrigens schon seit einiger Zeit durch den Landkreis Donau-Ries. Die Donau kennen wir ja nun schon seit ihrer „Wiege", aber ich möchte Ihnen auch nicht vorenthalten, was es mit dem **Ries** auf sich hat: Vor ziemlich genau 14,8 Mio Jahren (was ist da schon genau?) prallte ein gewaltiger Meteorit von etwa 1,2 Km (!) Durchmesser und einer Geschwindigkeit von mehr als 20 km/s auf die Erde, genauer gesagt, genau in diese Gegend. Durch den Aufprall wurden 140 Kubikkilometer (!) Gestein durch die Gegend geschleudert und kilometerweit anderes Gestein geschmolzen. In dem gewaltigen Krater bildete sich ein etwa 400 qkm großer See, den es vermutlich über 2 Mio. Jahre lang gab - es war der sogenannte Riedsee. Kein Wunder, daß sich die Flüsse, unter Ihnen Eger, Wörnitz und Donau ein neues Flußbett suchen mußten, da sie durch die verdichteten Erdschichten nicht mehr hindurch kamen.

Der Radweg verläuft unbeschadet von alledem weiter über Landstraßen durch Zirgesheim, ein ge Zeit später durch Altisheim und bringt uns einen Berg hinauf nach Le theim.

Leitheim: Direkt am Radweg liegt unübersehbar das Wahrzeichen von Leitheim, das gleichnamige Schloß. Es wurde 1690 als Sommerresidenz für die Äbte des Klosters Kaisheim (nördlich von Donauwörth) erbaut, im 18.Jh. geringfügig verändert und erst kürzlich frisch restauriert. So empfängt uns Schloß Leitheim heute in altem/neuen Rokoko-Glanz und läßt uns einen Einblick in das einst prunkvolle Leben des Mittelalters erhaschen. Die Schloßkapelle St.Blasius von 1696 sollten Sie bei der Besichtigung des Schlosses ebenso beachten, wie die Aussichtsterasse mit einem herrlichen Ausblick in das Tal. Vor Mai bis Oktober finden hier alljährlich Schloßkonzerte statt. Interessenten können sich unter Tel. 09007/1016 nach dem Spielplan erkundigen.

Wir folgen weiter der Landstraße und kommen via Lechsend und Marxheim nach Bertoldsheim.

Die Landstraße führt in einem Bogen um **Bertoldsheim** herum, doch wir zweigen links ab und fahren in den Ort hinein, den eine hübsche Allee durchzieht. Wir kommen am Schloß vorbei, das 1718-30 unter Gabriel de Gabrieli, der auch Baumeister des Eichstätter Domes war, im Barockstil errichtet wurde.

Bei Hatzenhofen folgen wir weiter dem Radweg. Wer mag, kann in Stepperg der Antoniusbergstraße noch weiter bergauf folgen. So kommen wir zur eindrucksvoll gelegenen Wallfahrtskirche St.Anton und St.Anna von 1676. Zurück am Ortsausgang von Stepperg fahren wir weiter auf den Wald zu, wo es gilt, die Schilder genau zu beachten, damit wir uns nicht auf den vielen Waldwegen "verfransen". Hinter dem Wald geht es in steiler Abfahrt (bitte Vorsicht) hinunter nach Riedensheim. Nach entspannter Fahrt sehen wir bald unser Ziel.

Neuburg: Die Orientierung in Neuburg fällt nicht allzu schwer - hinter der Brücke erhebt sich rechts unübersehbar die Oberstadt, zu der wir um den Hügel herum fahrend gelangen. Markantestes Bauwerk ist das **Schloß**, das zum größten Teil im 16.Jh. unter Pfalzgraf Ottheinrich erbaut wurde. Durch einen schmucken Torgang mit Tonnengewölbe kommen wir zum Innenhof, der einen ersten guten Eindruck dieses riesigen Komplexes vermittelt. Die Gebäude sind bestens in Schuß, was einer kürzlich abgeschlossenen Restaurierung zu verdanken ist, die allerdings auch zweistellige Millionensummen verschlang. An den drei Seiten des Innenhofes sehen wir hübsche, zweigeschossige Laubengänge und an dem Westflügel sogenannte Sgraffiti-Bilder. Diese Bilder sind nicht etwa das Werk eines amerikanischen Sprayers, sondern eine sehr seltene Kunstart des Mittelalters. Neben der Toreinfahrt liegen rechts die Rüstkammern und links die Schloßkapelle. Letztere stammt von 1540 und besticht vor allem durch ihre Renaissance-Fresken, wegen der sie nicht umsonst „Bayerische Sixtina" genannt wird. (Für diejenigen, die sich nicht so gut in Sachen Kirchen auskennen sei erwähnt, daß die Sixtina die Päpstliche Hauskapelle im Vatikan ist). Im Nordflügel des Schlosses sollten Sie sich vor allem den Rittersaal mit seiner Holzkassettendecke anschauen. Ebenfalls im Schloß befindet sich das interessante Fossilienkabinett mit einigen interessanten Fundstücken.

Der gesamte Schloßkomplex erhält sein i-Tüpfelchen durch die ehemalige Hofkirche Unserer Lieben Frau, die 1607-18 am Ort einer alten Benediktinerklosterkirche entstand. Trotz des frühen Baudatums sind an der Kirchenfront Tendenzen zum Barock zu erkennen. Im Innern werden wir an die Pfarrkirche von Lauingen erinnert - nach diesem Muster wurden die Freipfeilerhalle und die Stuckarbeiten geschaffen. Komplettiert wird die Kirche durch die Kanzel von 1756 und einem Hochaltar von 1752-54.

Ehe wir Neuburg verlassen, sollten wir uns noch die Amalienstraße (Nähe Schloß) anschauen, denn dies ist ohne Frage einer der schönsten Straßenzüge der Stadt. In einem hier befindlichen Patrizierhaus (1517) ist das Heimatmuseum untergebracht, wo man noch mehr über Neuburg erfahren kann. Ebenso beachten sollte man auch den imposanten Karlsplatz, an dem auch das Rathaus (1603-09) steht. Falls Sie genau zur richtigen Zeit in Neuburg sind, seien Ihnen die Stadtfeste unbedingt empfohlen. Zu

nennen sind hier vor allem das Fischgasslerfest am 23.Mai und ganz besonders das Neuburger **Schloß-fest**, das Ende Juni stattfindet. Beim Schloßfest lebt das Mittelalter förmlich wieder auf: Historischer Jahrmarkt, Steckenreitertanz, Konzerte, Fanfarenzüge, Festzüge in historischen Kostümen, Feuerwerk und vor allem Turnierspiele (Jagt- und Kampfspiele der fürstlichen Reiter) sind ein tolles Erlebnis!

Aus Neuburg heraus zu kommen, ist denkbar einfach: Wir fahren wieder zur Brücke zurück, vor dieser rechts und kommen auf die Grünauer Straße, die wie mit dem Linial gezogen aus der Stadt heraus führt. So kommen wir nach Herrenwörth, wo wir die Bahnschienen überqueren und auf der Straße weiterfahren müssen. Schließlich lockt ein Abstecher nach Schloß Grünau.

Info

Das **Jagdschloß Grünau** wurde von Pfalzgraf Ottheinrich als „Stätte der Ruhe" für seine Gemahlin Susanna 1530-31 in Auftrag geben. Durch eine kürzlich abgeschlossene Restauration strahlt das Schloß heute wie vor über 400 Jahren.

Nun gilt es, Ihnen ans Herz zu legen, die Beschilderung genauestens zu beachten, denn die Täfelchen sind unsere einzige Orientierungshilfe! Dennoch ist der Weg durch den Auwald ohne allzu große Probleme zu finden. Über das Stauwehr Ingolstadt kommen wir auf die andere Seite der Donau, wo wir Gelegenheit haben, am Baggersee auszuspannen. Der Radweg führt hinter dem Wehr geradeaus weiter, macht einen kleinen Schlenker und führt im Rechtsbogen zur Behringstraße. Dieser folgen wir einige Meter nach links und biegen sogleich wieder rechts ab in die Zellgasse, die später Brodmühlweg heißt und uns zur westlichen Ringstraße führt. Dem Ring folgen wir ein Stückchen nach links und biegen dann rechts ab auf die Friedhofstraße (bitte Vorsicht - der Ring ist stark befahren!). Von der Friedhofstraße aus heben wir kurze Zeit später den ersten Ausblick auf das, was uns erwartet.

Info

Ingolstadt: Ingolstadt wurde bereits im 6.Jh. gegründet und 806 unter Karl dem Großen als „villa Ingoldesstat" erstmals urkundlich erwähnt. Es dauerte nicht lang, bis man die günstige Lage an der Donau erkannte und so erhielt Ingolstadt im 13.Jh. Stadt- und Marktrechte. Herzog Ludwig der Strenge ließ zu dieser Zeit eine Burg und eine Stadtmauer errichten. Letztere wurde ab 1363 erheblich erweitert, so daß die Stadt 1430 hervorragend bewehrt war. Doch es reichte den häufig wechselnden Herrschern nicht aus - immer wieder kamen neue Umwehrungen hinzu, bis Ingolstadt im 16.Jh. schließlich die stärkste Bastionsstadt Süddeutschlands war. Dies sollte sich als klug erweisen, denn man fühlte sich sicher und so kam es, daß die Schweden, vor denen fast nichts sicher war, die Stadt im 30-jährigen Krieg erobern. Um 1800 war es dann doch soweit - Ingolstadt fiel an die Franzosen, die sogleich die Wehrmauer schleifen ließen. Schon wenig später, 1828, wurden die Festungsmauern unter König Ludwig I wieder aufgebaut und konnten bis heute erhalten werden.

So stehen wir also schon bei der Einfahrt in Ingolstadt vor der ersten Sehenswürdigkeit, nämlich vor dem **Kreuztor**, das bereits 1383-85 errichtet wurde. Während die Stadtmauer fast vollständig bis in unsere Tage erhalten blieb, ist das Kreuztor das einzige noch übriggebliebene Stadttor. Und schön ist es außerdem noch: Mit seinem achteckigen Turm und seinen 4 Ziertürmchen ist das Kreuztor ohne Frage eines der Wahrzeichen Ingolstadts.

Fahren wir also durch diesen würdevollen Eingang hinein in die Altstadt Ingolstadts. Schon wenige Pedaltritte später wissen Sie, warum ich die Tour „...mehr als nur Raffinerien" genannt habe - vor uns steht das **Liebfrauenmünster,** 87 m lang, im Hauptschiff 27,5 m hoch und 31 m breit - das sind die stolzen Abmaße des Münsters, das auch „Stadtpfarrkirche Zu Unserer Lieben Frau" genannt wird. Aus den Abmaßen kann man bereits erahnen, daß wir es hier mit einer der größten Sattelkirchen der Spätgotik in Bayern zu tun haben. Herzog Ludwig der Bärtige wollte sich eine würdevolle Grabstätte bauen lassen und gab die Kirche 1425 in Auftrag. Das Schicksal spielte ihm allerdings böse mit und so kam es, daß er in Kriegsgefangenschaft starb und in Raitenhaslach beerdigt wurde. Es dauerte bis 1536, um die Kirche fertigzustellen, während die beiden Türme noch später (1791) hinzu kamen. Im Innern des Münsters finden wir eine interessante Mischung aus Gotik und Renaissance, die mit Kanzel und Hochaltar ihren Höhepunkt findet. Beim Hochaltar leistete der Münchener Maler H. Mielich ganze Arbeit - das neun Meter hohe Exemplar besticht durch - sage und schreibe - 91 Gemälde!

Wir fahren weiter über die Kreuzstraße neben dem Liebfrauenmünster her und kommen geradeaus in die Theresienstraße. Kurz hinter der Ecke zur Moritzstraße (rechts) sehen wir die **Stadtpfarrkirche St.Moritz.** Die ältesten Teile der dreischiffigen Basilika stammen aus dem 13.Jh., doch im Verlaufe der Jahrhunderte wechselte die Kirche häufig ihr Gesicht. Bestes Beispiel dafür ist die Tatsache, daß man im 19.Jh. versuchte, den gotischen Stil wieder herzustellen und sich 1946 entschloß, doch wieder die Stuckarbeiten aus dem 18.Jh. hervorzukehren. Dennoch ist St.Moritz eine hübsche Kirche, die ihren Glanzpunkt ohne Zweifel in der Immaculta, einer Silberstatue von 1760, findet.

Der Moritzstraße weiter folgend kommen wir zum Rathausplatz, auf dem (freilich) das **Rathaus** steht. Einst war das alte Rathaus ein Bestandteil des Pfarrhofes St.Moritz. Aus dieser Zeit (16.Jh.) ist heute nur noch wenig erhalten, so daß das hier zu sehende Rathaus mit seinem netten Arkadengang von 1862 stammt. An der Ostseite des Rathauses steht auch das neue Rathaus von 1960.

Wer mag, kann vom Rathausplatz der Donaustraße folgen und über die Konrad-Adenauer-Brücke das Ufer wechseln. Hier liegt unübersehbar Réduit Tilly (schräg links), ein monumentales Halbrund, das an alte römische Bauten erinnert. Es wurde aber einst als letzte Zuflucht für Regierung und Königsfamilie erbaut, jedoch nie als solche benutzt. Ebenfalls auf dieser Uferseite stehen der Turm Triva (hinter Réduit Tilly) und der Turm Baur (rechts). Doch nun zurück über Brücke und Donaustraße, vorbei an der Kirche St.Moritz zur Theresienstraße, die wir geradeaus überqueren. Die folgende Straße heißt zunächst „Am Stein" und später Harderstraße. Hier befinden sich zwei weitere Sakralbauen: Die **Minoritenkirche**, eine bereits 1275 begonnene, dreischiffige Basilika, die erst 1718 ihre endgültige Form erhielt und mit dem spätbarocken Hochaltar 1755 das i-Tüpfelchen bekam sowie die **Gnadentalkapelle** von 1487, eine ehemalige Franziskanerinnen-Kirche mit einem eindrucksvollen Holzrelief. Wer mag, kann bei der Gnadentalkapelle noch in die Johannesstraße einbiegen und kommt darauf zur Maria-de-Victoria-Kirche, die über eine einladende Giebelfront verfügt. Kunstkenner werden es zuzuordnen wissen, wenn sie hören, daß die Kirche ein Werk der Asam-Brüder ist. Dem Laien sei erklärt, daß der Name Asam (s.a. unter „Weltenburg") für exquisite Barock-Kunst bürgt, die bei dieser Kirche im phantastischen Deckenfresko ihren Höhepunkt findet.

Von der Harderstraße geht es wieder in die Richtung zurück, aus der wir kamen. An der Kreuzung Am Stein/Theresienstraße (rechts)/Ludwigstraße (links) biegen wir links ab und folgen wenige Meter der Ludwigstraße. Dann geht es rechts ab in die Mauthstraße (in Richtung Stadttheater) und wir kommen zum **Alten Schloß**,Herzogskasten und Spielzeugmuseum. 1255 wurde an dieser Stelle unter König Ludwig dem Strengen eine Burg erbaut, die bis ins 15.Jh. hinein Sitz der Herzöge war. Den eigentümlichen Beinamen bekam der wuchtige Backsteinbau daher, weil er später als ausgemusterte Herzogsresidenz einige Zeit als Getreidespeicher (-kasten) diente. Heute ist im Herzogskasten das **Spielzeugmuseum**, das Jung und Alt interessieren dürfte, untergebracht.

Vom Parkplatz des unübersehbaren Stadttheaters (1963-66 erbaut, 700 Plätze) aus ist es nur noch ein Katzensprung zum Neuen Schloß. Wer jemals auf der Donau gereist ist, der kennt, zumindest vom Hinsehen, das **Neue Schloß**, denn es beherrscht die Stadtansicht sehr deutlich Beeindruckend ist ebenso die exakt geplante Architektur

97

wie die strahlend weißen Wände mit den roten Dachziegeln. Herzog Ludwig dem Bärtigen ist es zu verdanken, daß an der Südostecke der Residenzstadt Ingolstadt 1418 der Grundstein dieser Anlage gelegt wurde. Herzog Georg der Reiche ließ dann ab 1484 noch etliche Details verfeinern - er hatte seinem Namen entsprechend das nötige Kleingeld dafür. Zu dieser Zeit entstanden die Prachtstücke des Schlosses, deren Bezeichnungen für sich sprechen, wie z.B. der „Tanzsaal" oder der „Schöne Saal". Dem Neuen Schloß fehlt es an nichts, was das Touristenherz begehrt: Hübsche Fassaden, reich geschmückte Räume, Burggraben, Steinbrücke, Schloßtor und ein Museum. Bei letzterem handelt es sich um das Bayerische Armeemuseum, welches Kriegsgerät, Fahnen, Banner, Waffen und andere Militaria aus vielen Jahrhunderten zeigt.

Wer allerdings mehr über die Stadtgeschichte erfahren mag, der muß sich nach außerhalb der Stadtmauern (Nähe Nördliche Ringstraße) bemühen und findet dort bei den Bezirkssportanlagen das **Heimatmuseum**. Noch innerhalb der Stadtmauer (westlicher Teil) befindet sich in der alten Anatomie (Anatomiestraße, erbaut 1723-36) das Deutsche Medizinhistorische Museum, das sicherlich für Fachleute ein absolutes Muß darstellt.

i Speziell zu **markierten Fernradwegen** sind im Stöppel Verlag Weilheim Radkarten 1:100.000 mit informativem Begleitbuch erschienen:

801 Mosel-Radweg (ISBN 3-89306-801-5)
802 Weser-Radweg (ISBN 3-89306-802-3)
803 Altmühltal-Radweg (ISBN 3-89306-803-1)
804 Taubertal-Radweg (ISBN 3-89306-804-X)
805 Neckartal-Radweg (ISBN 3-89306-805-8)
806 Fulda-Radweg (ISBN 3-89306-806-6)
807 Saale-Radweg (ISBN 3-89306-807-4)
808 Römer-Radweg (ISBN 3-89306-808-2)
   (Xanten-Detmold)

Trockental mit Dampf
Abstecher nach Dollnstein

Toureninfos

 ca. 21 km (bis Dollnstein)

 Ein einzigartiges Erlebnis Ihres Urlaubs wird die Fahrt mit der Urdonau-Dampfbahn sein

 In Rennertshofen, Hütting, Wellheim, Konstein und Dollnstein

Freibad etwas abseits von Dollnstein in Breitenfurt

Informationen über die Fahrt mit der Urdonau-Dampfbahn beim Verein zur Erhaltung historischen Eisenbahnmaterials Dollnstein e.V., Postfach 1611, 85049 Ingolstadt, Tel.: 0841/66 380

Diese Tour ist etwas ganz besonderes in diesem Radwanderführer, denn ähnlich wie schon bei Tour 1.2 möchte ich Ihnen wirklich ans Herz legen, eine gewissen Strecke (hier ist es die ca. 21 km lange Rückfahrt) nicht in die Pedalen zu treten. Der Grund ist die Urdonau-Dampfbahn, die eigentlich jeden begeistern dürfte. Am 18. Mai 1916 wurde die Bahnstrecke Dollstein-Rennertshofen eröffnet, die allerdings am 02. Oktober 1960 aus Kostengründen wieder geschlossen wurde. Eisenbahnfreunden aus ganz Bayern ist es zu verdanken, daß es seit November 1984 den „Verein zur Erhaltung historischen Eisenbahnmaterials Dollnstein e. V." (s. Info-

teil) gibt. In unzähligen Arbeitsstunden wurden Lokomotive, Waggons und Gleise restauriert, so daß Sie als Besucher heute eine einmalige Fahrt im Bummelzug erleben dürfen.

Ich möchte Ihnen daher empfehlen, von Rennertshofen aus mit dem Rad durch das schöne Wellheimer Trockental bis Dollnstein zu fahren und zurück die Bahn zu benutzen - Ihre Räder können Sie kostenlos im Zug mitnehmen. Doch bitte beachten: In aller Regel verkehrt der Zug nur an 2 Tagen im Monat und ist dann entsprechend belegt. Sie sollten sich also schon vorher über diesen Ausflug unter u. g. Adresse erkundigen. Haben wir Ihnen ein wenig den Mund wässrig gemacht? - Na dann auf ins Wellheimer Trockental! Der Radweg verläßt Rennertshofen auf der kleinen Straße Richtung Mauern, das schon bald erreicht ist.

 Dort liegen die **Mauerner Höhlen**, auch Weinberger Höhlen genannt. Diese Höhlen waren bereits in der Altsteinzeit besiedelt. Im Ort Mauern selbst lockt die gotische Pfarrkirche zu einem kurzen Aufenthalt.

Auch hinter Mauern bleiben wir zunächst weiter links der Bahngleise, bis wir diese nach Ellenbrunn überqueren. Direkt hinter Ellenbrunn geht es wieder zurück auf die linke Seite der Schienen und schnurgerade weiter nach Hütting.

 Hütting, wo uns eine Burgruine (aus dem 11. Jh.) erwartet. Dem kleinen Ort sieht man seine beeindruckende Vergangenheit nicht an, obwohl er bereits in der Eiszeit besiedelt wurde. Belegt wurde die These durch Funde von Stein- und Knochenwerkzeugen sowie Mammut- und Wollnashornknochen.

Hinter Hütting wechseln wir abermals die Schienenseite und fahren weiter durch beeindruckende Flora nach Wellheim, wo wieder die Seite gewechselt wird. Dem Radweg weiter folgend sehen wir auf einem Felsen die imposante Ruine der Burg Wellheim, die aus dem 12. Jh. stammt. Der Ort Wellheim selbst wurde bereits im 7. Jh. urkundlich erwähnt. Über Wellheim, genauer gesagt auf dem Kreuzelberg, steht eine hübsche Kapelle, die Jahr für Jahr viele Wallfahrer anzieht. Kurz darauf erreichen wir Konstein, wo wir zunächst den Kletterfelsen sehen, auf dem sich oft Freeklimber tummeln.

 Konstein selbst kann mit der Burgruine Kunstein, einer Barock-Kapelle und einer historischen Bleiglasindustrie (seit dem 16. Jh.) aufwarten

Von Konstein aus folgen wir nun der Straße bzw. den Schildern und kommen in entspannter Fahrt durch das Rieder Tal nach Dollnstein.

In **Dollnstein** treffen wir auf einen Teil der Altmühl-Urgeschichte, auch wenn sie heute nicht mehr sichtbar ist. Vor 240.000 Jahren wären wir hier auf die Donau getroffen, die hier an den harten Erdmassen abgelenkt wurde. Dies bedeutet, daß die Altmühl ab Dollnstein im Bett der Ur-Donau fließt. Doch kommen wir zur "greifbaren" Geschichte, die mit der ersten urkundlichen Erwähnung unter "Tollnnstein" 1007 begann. Im 12.Jh. entstand hier eine mächtige Burg, der im 15.Jh. eine Stadtbefestigung folgte. Nun hatte man allerdings im 19.Jh. andere Sorgen als die Erhaltung historischer Monumente - für die Neugestaltung der Stadt trug man die inzwischen bereits lädierte Burg Stück für Stück ab, so daß uns heute nur noch der Anblick der Stadtmauer bleibt. Weitere Attraktion ist die Pfarrkirche St.Peter und Paul (11.Jh.).

Wer nun noch lange auf den Zug warten muß, kann sich im nahegelegenen Freibad von Breitenfurt abkühlen. Die Fahrt mit der Urdonau-Dampfbahn bietet einen vergnüglichen Abschluß dieses Ausfluges.

7

Heldenepos und Klosterbier
Von Ingolstadt nach Kelheim

Toureninfos

 etwa 48 km

 Zur Befreiungshalle sowie hinter Weltenburg sehr starke Steigungen, größtenteils auf stark befahrenen Straßen. Mit Befreiungshalle, Donaudurchbruch und Kloster warten jedoch gleich drei Sehenswürdigkeiten der Extraklasse, die man nicht versäumen sollte. Vom Kloster aus die Möglichkeit zu Schiffsfahrt nach Kelheim

 In Großmehring, Vohburg, Pförring, Neustadt, Bad Gögging, Weltenburg, Biergarten im Klosterhof, Kiosk/Imbiß an der Befreiungshalle, und mehrere in Kelheim

 Warmbad in Irsching (Naturbadesee Weinzirlweiher) Badeseen bei Pförring Hallen- und Freibad in Kelheim

 Römerkastell Abusina tägl.8.30-12 und 14-17 Uhr, So 9-12 und 14-17 Uhr Kloster Weltenburg Apr-Sep 9-17.30 Uhr, sonst 10-16 Uhr Befreiungshalle Apr-Sep 9-17.30 Uhr, sonst 10-16 Uhr

Ingolstadt wieder mit dem Rad zu verlassen, gestaltet sich als denkbar einfach: Vom Neuen Schloß fahren wir einfach über die Schloßlände zurück zum Donauufer. Hier treffen wir wieder auf den Donauradweg, dem wir Richtung Kleinmehring, Großmehring und Irring nach Vohburg folgen.

Info

Vohburg: Die Hauptsehenswürdigkeit Vohburgs scheint man gleich auf den ersten Blick zu erkennen, nämlich die Burg. In der Tat verdient die Ruine einer genaueren Betrachtung, aber auch die hübsche Altstadt um den Burgberg herum mit der Pfarrkirche St.Peter und dem Rathaus ist sehenswert. Das Rathaus geht auf die Kirche St.Andreas (13.Jh.) zurück, die 1882 profaniert wurde und seit 1955 als Rathaus dient. Vohburg, das seit 1204 bayerisch ist, erlebte 1432 einen der wichtigsten Höhepunkte seiner Stadtgeschichte, als hier die Hochzeit zwischen Agnes Bernauer und Herzog Albrecht III stattfand. Niemand ahnte damals, daß die hübsche Braut schon 2 Jahre später ermordet werden sollte. Mehr über diese Tragödie werden wir noch in Straubing erfahren.

Nach der Stadtbesichtigung von Vohburg verlassen wir die Stadt über die einzige Donaubrücke, um unsere Tour auf dem Radweg fortzusetzen. Schon bald sind wir hinter Wackerstein in Pförring.

Info

In **Pförring** locken die romanische Kapelle und das etwas außerhalb befindliche Römerkastell Celeusum zu einem Aufenthalt.

In der Ortsmitte in Pförring fahren wir in Richtung Badeseen (Donaustraße und Geisgries). Hinter den Badeseen kommen wir zum Hochwasserdamm, dem wir nach links folgen. Bitte beachten Sie, daß hinter Pförring die uns vertraut gewordenen gelben Radweg-Schilder aufhören. Doch kein Grund zur Unruhe - die Täfelchen sind immer noch

so zuverlässig, nur jetzt mit grüner Schrift auf weißem Grund! Hier in der Gegend finden wir auch eine große Ansammlung der bereits versprochenen Hopfenfelder. Der offizielle Radweg zweigt hinter der Brücke links ab und führt durch die Felder direkt nach Bad Gögging. Wer sich die Besichtigung von Neustadt sparen möchte, folgt den Schildern und liest bei Bad Gögging weiter. Wir jedoch folgen noch kurze Zeit (etwa 1,5 km) der Bundesstraße (B299) und kommen nach Neustadt.

Neustadt: 1273 erkannte Herzog Ludwig der Strenge, daß man die wichtigen Verkehrswege Donau und Donautalweg sichern mußte, um den Handel zu beschützen. Er gründete eine Stadt, die in 300 X 300 Meter langen Wehrmauern einen exakt quadratischen Grundriß erhielt. Und noch heute ist in der Innenstadt von Neustadt diese Form erhalten. Im Innern der Wehrmauern finden wir herrliche alte, denkmalgeschützte Häuser. Überhaupt haben wir hier eine typische Stadt, wie sie zu Wittelsbacher Zeiten entstand: In der Nord-Süd-Achse des Stadtkerns wurde ein Marktplatz angelegt, in der Ost-West-Achse wurden das spätgotische Rathaus und die Pfarrkiche St.Laurentius (beides 15.Jh.) plaziert. Emsigen Restaurateuren ist es zu verdanken, daß wir uns heute in dieser Altstadt wohlfühlen dürfen, die im 2.Weltkrieg weitgehend zerstört wurde.

Von Neustadt aus ist es über die öffentliche Straße (beschildert) nur noch ein Katzensprung in den Ortsteil Bad Gögging.

Seit der Römerzeit ist **Bad Gögging** weit über die Landesgrenzen hinaus bekannt für sein Moorbad und seine Schwefelquellen, die auch heute noch Scharen von Erholungsbedürftigen anlocken. Sehenswert die kleine romanische Basilika St.Andreas, die über ein eindrucksvolles Figurenportal aus dem 12.Jh. verfügt.

Von Bad Gögging aus können wir unsere Tour fortsetzen und folgen der Straße in Richtung Sittling (beschildert). Diejenigen, die dem Donau-Radwanderweg gefolgt sind, treffen am Ortsende von Bad Gögging ebenfalls auf die oben bezeichnete Straße, die uns von Bad Gögging nach Sittling bringt. Der offizielle Donauradweg zweigt hinter

Sittling rechts ab von der Straße, führt an einer Ziegelei vorbei durch "freie Wildbahn", zweigt an einer Straßenkreuzung links ab und führt etwas wellig nach Staubing. Wir jedoch wollen den Römern auf der Spur bleiben und folgen der Landstraße nach Eining (beschildert).

Um **Eining** herum trifft man auf zahlreiche Spuren der Römer. Kein Wunder, denn ganz in der Nähe (auf der anderen Donauseite) erbauten sie einst den Limes, auch bekannt als "Teufelsmauer". Der Limes war einst ein Grenzwall, den Kaiser Hadrian im 1.Jh.n.Chr. erbauen ließ, um sein (römisches) Reich gegen "die Wilden aus dem Norden" zu schützen. Der Limes erstreckte sich zwischen Rhein und Donau über 500 km und zählte sage und schreibe 900 Wachtürme und 60 Kastelle. Viele, teilweise noch sehr gut erhaltene oder rekonstruierte Teile des Walles kann man im Naturpark Altmühltal bestaunen. Doch zurück zum Sehenswerten: Kurz vor dem Ort Eining befindet sich die Ausgrabungsstelle des Römerkastelles Abusina, der Sie unbedingt einen kurzen Besuch abstatten sollten. Die Informationstafeln entführen Sie in die Anfänge unserer Zeitrechnung und lassen die Römer förmlich wieder auferstehen.

Unser Radweg führt uns nun durch Eining hindurch und verläuft auch hinter dem Ortsschild weiter auf der Straße, die zum Glück nicht stark befahren ist.

Direkt hinter den letzten Häusern von Eining liegen (rechterhand) noch weitere Ausgrabungsstätten, und zwar die des Römischen Garnisionslagers und, etwas weiter oben auf dem Weinberg, die einer römischen Siedlung.

Weiter der Straße folgend erreichen wir in etwa 4 km den Ort Staubing, den wir jedoch „links liegen lassen", denn uns zieht es weiter (immer noch die Straße entlang) nach Weltenburg. Kaum in dem Ort angelangt, wird es sehr rege und betriebsam - rechts liegt der Großraumparkplatz, auf dem es an sonnigen Sommertagen hoch her geht. Der Grund dafür liegt auf der Hand, denn nur etwa 1000 m von hier (an der Kreuzung beim Parkplatz links abbiegen) befindet sich Kloster Weltenburg.

Das Prunkstück der Region, das **Kloster Weltenburg**, zählt zu den Meisterwerken des Asam-Barocks. Falls Sie nicht zu den firmen Kunst-Kennern gehören, werden Sie mit dem Begriff Asam nicht viel anfangen können. Daher sei an dieser Stelle kurz über den Asam-Barock zu berichtet: Hans-Georg Asam machte sich in der Kunstwelt als Klostermaler einen bekannten Namen. Sein Talent vererbte er bei neun Kindern insbesondere seinen Söhnen Cosmas Damian (*28.09.1680,+ 10.05.1739) und Egid Quirin (*01.09.1692, +29.04.1750). Cosmas Damian ging nach der Lehrzeit bei seinem Vater nach Rom, um sich neue Inspirationen zu holen. Sein Erfolg in Italien gipfelte in einer Auszeichnung 1713 durch den Papst. Nachdem auch Egid Quirin seine Ausbildung beendet hatte, wurden sie zu den wichtigsten Barock-Bildnern ihrer Zeit in der

Region zwischen Böhmen und der Schweiz. Der 30-jährige Krieg, der besonders in Bayern tiefe Spuren hinterließ, war der Grund, daß die Brüder sich vor Aufträgen nicht retten konnten. Durch die Wiederaufbauten hatten sie die Möglichkeit, sich insbesondere in Ostbayern in Form von herrlichen Bauwerken zu verewigen.

So drückten die Asam-Brüder also auch dem Kloster Weltenburg ihren unverwechselbaren Stempel auf. Doch beginnen wir erst einmal mit der Geschichte dieses eindrucksvollen Bauwerkes: Auf der Bergschleife südlich des Klosters dürfte es bereits in der Steinzeit eine Besiedelung gegeben haben.Um 600 n.Chr. begann dann hier mit der Gründung eine iroschottischen Kolumbaner-Mönchsklosters die Christianisierung Bayerns. Die Lage des Klosters inmitten hoher Felsen und umrahmt von der Donau hätte günstiger nicht sein können. Das älteste, noch existente Dokument (im bayerischen Hauptstaatsarchiv in München) über das Kloster datiert von 1047 - das Weltenburger Martyrologium mit Aufzeichnungen über den Mönchskreis. Unter dem heiligen Bonifatius (s. Solnhofen und Eichstätt) wurde Weltenburg ein Benediktinerkloster. Doch in den folgenden Jahrhunderten viel die Anlage Raubzügen, Kriegen und Plünderern zum Opfer, so daß sein Verfall unaufhaltsam erschien. Dies änderte sich nach dem 30-jährgen Krieg, als Maurus Bächl 1713 neuer Abt des Klosters wurde. Er brachte die Gebrüder Asam ins Spiel: Egid Quirin schuf die herrlichen Stuckarbeiten, sein Bruder Cosmas Damian war für die Malerei und Architektur verantwortlich. Bei unserer Fahrt entlang des dem Kloster gegenüberliegenden Ufers könnte sich vielleicht sogar etwas Enttäuschung breit machen,denn die Lage des Werkes ist zwar von unbeschreiblcher Schönheit, die äußere Architektur wirkt allerdings mächtig und doch recht schlcht. Beim Betreten des Innenhofes wird das nicht gerade positive Erstaunen noch größer, denn statt eines ruhigen, aufwendig gestalteten Innenhofes zeigt sich ein lärmender Biergarten (das in Weltenburg gebraute Bier (älteste Klosterbrauerei der Welt) fordert seinen Tribut), parkende Autos und Menschenmassen. Doch nicht verzweifeln - all' dies ändert sich in den Innenräumen, für dessen Besichtigung Sie sich am besten einer Führung anschließen. Prunkstück der Anlage ist die Klosterkirche, die bereits 1718 als Ersatz für die erste Kirche (1191 geweiht, 1716 abgerissen) eingeweiht wurde, obwohl Sie erst 1751 fertiggestellt wurde.

Im Gegensatz zu vielen anderen, düster wirkenden Sakralbauten wurde der Klosterkirche durch eine fast geniale Lichtführung ein sympathisch strahlendes Inneres verliehen. Ebenfalls erstaunlich ist die klare bauliche Gliederung in Vorhalle, Hauptraum und Presbyterium. Wirkt die Vorhalle schon aufwendig gestaltet, so wird der Prunk von dem Hauptraum noch weit übertroffen. Durch 12 Fenster in einer imposanten Kuppel strömt in 20 m Höhe das weiche Licht. Am besten, Sie schlendern in aller Ruhe durch diesen 19,5m langen und 14,4m breiten, ellipsenförmigen Bau und bestaunen nacheinander die Verzierungen, dessen Mannigfaltigkeit kaum zu überbieten ist. In einer Führung erklärt man Ihnen ausführlich die Details der Ausstattung. Auf eine interessante Besonderheit möchte ich hier trotzdem aufmerksam machen: Über einen Rand der goldenen Kuppelschale schaut der Schöpfer dieses Werkes, Cosmas Damian Asam, quasi um zu beobachten, wie sehr die Besucher von seiner Kunst ins Schwärmen geraten.

Zur Fortsetzung unserer Tour gibt es nun vier Alternativen:
1. Von Weltenburg (am Donauufer vor dem Kloster entlang gehen/ fahren zur Anlegestelle) aus mit dem Personenschiff, welches auch Fahrrä-

der befördert, nach Kelheim (Wochentags ab 10.10 bis 18.10 Uhr Abfahrt alle 30 min, Sonn-u.feiertags ab 10.00 bis 18.15 Uhr alle 30 min).

2. Über einen der zwei, hinter dem Kloster beginnenden Wanderwege (es gibt zwar schöne Aussichten zu genießen, aber der Weg ist mit einem bepackten Fahrrad sehr mühsam).

3. Bootsfahren ist unsportlich, der Wanderweg zu mühsam, also radeln wir weiter. Und auch hier haben wir zwei Möglichkeiten; die erste führt über die (relativ stark befahrene) Landstraße nach Kelheim. Hierfür müssen Sie wieder zurück an der Fähranlegestelle vorbei bis in den Ort Weltenburg. Von dort aus führt eine Straße mit einem starken Anstieg links nach Kelheim. Nach der entspannenden, aber kurvigen (!) Abfahrt kommen wir an die westliche Spitze des Vorortes Kelheim-Affeking. Hier überqueren wir (schräg links) die Donau-Brücke und fahren nach der Brücke (schöne Aussicht) nach links in die Altstadt von Kelheim.

4. Freilich - die beste Altenative habe ich mir bis zum Schluß aufgehoben - und diese möchte ich Ihnen sehr ans Herz legen, auch wenn sie mit einigen Mühen verbunden ist. Die Strecke führt uns hinauf auf den Michelsberg, der nicht nur mit der imposanten Befreiungshalle aufwarten kann, sondern auch einen atemberaubenden Blick auf den Donaudurchbruch parat hält - zweifelsohne zwei der „Muß-Sehenswürdigkeiten" eines jeden Donau-Urlaubers. Habe ich Ihnen Appetit gemacht? Na dann auf zum Michelsberg.

Vom Kloster Weltenburg fahren wir zunächst wieder ein Stück zurück in Richtung Ortschaft (Weltenburg). Auf etwa halber Strecke kommen wir zur Fähre, die uns sicher ans andere Ufer bringt. Dort erwartet uns der kleine Ort Stausacker, den wir im wahrsten Sinne des Wortes „links liegen lassen", denn wir folgen der Uferstraße nach rechts und können nochmals die phantastische Ansicht des Klosters Weltenburg genießen. Sie sollten jedoch nicht nur genießen, sondern auch noch einmal tief durchatmen, denn nun wird es mächtig anstrengend. Die Straße wird unmittelbar hinter der Kurve recht steil und windet sich allmählich den Berg hinauf.

Nach vielen Schweißtropfen erreichen wir eine quer verlaufende Straße, der wir nach rechts (Richtung Kelheim) folgen. Auch diese Straße birgt einige Steigungen, bis es schließlich rechts einige Serpentinen hinauf

Befreiungshalle hoch über Kelheim

geht zur Befreiungshalle (beschildert). Die Streckenlänge vom Kloster bis zur Befreiungshalle beträgt etwa 6 km. Ist Ihnen dies zu weit und zu hügelig? Nun - es gibt eine Alternative zur Straße, die uns mitten durch den Wald führt und etwa 1,5 km kürzer, jedoch auch schwerer zu finden ist. Wir fahren, wie oben beschrieben, auf die andere Donauseite und ebenso am Ufer entlang bis zum Beginn der Steigung. Nach etwa 500 m zweigt ein Waldweg nach rechts ab, welchem wir folgen. Dieser Radweg führt nahezu ohne Kurven (allerdings auch mit einigen kräftigen Steigungen) zur Befreiungshalle. Der Weg ist beschildert - jedoch müssen Sie sehr gut Ausschau nach den Schildern halten, die man schnell übersehen hat. Übrigens gibt die Beschilderung des Weges keine eindeutige Klärung ob dies ein reiner Wanderweg ist, oder ob er für uns Radler ebenfalls befahrbar ist. Wie auch immer - der Weg ist an schönen Sommertager stark von Wanderern frequentiert, daher also die Bitte: Nehmen Sie Rücksicht und lassen Sie die Räder nicht allzu flott rollen!

Info

Donaudurchbruch: Nachdem wir auch den Parkplatz, auf dem es vom frühen Morgen an recht hektisch zugeht, hinter uns gelassen haben, bietet sich auf der rechten Seite ein unvergeßlicher Blick auf den Donaudurchbruch. Hier wird deutlich, welche Kraft das Wasser der Donau haben muß, um sich derart tief in die Ausläufer der fränkischen Jura einzuarbeiten.

Doch nun zur **Befreiungshalle**: Dem in Bayern außerordentlich beliebten König Ludwig I ist es zu verdanken, daß auf dem von Donau und Altmühl umflossenen Michelsberg von 1842 -63 ein Denkmal errichtet wurde, welches international in einem Atemzug mit Nelson's Monument in London, dem L'arc de Triumphe in Paris und ähnlichen heldenverehrenden Monumenten genannt wird. Ludwig gab damals dem Architekten Friedrich von Gärtner den Auftrag, ein unverwechselbares Denkmal zu bauen, welches den Soldaten im Befreiungskrieg gegen Napoleon gewidmet ist. Interessant ist, daß weder Architekt noch Bauherr in Amt und Würden dieses Werk vollenden konnten - Gärtner starb während der Bauarbeiten und Ludwig mußte 1848 abdanken. Doch der ehemalige König wollte das Projekt nicht aufgeben und finanzierte den Rest des Baues selbst, was zur Folge hatte, daß sich hinter der imposanten Fassade mit 18 Marmorsäulen ganz ordinäre Ziegel verstecken. Die Plastiken auf den Säulen stellen übrigens die 18 am Befreiungskrieg beteiligten Stämme dar.

Nachdem man genau 84 Stufen erklommen hat, betritt man die Halle sieht man als erstes auf die Inschriften: „MDCCCLXIII" ist natürlich eindeutig das Eröffnungsdatum, 18.10.1863. Ludwig verewigte sich dann mit der Inschrift „Den Teutschen Befreiungskämpfern Ludwig I, König von Bayern" und „Moechten die Teutschen nie vergessen was den Befreiungskampf notwendig machte und wodurch sie gesiegt". Zur Auffrischung der eventuell eingerosteten Geschichtskenntnisse sei erwähnt, daß ein Höhepunkt der Befreiungskriege die Völkerschlacht bei Leipzig, am 18.10.1813, also exakt 50 Jahre vor der Einweihung der Halle stattfand. Nachdem Napoleon I in einem größenwahnsinnigen Feldzug in Rußland seine „große Armee" verloren hatte, schlossen sich Rußland, Preußen, England, Schweden und Österreich zusammen, um Napoleon eben in Leipzig die entscheidende Niederlage beizubringen, die als wegweisend für das endgültige Aus seiner Herrschaft am 18.06.1815 in Waterloo beizubringen.

Sind Sie entschädigt für die Mühen, die Sie hatte, um all'dies hier oben genießen zu können? Dann geht es nun wieder herunter an die funkelnden Wogen der Donau. Dafür bieten sich zwei Möglichkeiten:

Zurück zum Parkplatz und dann der Straße folgend die Serpentinen hinunter (immer den Schildern „Kelheim" folgend). Nachdem wir den „Hafen" passiert haben, fahren wir an der an der großen Kreuzung rechts und kommen zur Schiffsanlegestelle, von wo aus unsere Stadtbesichtigung startet. Ich möchte Ihnen ans Herz legen, diese Alternative zu wählen, da das Gefälle hier schon außerordentlich steil ist.

Bei Möglichkeit zwei folgen wir (bitte schiebend!) dem Wanderweg ins Tal, der direkt neben der Befreiungshalle beginnt. Der Weg ist kürzer und gibt einige schöne Aussichten über Kelheim preis, aber er ist sehr steil, schwer zu befahren (oder besser gesagt zu begehen) und vor allem sehr stark von Fußgängern frequentiert. Beide Alternativen führen uns dort hin, wo auch diejenigen ankamen, die direkt von Weltenburg nach Kelheim gefahren sind, an der Schiffsanlegestelle.

Info

Kelheim: In unmittelbarer Nähe der Schiffsanlegestelle befindet sich das Archäologische Museum der Stadt (Ledergasse). In chronologischer Reihenfolge wird in getrennten Ausstellungen, hier, im ehemaligen Speichergebäude aus der Wittelsbacherzeit, die regionale Geschichte von 80.000 v.Chr.bis 1000 n.Chr. Revue passieren gelassen. Insbesondere für Kinder ein gelungenes Lehrwerk. Daß dieses Museum nicht grundlos hier errichtet wurde, sieht man daran,daß schon die Kelten 5 v.Chr. die strategische Bedeutung des Michelsberges zwischen Donau und Altmühl erkannten und dort eine Siedlung erbauten. Die Archäologen fanden heraus, daß die Stadt „Alkimoennis" genannt wurde und sie mit einer Ausdehnung über 3km das größte Bodendenkmal Bayerns ist. Nachdem sich auch die Römer und die Alemannen (3.Jh.) hier verewigten, siedelten sich etwa um 550 Baiern in Kelheim an. Eindrucksvoller Fund aus dieser Zeit ist ein mit 1,95 m Größe riesiger Edelmann,der mitten im heutigen Stadtzentrum gefunden wurde. Cheleheim, wie es 863 hieß, wurde aufgrund seiner Donau-Lage ein wichtiges Handelszentrum und später Residenzstadt. Kelheim, wie wir es heute in der Altstadt bewundern können, geht auf die Zeit um 1300 zurück. Diese Altstadt erreichen wir, von der Schiffsanlegestelle kommend, durch das Donautor (13.Jh). So kommen wir genau zum Mittelpunkt der Altstadt. Von diesem Platz aus wird deutlich, wie planvoll man die Stadt anlegte - vier schnurgerade Straßen laufen hier zusammen.Von hier aus erreichen wir auch (meist ausgeschildert) die wichtigsten Sehenswürdigkeiten der Stadt: die Spitalkirche (1231 zu Ehren Ludwig I. der „Kelheimer" erbaut), die Kirche Mariä Himmelfahrt (15.Jh.,mit Altar aus Kelheimer Marmor), das Mittertor (Westseite der Stadtmauer,14.Jh.), das Rathaus (1824 und 1879), das herzogliche Schloß (12.Jh.), das Weiße Brauhaus (als Weißbierbrauhaus 1607 gegründet) und zu Füßen des Michelsberges das Franziskanerkloster, welches seit 1803 privat genutzt wird.

8

Hinein ins lebendige Mittelalter
Von Kelheim nach Regensburg

Toureninfos

km 33km

START Schiffanlegestelle in Kelheim oder Großraumparkplatz (beschildert)

 In Regensburg wird das Mittelalter lebendig. Der Weg dorthin führt über den ebenen Donau-Radwanderweg

 In Kapfelberg, Poikam, Oberndorf und Matting und in Regensburg

 Hallenbad in Bad Abbach, Hallen- und Freibäder in Regensburg

Nur rund 33 km umfaßt dieser Streckenabschnitt, was unter Umständen zum Grübeln veranlaßt. Doch diese Tour wurde nicht ohne Grund so gewählt, denn das Ziel Regensburg ist mit etwas mehr als 130.000 Einwohnern nicht nur die viertgrößte Stadt unserer gesamten Reise (nach Ulm, Linz und Wien), sondern historisch so bedeutend, daß sie eines Etappenzieles würdig ist. Nicht umsonst wird sie „Wunder des Mittelalters" genannt - die Sehenswürdigkeiten sind so mannigfaltig, daß man sich durchaus auch mehrere Tage hier aufhalten könnte. Die Fortsetzung unseres Radweges befindet sich am rechten Ufer der Altmühl bzw. des Kanals (!). Hilfreich bei der Fortsetzung der Tour sind auch die Schilder „Freizeitbad Keldorado". Wer Wert darauf legt, sich den Zusammenfluß von Altmühl und Donau anzuschauen (durch die Kanalisierung nicht sehr sehenswert), der kann am Ortsausgang (hinter dem Freibad) in Richtung Kelheim-Affeking fahren. Nach dieser Exkursion sollten Sie allerdings auf „unseren" Weg zurückkehren, der die Donau zunächst verläßt. Entlang und teilweise sogar auf der Landstraße (!) verläuft der Donau-Radwanderweg. Nach mühevollem Überqueren des Heindel-Berges geht es dann wieder hinunter zur Donau nach Kapfelberg, das insbesondere durch seinen Yachthafen interessant ist. Hinter Poikam ist Aufmerksamkeit gefragt, denn der Radwanderweg überquert im Zick-Zack die Donau und einen Seitenarm. Wer Lust hat, kann in Poikam schon die Donau überqueren und gelangt über stark frequentierte Straßen (B16) nach Bad Abbach.

Info

Bad Abbach: Seinen Beinamen „Bad" verdankt Abbach den Schwefel- und Moorheilbädern, die es hier seit 1465 gibt. Rheuma-Kranke aus aller Welt pilgern hierher, um sich von ihren Leiden heilen zu lassen. Für uns als Durchreisende ist allerdings die noch in einigen Teilen gut erhaltene Burgruine interessanter. Die einst mächtige (180 m lange) Anlage wurde zwischen 1220 und 1230 erbaut und betört heute die Besucher mit ihrem 25 m hohen Turm.

Wir jedoch folgen auf unserer Tour dem Verlauf der Donau und können „endlich" einmal einige Kilometer „fressen", ohne von wichtigen Sehenswürdigkeiten „aufgehalten" zu werden. So geht es via Oberndorf und Matting in Richtung Regensburg. Die Großstadt kündigt sich nicht lange an - während sich über uns auf der hohen Autobahnbrücke, die wir unterqueren, die Blechkarawanen gen Zentrum wälzen, können wir noch geraume Zeit eine wahre Donau-Idylle genießen. Überall an den Ufern entspannen sich die Regensburger. Nach einer neuerlichen langgezogenen Rechtsschleife wird es dann „ernst" - in dem herrlich angelegten Parkgelände befindet sich (unmittelbar am Radweg) der Zeltplatz der Stadt.

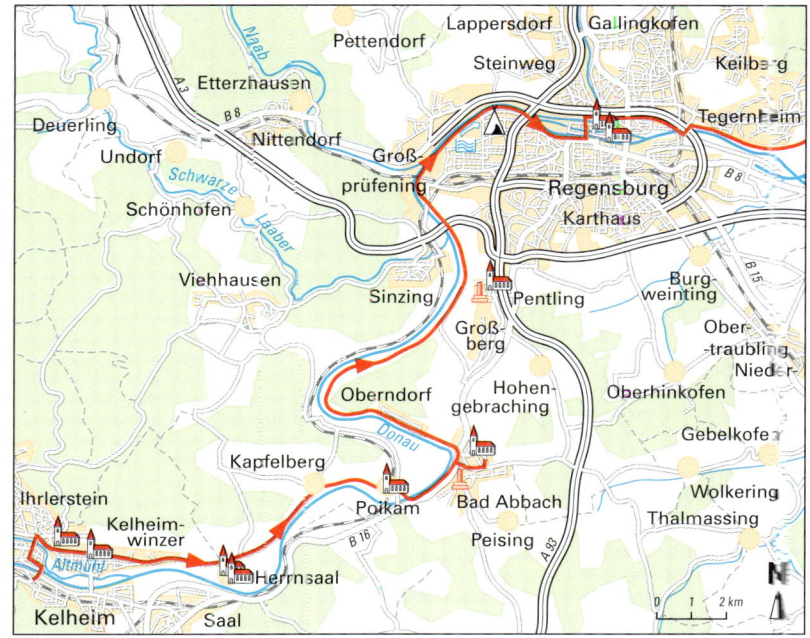

Kurz darauf werden Sie sich wundern, warum sich die Donau teilt - ein rechter Arm, quasi die „Ur-Donau", geht rechts, ein neuer Kanal links ab. Der Grund ist denkbar einfach - das neben dem Dom wichtigste Wahrzeichen der Stadt, die Steinerne Brücke, war von der Höhe her nicht für den Schiffahrtsverkehr geeignet. Um dieses Bauwerk zu erhalten, erbaute man einen neuen Arm, der die Schiffe vorbeileitet. Wir kommen entlang der Donau über, bzw. entlang der Straßen Holzländer, Brunnleite und Keplerstraße in die Stadt.

Info

Regensburg: „Mittelalterliches Wunder Deutschlands" wird Regensburg genannt - und dies vollkommen zurecht, denn Regensburg ist die einzige Großstadt Deutschlands, die sich im Verlaufe der Jahrhunderte mit all' den Kriegen ein perfektes mittelalterliches Stadtbild erhalten konnte. Doch beginnen wir am Anfang (wo auch sonst). Die Regensburger sprechen gerne von ihrer 2000-jährigen Stadt und rechnen dabei bis zu den Ursprüngen keltischer Besiedelung zurück, über deren genaues Datum es viele Streitereien gibt. Daher bleiben wir lieber bei den exakt nachvollziehbaren Fakten: Die erwähnte Keltensiedlung, die sich Rathaspona nannte, wurde 90 n.Chr. in ein **Römerlager** umgewandelt. Die römische Besiedelung ist unwiderlegbar, denn die steinerne "Geburtsurkunde" (zu sehen im Stadtmuseum) spricht vom Legionslager Castra Regina, das übersetzt "Lager am Regen" (also an der Mündung des Flusses Regen in die Donau) 179 n.Chr. Noch während der Römerzeit siedelten sich hier die ersten Bajuwaren an. Nachdem die Römer auch das letzte Lager geräumt hatten, wurde Regensburg Mitte des 6.Jhs. Hauptstadt des bayerischen Herzogtums.

Nun zur Stadtbesichtigung: Am Ende der oben erwähnten Keplerstraße, genauer gesagt, am Fischmarkt, beginnt rechterhand die Fußgängerzone. Wir jedoch wollen uns zunächst einmal dem zweiten Wahrzeichen der Stadt widmen - der Steinernen Brükke. Dafür fahren wir vom Fischmarkt einfach durch die Gasse linkerhand zum Donauufer. Beschützt wird das "achte Weltwunder des Mittelalters" vom Brucktor (Brückentor) aus dem 14.Jh. und dem benachbarten mächtigen Reichsstädtischen Salzstadel (1616-20), welches heute gastronomisch genutzt wird. Die **Steinerne Brücke** selbst wurde mit einer Gesamtlänge von 300 Metern bereits 1135-46 erbaut und zählt damit zu den ältesten Brücken der Welt. Von der Mitte der Brücke bietet sich einer der beeindruckendsten Blicke auf die Regensburger Altstadt.

Zurück am Fischmarkt betreten wir nun die Fußgängerzone (die Fahrräder freilich schiebend!). Gleich zu Beginn erhebt sich rechts das alte **Rathaus**, die nach Dom und Brücke dritte wichtige Sehenswürdigkeit der Stadt. Erste Teile des Hauses wurden 1360 in Angriff genommen und der gesamte Bau 1661 vollendet. Der interessanteste Teil des Rathauses ist der Reichssaal, der 1663 - 1806 den "Immerwährenden Reichstag" (föderatives deutsches Bundesparlament nach dem 30-jährigen Krieg) beherbergte. Stellen Sie sich einmal bildlich vor, wenn Sie hier stehen, wie auf der Stirnseite der Kaiser in seinem Sessel thronte, während vor ihm auf rot gepolsterten Bänken seine Kurfürsten debattierten! Details der Reichstagsgeschichte werden im Reichstagsmuseum (ebenfalls im Rathaus) beschrieben. Wenn wir nun den Rathausplatz via Fußgängerzone (später öffentliche Straße) geradlinig über die Untere und die Obere Bachgasse verlassen, kommen wir direkt zur **St.Emmeram-Kirche**. Genau an dieser Stelle dürfte schon vor langer Zeit eine Kirche gestanden haben. Nachvollziehbar ist, daß im 8.Jh. über dem Grab des Märtyrers St.Emmeram eine Basilika errichtet wurde, die in den folgenden Jahrhunderten oftmals niederbrannte und wieder aufgebaut wurde. Hier treten dann auch "unsere" Asam-Brüder wieder auf, die 1730 zwar die romanischen Außenteile der Kirche beließen, dem Inneren jedoch ihren unverwechselbaren Barock-Stempel aufdrückten. Die Liebhaber des Barock sollten sich in der Kirche ausgiebig Zeit nehmen, um auch jedes Detail der Ausstattung zu bewundern.

Doch nicht all' zu lang, denn direkt hinter der Kirche befindet sich das fürstliche **Schloß** von Thurn und Taxis, die 1743 ihren "bescheidenen" Wohnsitz von Frankfurt hierher verlegten, als sie den Kaiser im Parlament vertreten mußten. Bei der Gestaltung der Räume wurde nicht gekleckert - man beauftragte schließlich die Asam-Brüder damit. In einer Schloßführung werden Sie fasziniert sein vom Kreuzgang des ehemaligen Klosters, dem fürstlichen Schloßmuseum mit Prunkvollem aus dem Privatbesitz der Adeligen und dem Marstallmuseum mit Sänften, Kutschen und einer Reithalle. Wer mag, kann noch weiter durch die alten Gassen schlendern und sich von den herrlichen historischen Bauten und Kirchen Regensburgs verzaubern lassen. Herausragend ist hierbei das Schottenkloster St.Jakob, welches 1090 von irischen Benediktinermönchen gegründet wurde. Aus dem Kloster wurde später eine Kirche, die nach dem Grundbau im 12.Jh. später (14./17.Jh.) erweitert wurde (vom Schloß zu erreichen über Marschallstraße, Ägidienplatz und Kumpfmühler Straße).

Vom Schloß, bzw. vom St.Emmerams-Platz aus fahren wir nun entlang des Schloßgartens, der von einer Mauer beschützt wird den St.Peters-Weg entlang bis zur Ecke Fröhliche-Türken-Straße, in die wir links einbiegen. Die Fröhliche-Türkenstraße wird später zur Fußgängerzone (schieben!) und nennt sich Lilienstraße. Zielstrebig kommen wir so zum Domplatz. Rechterhand befindet sich der Herzogshof, wo sich bereits 826 eine Kapelle befand. Zwischen 1183 und 1231 entstand dann ein Palast für Ludwig den Kelheimer, eben jener heute zu sehende Herzogshof. Ein wenig um das Eck herum, am Alten Kornmarkt, steht die Basilika "Unserer Lieben Frau", die gemein hin als **Alte Kapelle** bezeichnet wird, da sie bereits vor ihrem letzten Umbau 1748-1798 fast 1000 Jahre alt war. Sehenswert ist der Hochaltar von 1775 sowie die hübschen Rokoko-Ausstattungen. Auf der gegenüberliegenden Seite des Alten Kornmarktes liegt das Niedermünster. Hier wurde im 7.Jh. auf den Grundmauern eines römischen Lagers eine Kirche gebaut. Die heute zu sehende dreischiffige Basilika entstand 1152-54. Besonders imposant sind die herrlichen Figuren im Inneren der Kirche sowie die im 17./18.Jh. barockisierten Außenteile. Doch kommen wir nun, da wir schon solange um ihr herum laufen, endlich zum Wahrzeichen Regensburgs, zum Dom. Zweifelsohne ist der Regensburger **Dom St.Peter** eine der bekanntesten Kathedralen Deutschlands und gleichzeitig das bedeutendste gotische Bauwerk Bayerns. An dieser Stelle die Geschichte sowie die architektonischen Details des Bauwerks vollständig zu beschreiben, würde den Umfang eines Radwanderführers sprengen. Auch in Anbetracht der Tatsache, daß Regensburg für uns "nur" ein Ausflugsziel für uns ist, sollten wir uns auf die wesentlichen Aspekte beschränken: Der heilige Bonifatius gründete 739 an dieser Stelle ein Bistum. Auf den Grundmauern des römischen Kastells Castra Regina entstand dadurch eine kleine, schlichte Kirche. Nach zahlreichen Erweiterungen wuchs das Kirchlein allmählich zu einer ansehnlichen Kathedrale heran, die zur Vervollständigung im 11.Jh. eine Krypta erhielt.

Einziger Zeuge dieser Zeit ist der Eselsturm, den Sie außen an der Nordfassade bestaunen können. Der Rest des Gebäudes brannte leider 1152 teilweise und 1176 vollständig nieder. Der Wiederaufbau, der 1250 begann, war nicht nur für damalige Verhältnisse einzigartig, sondern dürfte auch (oder erst recht) heute undenkbar sein: Nicht nur der Bischof, sondern auch die Bürger der Stadt stellten die Gelder für den Bau zur Verfügung und legten teilweise selbst Hand an. Dieses Unikat setzte sich über Generationen fort, denn erst 1520 war der Bau beendet, wobei noch einige Details nicht perfekt waren: Die bis heute unveränderten Fensterbögen waren rund (entgegen des gotischen Konzepts) und die Türme hatten nur zwei Etagen. Letztere bekamen unter Ludwig I 1859-1872 ihre jetzt zu sehende Form. Auch beim Durchstreifen des Inneren fallen immer wieder Ungleichmäßigkeiten der Ausstattung auf, die mal typisch gotisch, mal barock sind. Besonders bemerkenswert ist dabei der barocke Hochaltar, dessen Bauzeit sage und schreibe 100 Jahre in Anspruch nahm. Aber auch die übrigen sieben Altäre verdienen Ihrer Beachtung. Wenn Sie mehr über den Dom St.Peter erfahren möchten, sei Ihnen die ausgezeichnete Domführung ans Herz gelegt, die sie auch in Bereiche führt, in die man als ordinärer Tourist nicht vordringen darf. Ebenfalls empfohlen sei auch ein Besuch des Domschatzmuseums, welches einen der prunkvollsten Domschätze Deutschlands beherbergt.

Bevor wir uns wieder auf das Fahrrad schwingen und die Tour fortsetzen, sollten Sie noch in die Straße „Unter den Schwibbögen" gehen (von der Straße entlang der Nordseite des Doms in Richtung Niedermünster, dann links abbiegen). Dort ist nicht nur ein Teil der Nordmauer des ehemaligen römischen Kastells zu sehen, sondern auch das dazu gehörige Nordtor **Porta Praetoria** von 179 n.Chr..Es ist somit der zweitälteste römische (Hoch-) Bau Deutschlands (der älteste steht in Trier). Hier, in der Nähe der Donau, sind wir auch genau richtig für eine typisch regensburgerische Mahlzeit. In der „Historischen Wurstküche", der vermutlich ältesten Wurstbraterei der Stadt, kann man eine echte „Regensburger" (Wurst) genießen.

Griechenland in Bayern - die Walhalla

8.1

Vom Regen in die...schöne Natur!
Abstecher nach Marienthal

Toureninfos

 ca. 45 km

 Entspanntes Radeln auf meist wenig befahrenen Straßen ohne besondere Steigungen. Lediglich die Abstecher nach Karlstein und Hauzenstein / Kürn erfordern einige Mühe.

 In Lappersdorf, Lorenzen, Regendorf, Diesenbach, Ramspau, Hirschling, Marienthal, Kleinramspau, Karlstein, Regenstauf, Hauzenstein, Kürn, Laub, Zeitlarn und Gallinghofen

Nach der ausführlichen Stadtbesichtigung von Regensburg wissen wir nun, daß es sich bei Regensburg um einer der schönsten Städte

Deutschlands handelt und das die Stadt ihren Namen durch den Fuß Regen bekam. Grund genug also, sich diesen Fluß einmal genauer anzuschauen und dafür von Regensburg aus ein paar Kilometer flußaufwärts zu fahren.

Wir starten am markantesten Orts Regensburgs, an der steinernen Brücke, und überqueren die Arme der Donau. Am anderen Ufer angekommen, fahren wir geradeaus, überqueren die kreuzende Bundesstraße (B 8) und fahren direkt hinter der Bundesstraße links. Danach biegen wir rechts ab, sobald uns die Schilder auffordern, Regensburg in Richtung Lappersdorf zu verlassen. Wir kreuzen abermals eine Autobahn (A 93) und halten uns dahinter zunächst rechts, um der Autobahn dann zu folgen (die Fahrbahn befindet sich zu unserer Rechten). So können wir immer weiter geradeaus fahren, haben die Autobahn stets rechts im Blick und kommen durch Lappersdorf durch. Über Pielmühle kommen wir nach Lorenzen, wo wir hinter dem Weiher nach rechts die Autobahn unterqueren, um endlich jenen Fluß zu sehen, der den Namen Regen trägt.

Dem Fluß folgend kommen wir nach Regendorf, das wir geradlinig durchfahren.

Via Edlhausen geht es nach Diesenbach, wo wir uns rechts (immer in Flußnähe) orientieren. An Spindelhof und seinem hübschen Schloß vorbei kommen wir über Wöhrhof zu unserem ersten Ziel Ramspau.

Wer nun abkürzen mag, der überquert bereits in Ramspau den Regen und liest hinten bei Kleinrampsau weiter. Wir jedoch wollen noch ein Stückchen weiter flußaufwärts fahren, denn die Landschaft wird von Pedaltritt zu Pedaltritt schöner! So bleiben wir also links des Ufers und kommen via Anglhof und Schwaighof nach Hirschling, das ebenfalls ein kleines, sehenswertes Schloß mit Türmen und Stufengiebel aus dem Mittelalter besitzt. In Hirschling überqueren wir nun den Fluß und fahren hinter der Brücke gleich wieder nach links flußaufwärts. Über Süssenbach und Hinterberg kommen wir nach etwa 5 km nach Marienthal.

Wer in **Marienthal** am Flußufer steht, auf die andere Seite sieht und 120 m in die Höhe blickt, ist unwillkürlich fasziniert von der Lage der Burgruine Stockenfels. Also setzen wir mit dem kleinen Boot über ans andere Ufer und steigen hinauf zur ehemaligen Ritterburg aus dem 13.Jh. Den eigentümlichen Beinamen "Bierpantscherwalhalla" bekam Stockenfels, weil hierher angeblich die Bierpantscher verbannt wurden. Gemeinsam mit den Wirten, die halbleere Gläser ausgeschenkt hatten, wurden die Pantscher dazu verflucht, gepantschtes Bier zu trinken und um Mitternacht in der Feste zu spuken.

Zurück mit der Fähre in Marienthal fahren wir nun dieselbe Strecke wieder zurück, die wir herkamen und bleiben danach auf dieser Uferseite. Hinterberg, Süssenbach, Heilinghausen und Kleinanglhof heißen die nächsten Stationen, ehe wir nach Kleinramspau kommen.

Hier haben wir die Möglichkeit, über die beschilderte und sehr steile Straße einen Ausflug nach **Karlstein** zu machen. Oben locken die Ruine von Burg Forstenberg mit einem fünfeckigen Bergfried und das mittelalterliche Schlößchen Karlstein.

Unsere Tour setzt sich in Kleinramspau entlang des Ufers fort und führt uns über eine etwas stärker befahrene Straße am Fidelhof vorbei nach Regenstauf.

Regenstauf: Die rund 15.000 Einwohner zählende Marktgemeinde geht auf eine im 12.Jh. errichtete Burg zurück, die einst den Grafen von Regenstauf gehörte. Von der Burg ist fast nichts mehr übrig. Sehenswert hingegen sind die 1850 errichtete Pfarrkirche und vor allem das herrlich auf einem Berg gelegene Schloß. Inmitten der Grünanlagen gibt es hier einen 80 m tiefen Brunnen zu sehen und die Möglichkeit, auf den 25 m hohen Aussichtsturm zu steigen und eine schöne Aussicht zu genießen

Unser Weg setzt sich weiter am Ufer des Regen fort. Dabei bietet sich an, von Regenstauf die Nebenstraße nach Laub zu wählen, die rechts neben den Bahnschienen beginnt und weniger befahren ist als die Hauptstraße nach Neuhof. Bei Neuhof treffen beide Straßen wieder aufeinander und wir fahren zurück Richtung Regensburg über Zeitlarn und Zeitlberg nach Gallinghofen, das bereits ein Vorort Regensburgs ist. Wir folgen immer weiter der Hauptstraße, bzw. den Schildern in Richtung Zentrum, überqueren schließlich die Bundesstraße (B 8, Walhalla-Allee) und kommen über die Nordgaustraße zur Nibelungenbrücke, mit deren Hilfe wir die Donau überqueren. Wenn wir hinter der Brücke rechts am Ufer entlang fahren, sind wir schon bald am Ausgangspunkt unserer Rundtour, an der Steinernen Brücke.

Dem "bayerischen Griechenland" zu Füßen
Von Regensburg nach Straubing

Toureninfos

 etwa 53 km

 Innenstadt von Regensburg (steinerne Brücke)

 Sehr gut ausgebauter Radweg ohne Steigungen. Zur Besichtigung der Walhalla muß ein Berg bestiegen werden. Als besonderen Tip möchte ich die Volksfeste in Straubing (s. Text) empfehlen

 Mehrere in Regensburg und Straubing, desweiteren in Bach, Kruckenberg, Wörth, Pondorf, Kößnach und Unterzeitldorn

 Straubing: Hallen- und Freibad an der Wittelsbacher Höhe - Wörth: Hallen- und Freibad

 Straubing: Gäubodenmuseum Di-So 10-16 Uhr

Mit dem Rad Regensburg zu verlassen, gestaltet sich, einer Großstadt angemessen, als nicht einfach. In jedem Falle müssen Sie die Altstadt zum Donauufer verlassen. So werden Sie zwischen der Steinernen und der Eisernen Brücke auf die Tnundorfer Straße treffen. Empfehlenswert ist es, dem Ufer bis zur Nibelungenbrücke zu folgen und hier die Donau

zu überqueren. Die Straße führt über die Donauinsel namens „Unterer Wöhrd" und überquert anschließend den Fluß Regen. Ab hier heißt sie Nordgau-Straße und führt am Donau-Einkaufs-Zentrum vorbei. Unmittelbar nach dem Einkaufszentrum folgen wir der rechts abzweigenden Walhalla-Allee, welche wieder mit „Donau-Radweg" tituliert ist. So kommen wir einige Kilometer weiter nach Donaustauf.

 Info

Donaustauf: Um zu dem weit sichtbaren Wahrzeichen der Stadt, der Veste Stauf zu gelangen, müssen wir den Radweg über öffentliche Straßen (!) und durch die Stadt verlassen (in der Kilometerangabe nicht erfaßt) sowie einen mächtigen Berg erklimmen. Doch die Ruinen der romanischen Burg aus dem 12.Jh. locken nicht nur Geschichtsinteressierte, sondern auch diejenigen, die einen herrlichen Blick auf die Donau und die Stadt Regensburg erhaschen wollen. So ist auch der einstige Zweck dieser Anlage, nämlich der Schutz von Donau und Regensburg, leicht erkennbar. Doch auch diese wirklich riesige Wehranlage konnte, wie so vieles im damaligen Krieg, den Schweden nicht standhalten, welche die Burg 1634 eroberten und bis auf die Tore und der Burgkapelle im Turm alles zerstörten.

Wenn Sie schon den Abstecher vom Radweg unternehmen, sollten Sie übrigens nicht vergessen, der mittelalterlichen St.Salvator-Kirche im Zentrum von Donaustauf einen Besuch abzustatten. Doch ein kleiner Tip - halten Sie sich in Donaustauf und der Veste nicht zu lange auf, denn unser nächstes Ziel konnten Sie ja auch bereits seit langem sehen. Es ist zweifelsohne eines der berühmtesten Gebäude Deutschlands, dem man ohne Zweifel Rang eines Kölner Domes, eines Berliner Reichstages oder eines Münchener Rathauses einräumen kann, die Walhalla. Um orthin zu gelangen, kehren wir wieder zum Radweg auf dem Donauwall zurück und folgen demselben bis Walhalla.

Info

Schön und anmutig liegt sie da auf dem Berg, die **Walhalla**, und entführt unsere Gedanken ganz zwangsläufig in das ferne Griechenland. 1830 gab Ludwig I den Auftrag

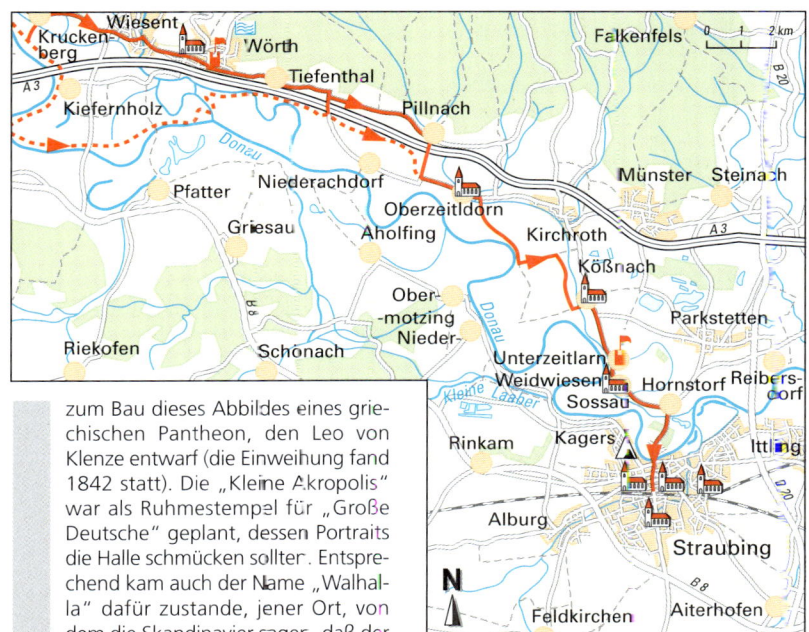

zum Bau dieses Abbildes eines grie-
chischen Pantheon, den Leo von
Klenze entwarf (die Einweihung fand
1842 statt). Die „Kleine Akropolis"
war als Ruhmestempel für „Große
Deutsche" geplant, dessen Portraits
die Halle schmücken sollten. Entsprechend kam auch der Name „Walhalla" dafür zustande, jener Ort, von
dem die Skandinavier sagen, daß der
Gott Odin die Gefallenen Helden an ihn beruft. Die Portraitsammlung wurde zwar
nie vollendet (sie bedürfte sicherlich auch in den heutigen Tagen ständiger Aktualisie-
rung), doch zählt man die Namenstafeln mit, so wurden hier über 150 bedeutende
Deutsche verewigt. Trotz der fremd wirkenden Architektur hält sich die Walhalla
streng an das deutsche Heldentum: Der südliche (zur Donau weisende) Giebel hat die
Wiedererrichtung des deutschen Reiches (1814 fertiggestellt), der nördliche Giebel
die Schlacht im Teutoburger Wald zum Motiv und wurde von 1802 bis 1848 errichtet.
Nebenbei bemerkt sei, daß die Besichtigung der Walhalla (oder besser der Aufstieg
zur selben) einiges Vertrauen in die deutsche Ehrlichkeit stellt, denn die Fahrräder
sollte man sinnvollerweise (unbewacht?) unten stehen lassen, ehe man den steilen
Kiesweg und über 350 Marmorstufen erklimmt.

Nach der Walhalla geht der Radweg links der Donau weiter und verabschiedet sich auch bald von der Straße. Gemächlich windet er sich links
des Walles durch verträumte Felder. Wer abkürzen mag, und vor allem
wer über Straßen (!) fahren mag, der kann in Frengkofen via Kruckenberg und Wiesent fahren und gelangt dorthin, wo andere erst, mit
Schildern vom Radweg weggelotst, hingelangen, nach Wörth. Diejenigen, die auf dem Radweg bleiben, folgen weiter dem Donaudamm bis
kurz hinter dem Schöpfwerk, biegen danach links, kurz darauf wieder
rechts ab und fahren schließlich parallel der Autobahn, ehe sie auf eine
Querstraße treffen, die rechts nach Pondorf führt.

Doch zurück nach Frenkhofen, bzw. nach Kruckenberg:

Wie verlassen Kruckenberg über die Landstraße und fahren den Schildern folgend nach Wörth.

Von Wörth aus ist es nun am sinnvollsten, der Landstraße (Achtung - stark befahren!) in Richtung Tiefenthal/Zinzendorf zu folgen. Nach Unter- oder Überquerung der Autobahn (A3, Regensburg-Passau) erreichen wir wieder den Donau-Radwanderweg. Auf den nächsten Kilometern ist es wichtig, die Beschilderung genauestens zu beachten! Der nächste Höhepunkt, den wir erreichen, ist Sossau.

Doch zurück in die Realität, die unsere ganze Aufmerksamkeit erfordert, denn nachdem wir Sossau geradlinig durchfahren haben zweigt der Radweg vor dem Bach links ab und führt uns bei dem Straubinger Vorort Hornsdorf wieder auf eine stark befahrene Straße (rechts abbiegen). Über die Agnes-Bernauer-Brücke, dem Vorort Gstütt und einer weiteren Brücke kommen wir in das Zentrum von Straubing.

Agnes Bernauer, die in der Donau ertränkt wurde. Herzog Ernst von Bayern gefiel es damals nicht,daß sein Sohn, Herzog Albrecht III, eine Ehe mit einer "ordinären Augsburger Bürgerstochter" führte und ließ diese "unstandesgemäße Beziehung mit einer Hexe" in den Fluten der Donau beenden. Zu Ehren der Agnes Bernauer wurde nicht nur damals eine Kapelle (auf dem Friedhof St.Peter) erbaut - es finden heute im Schloßhof alle vier Jahre im Juni/Juli die Agnes-Bernauer-Festspiele statt. Die nächsten Festspiele werden 1996 gefeiert. Doch auch andere berühmte Namen stammen aus Straubing: So wurde der berühmte Physiker Joseph von Fraunhofer 1787 hier geboren, wie auch 1510 Ulrich Schmidl, der Mitbegründer von Buenos Aires.

Doch kommen wir nun zur **Stadtbesichtigung**: Wie bereits erwähnt kommen wir Über die Schloßbrücke (Chamer Straße) zunächst zum Schloßplatz. Wie der Name vermuten läßt, befindet sich hier eines der größten Gebäude der Stadt - das ehemalige Herzogsschloß, das im 14.Jh. für die bereits erwähnten Herzöge von Straubing-Holland errichtet wurde. Heute beherbergt das **Schloß** neben dem Finanzamt genügend Raum für Messen und Ausstellungen. So ist seit neuestem ein Zweig des bayerischen Staatsmuseums hier untergebracht. Wenn Sie im Schloßhof stehend Ihre Blicke schweifen lassen, werden Sie bemerken, daß die Baumeister der Anlage bewußt auf eine einheitliche Architektur verzichtet haben, was das Schloß sehr ansehnlich wirken läßt. Gegenüber des Schlosses verläßt die Burggasse den Schloßplatz, der wir nun folgen. Nach wenigen Metern taucht auf der linken Straßenseite die Ursulinenkirche auf.

Neben einigen anderen kleinen Projekten in Straubing verewigten sich die uns bereits bekannten Asam-Brüder bei der Architektur sowie der Innenausstattung der Ursulinenkirche (1736). Dies war das letzte gemeinsame Projekt der Asam-Brüder. Die Burggasse bringt uns direkt zum Anfang des Ludwigsplatzes. Linkerhand befindet sich das Ludwigstor und rechts der Jakobsbrunnen.

Von hier aus haben wir auch den ersten herrlichen Blick auf das Wahrzeichen der Stadt - den **Stadtturm**. der im 14.Jh. errichtet wurde. Er teilt den gewaltigen Stadtplatz in den Theresien- und den Ludwigsplatz. In unmittelbarer Nähe des Turmes befindet sich auch das Touristenbüro (im sehenswerten gotischen Rathaus von 1382). Folgen wir dem Theresienplatz bis zur Dreifaltigkeitssäule (1709) und biegen hier rechts ein, so gelangen wir zur Pfarrkirche St.Jakob von 1432 mit hübschen Details aus dem 15.Jh. und einem Marmoraltar, welcher ebenfalls von den Gebrüdern Asam geschaffen wurde (1730).

Freilich hat Straubing noch weitere interessante Kirchen zu bieten, so die 1367 gegründete Karmelitenkirche mit einem beeindruckenden Hochaltar (1742, in der Innenstadt, Ecke Zoller- und Albrechtsgasse) oder die Pfarrkirche St.Peter auf dem gleichnamigen, kunsthistorisch interessanten Friedhof, eine Basilika aus dem 12.Jh. mit netten umliegen Kapellen (zu erreichen, wenn man zurück zur Donaubrücke fährt und vor der Brücke rechts in die Donaugasse, später Petersgasse, einbiegt). Doch empfehlenswert ist es auch, einmal auf dem Stadtplatz zu verweilen und sich die wunderschönen alten Häuserfassaden in aller Ruhe anzusehen. Wer mag, kann auch am Ludwigsplatz in die Fraunhofer Straße einbiegen und das Gäubodenmuseum mit seinem einzigartigen Römerschatz bewundern. Tierfreunde haben die Möglichkeit, Niederbayerns einzigen **Zoo**, der über 1.000 Tiere beherbergt, zu besuchen (den Straßenschildern in Richtung Regensburg folgen).

10

In die Heimat des Rautenwappens
Von Straubing nach Deggendorf

 Toureninfos

km etwa 42 km

START Schloßbrücke von Straubing

Abgesehen vom Ausflug nach Bogenberg ebene Strecke über hervorragend ausgebaute Radwanderwege. Als besonderen Tip möchte ich das Deggendorfer Bürgerfest im Juni weitergeben

Mehrere in Bogen und Deggendorf, desweiteren in Mariaposching und Metten

Bogen: Freibad - Deggendorf: Freibad am Stadtpark und Hallenbad

Deggendorf: Rathausturm Mai-Sep Mo-Fr 10-12 und 14-16 Uhr Stadtmuseum Di-So 10-16 und Do 10-20 Uhr Handwerksmuseum wie Stadtmuseum

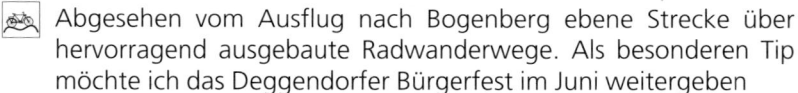

Zur Fortsetzung unserer Tour verlassen wir Straubing so, wie wir hineingekommen sind. Direkt hinter der zweiten Brücke (Agnes-Bernauer-Brücke) in Hornstorf zweigt der Radwanderweg rechts ab und bringt uns in geruhsamer Fahrt via Reibersdorf nach Oberalteich.

Info

Oberalteich: „Altwasser = althaha" dürfte die Bezeichnung sein, die von der Lage des Klosters am Donauufer stammt und Ort wie auch Kloster den Namen gab. Bedeutendster Bau ist das ehemalige Benediktinerkloster St.Peter und Paul. Es wurde 1102 mit dem Bau einer kleinen Klosterkirche gegründet, wobei die Kirche 1109 geweiht wurde. Zwischen 1622 und 1630 folgte an dieser Stelle die Errichtung einer imposanten dreischiffigen Kirche, die allerdings schon bald darauf (1634 und 1646) von den Schweden wieder zerstört wurde. So erfolgte der Wiederaufbau in jahrelanger Kleinarbeit bis zum Abschluß des Innenausbaus im 18. Jh, an dem auch Cosmas Damian Asam Hand anlegte. Das Kloster blieb über 700 Jahre im Besitz der Benediktiner und wurde 1803 geschlossen. Zurück blieb eine sehr besichtigenswerte Kirche.

Wenn Sie in Oberalteich waren, können Sie direkt über die Straße nach Bogen fahren. Sie kommen so automatisch wieder auf den Radweg, der die Donau verläßt, um ebenfalls uns ebenfalls ins Zentrum von Bogen zu führen.

Info

Bogen: Bereits kurz hinter Zinzendorf (s.v.) viel uns ein Schild mit der Aufschrift „Landkreis Straubing-Bogen - Heimat des Bayerischen Rautenwappens" ins Auge. Hier in Bogen fängt die kurze und knappe Geschichte hierzu an: Die mächtigen Grafen von Bogen hatten das weiß-blaue Rautenwappen in ihrem Familienwappen. Experten sind sich zwar nicht ganz einig, ob durch Erbe, Heirat, Kauf oder einfach Annektierung, aber die Rechte an dem Rautenwappen gingen an das Haus der Wittelsbacher über. Diese, sich in Bayern einflußreicher Position wissend, machten es zum Bestand-

Marktplatz in Straubing mit Stadtturm und Dreifaltigkeitssäule

teil des Bayerischen Staatswappens, in dem es noch heute einen bestimmenden Ehrenplatz hält. Und mehr noch - die weißblaue Raute ist heute mehr denn je wie jedes Kind weiß, eines der bekanntesten Markenzeichen des Freistaates Bayern, das sich auf nahezu jedem Souvenir wiederfindet.

Der Ort Bogen selbst existiert seit dem 8.Jh. und wurde im 15.Jh. zum Markt erhoben. Das Stadtbild wird von dem mächtigen Marktplatz (400 m lang und 30 m breit) geprägt. Eingerahmt wird er von zwei Türmen an den Enden sowie an den Seiten von herrlichen Bürgerhäusern, die zwischen dem 17. und dem 19. Jh. erbaut wurden. Interessant ist ein Besuch im Kreis- und Heimatmuseum, das historische Exponate aller Art aus der Region zeigt. Motorrad-Fans werden wohl eher beim Wastl-Niedermeier-Motorrad-Museum, das alte Krafträder zeigt, feuchte Augen bekommen. Bekannt sind die Feste in Bogen wie z.b. das Frühlingsfest (Mai), das Volksfest (Juni) oder das Altstadtfest (August)

Info

Eine weitere Attraktion ist mit einem mühseligen Aufstieg zu erreichen - der **Bogenberg**. Um dorthin zu gelangen, müssen Sie über die recht steile Straße den Schildern dorthin folgen (nachher dieselbe Strecke wieder zurück). Der Bogenberg ist quasi der "Heilige Berg" Niederbayerns - schon 1300 v.Chr. wurden hier ebenso Rituale abgehalten, wie es später die Kelten taten. Seit 1104 ist der Bogenberg Wallfahrtsort für viele Gläubige, die jedes Jahr (Pfingsten) von Holzkirchen aus eine 45 km lange Fußwallfahrt mit 13 m langen Kerzen (bis zu einem Zentner schwer) zurücklegen. Die Wallfahrt liegt darin begründet, daß einst ein donauaufwärts (!) schwimmendes Marienbild an dieser Stelle Halt gemacht haben soll. 1463 wurde auf dem Bogenberg eine dreischiffige Kirche namens Heiligkreuz und Mariä Heimsuchung auf dem Berg gegründet, die zwar im 30jährigen Krieg zerstört, aber bald darauf wieder aufgebaut wurde. Die Kirche verfügt über seltene Bilder, wie beispielsweise das Gnadenbild Muttergottes, das mit einem Bergkristall versehen ist, mit dem das noch im Mutterleib befindliche Jesuskind symbolisiert wird. Zu diesem Bild gibt es in ganz Europa lediglich ein vergleichbares Exponat (in der Toskana).

Der Radweg verläßt Bogen unten um den Bogenberg herum. Am Ende der Stadt wartet ein nagelneuer Radweg auf uns, der uns nach einigen Kilometern nach Untermetten bringt. Hier ist ein Abstecher ins Zentrum von Metten empfehlenswert.

Info

Metten: 766 gründete der Selige Gamelbert das Kloster Metten, dessen erster Abt der Selige Utto war, dessen Grab und Stab noch heute in Ehren gehalten werden. Später kamen die Kanoniker und danach 1157 die Benediktiner, die das Kloster noch heute inne haben. Die erste "echte" Kirche wurde im 15.Jh. erbaut, doch ihr heutiges Aussehen bekam die Pfarr- und Klosterkirche St.Michael erst 1712-29. Die Innenarbeiten dauerten etwas länger, wurden aber dank Cosmas Damian Asam ein Paradebeispiel des Barock. Weltberühmt ist die Klosterbibliothek (1706-20), die mit den wundervollen Barockverzierungen als eine der schönsten Barockausstattungen der Welt gilt. Dieser Meisterleistung gegenüber sind die 180.000 Bücher, unter ihnen sehr seltene Exemplare, fast zur Bedeutungslosigkeit verurteilt. Doch auch, wenn es schwerfällt, müssen wir uns doch irgendwann von der Schwärmerei im Kloster losreißen, denn die nächste Großstadt (31.000 Einwohner) ist nur noch wenige Minuten entfernt und heißt Deggendorf.

Wir verlassen also Metten wieder über Untermetten zur Donau und treffen auf unseren Radweg, der uns am Ufer entlang und anschließend über die Donauuferpromenade zu den Toren Deggendorfs führt.

Deggendorf: "Dort, wo sich die sanften Höhenzüge des Bayerischen Waldes in der Donauebene verlieren, liegt Deggendorf". Was den landschaftlichen Reiz Deggendorfs angeht, so ist diesem Spruch des Verkehrsverbandes nichts mehr hinzuzufügen. Für uns Radfahrer ist dies allerdings fast überflüssig zu erwähnen - erleben wir doch bereits seit mehreren Tagen die Natur hautnah. Vielmehr stellt sich einmal mehr die Frage, wie wir am günstigsten in die Innenstadt vordringen. Hierfür sei empfohlen, die von weitem sichtbare Brücke des Autobahnzubringers zu unterqueren und sich dann links (Parkanlage) zu halten. So kommen Sie über einen Waldlehrpfad zu den ersten Gebäuden der Stadt. Gleich dort vermitteln die Heiliggrabkapelle (14.Jh.), die Kreuzgruppe (1697), die Wasserkapelle (15.Jh.) und die **Pfarrkirche Mariä Himmelfahrt** (Turm 12.Jh., Rest 15.-17.Jh., mit einem schönen Hochaltar, der eigentlich für den Dom in Eichstätt bestimmt war) einen tollen ersten Eindruck von dem mittelalterlichen Charakter Deggendorfs. Vor der Kirche Mariä Himmelfahrt stehend können Sie nun der Straße Untere Vorstadt folgen und gelangen via Stadttor und Pferdemarkt in das Herz der Stadt. An dem folgenden Michael-Fischer-Platz mit dem Gnadenbrunnen taucht rechts die Gnadenkirche Zum Heiligen Grab auf, deren Bau 1337 begann. Das Beeindruckendste der Kirche ist der 1727 erbaute und 69 m hohe Turm, der zurecht als einer der schönsten Kirchtürme Bayerns bezeichnet wird.

Wir befinden uns hier bereits auf einem Teil des großen Stadtplatzes, der nach dem uns schon bekannten Muster geteilt wird - in der Mitte steht das gotische **Rathaus**, das ihn in den Oberen Stadtplatz und den Luitpoldplatz teilt. Das Rathaus stellt neben der Pfarrkirche Mariä Himmelfahrt die zweite Hauptsehenswürdigkeit der Stadt dar, gehen doch seine Ursprünge bis zu darin enthaltenen Martinskapelle zurück, welche im 9.Jh. erbaut wurde. Der beeindruckende 54 m hohe Turm (1350) war einst nur in einer Höhe von 5 m mit einer Leiter zu betreten. In friedlicheren Zeiten (1618) baute man einen kleinen Vorturm davor, durch den man heute in den großen Bruder gelangen und die herrliche Sicht über Deggendorf genießen kann. Um eventuellen Verwirrungen entgegen zu wirken, sei abschließend noch der etwas zweifelhafte Begriff der Neustadt erklärt, auf den man in Deggendorf öfters stößt: Die Altstadt ist freilich der zuerst entstandene Teil Deggendorfs, errichtet um 1002. Die Neustadt ist allerdings nicht so neu wie der Name vermuten läßt: Sie entstand unter den Wittelsbachern um 1250 und beinhaltet demnach nahezu alle historischen Gebäude. Von der Stadtmauer, die etwas später (als Deggendorf 1316 die Stadtrechte erhielt) errichtet wurde, ist nur noch ein etwa 30 m langes Stück erhalten. Sie erreichen es, wenn Sie vom Rathaus in die Bahnhofstraße einbiegen und dann die erste rechts (Zwingelgasse) fahren.

Doch Deggendorf hat noch **weitere Sehenswürdigkeiten** zu bieten, so die neugotische Auferstehungskirche (1897-99), die man erreicht, indem man dem Oberen Stadtplatz (hinter dem Rathaus) und der daran anschließenden Mannstraße folgt; das Stadtmuseum, welches die Historie der Stadt übersichtlich wiederspiegelt (zu erreichen, wenn man am Brunnen auf dem Luitpoldplatz der Rosengasse folgt) oder das Handwerksmuseum (vom Stadtmuseum aus den östlichen Stadtgraben nach links, dann rechts in den Färbergraben und wieder rechts zum Maria-Ward-Platz), das die Geschichte des regionalen Handwerks beschreibt.

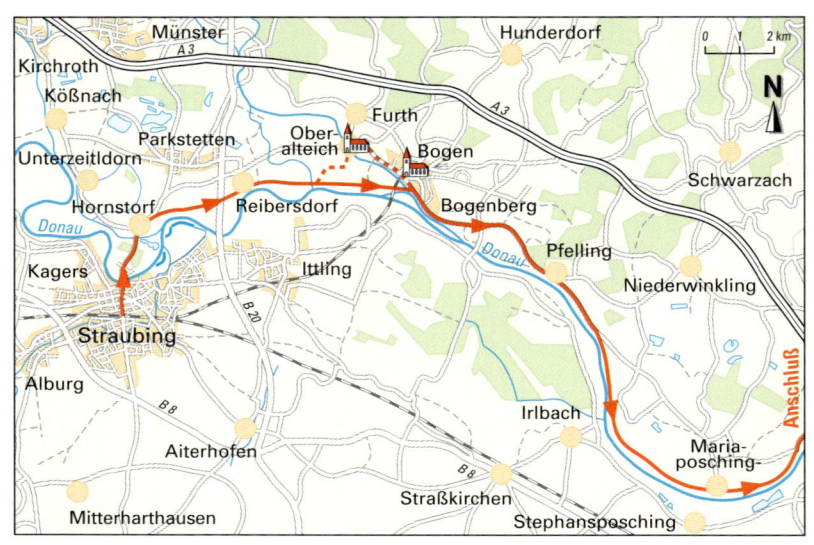

Karte zu Tour 10

11

Drei Flüsse - ein Genuß
Von Deggendorf nach Passau

Toureninfos

km etwa 60 km

START Donauuferpromenade in Deggendorf

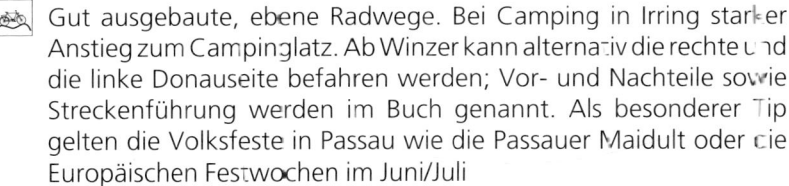 Gut ausgebaute, ebene Radwege. Bei Camping in Irring starker Anstieg zum Campinglatz. Ab Winzer kann alternativ die rechte und die linke Donauseite befahren werden; Vor- und Nachteile sowie Streckenführung werden im Buch genannt. Als besonderer Tip gelten die Volksfeste in Passau wie die Passauer Maidult oder die Europäischen Festwochen im Juni/Juli

 Mehrere in Osterhofen (Abstecher), Vilshofen und Straubing, desweiteren in Niederalteich, Markt Winzer und Hofkirchen

Niederalteich: Badeweiher kurz vor Niederalteich - Osterhofen (Abstecher): Hallen- und Freibad - Passau: Hallen- und Freibad - Vilshofen: Hallen- und Freibad

Passau: Glasmuseum täglich 10-17 Uhr Domschatz- und Diözesanmuseum Mai-Okt täglich außer Sonn- und Feiertag 9-17 Uhr Römermuseum Kastell Boiotro März-Nov Di-So 10-12 und 14-16 Uhr Juni-Aug Di-So 10-12 und 13-16 Uhr Großer Rathaussaal Ostern-Okt täglich 9.30-17.30 Uhr Museum Moderner Kunst täglich außer Mo 10-18 Uhr

Wir verlassen Deggendorf am besten über die Straße in Richtung Deggenau, wo wir auch wieder auf unseren Radweg treffen. Bei der Überquerung der Bahngleise ist Vorsicht angesagt. Hinter den Gleisen befindet sich der Autobahndamm, vor dem wir links fahren.
Wir fahren den Autobahndamm entlang, bis sich nach kurzer Zeit die Möglichkeit zur Unterquerung gibt. Nach der Unterquerung der Auto-

bahn ändert sich schlagartig das Bild - die Lärmkulisse von Bahn und Autobahn läßt nach.

Mehr noch - ein paar hundert Meter später lockt sogar ein **Baggersee** zu einer erfrischenden Abkühlung. Der See ist durchaus als Naherholunsgebiet zu bezeichnen, denn selbst an Wochentagen sind hier viele Ausflügler anzutreffen.

Kurz hinter dem Baggersee treffen wir auf Niederalteich.

Seit der Gründung 741 durch Odilio II ist das **Kloster Niederalteich** (mit zwei bedeutungslosen Unterbrechungen) bis heute im Besitz der Benediktiner geblieben. Es ist damit eines der ältesten Benediktinerklöster Bayerns und trug darüber hinaus eine bedeutende Rolle bei der Erschließung des Bayerischen Waldes. Im Kloster wurden im Laufe der Jahrhunderte viele Kirchen gebaut, die leider immer wieder Katastrophen oder Brandschatzungen zum Opfer vielen. Das heutige Schmuckstück, die Pfarr- und Klosterkirche St.Mauritius wurde daher erst 1718 erbaut, was ihrer Schönheit jedoch keinen Abbruch tut. Der damaligen Zeit entsprechend entstanden wunderschöne Beispiele barocker Bauart. Als guten Tip möchte ich noch eine gute Brotzeit im Klosterhof (Gasthaus) loswerden.

Nach der Klosterbesichtigung ist es nun einmal wieder an der Zeit, „Kilometer zu machen". Doch allzu entspannt fällt das Radeln leider nicht aus, denn der Radweg verläuft nun bis Passau immer wieder für einige Abschnitte über die Straße (!). Es ist anzuraten, die etwas lückenhafte Beschilderung bzw. unsere Beschreibungen genau zu beachten, damit es Ihnen nicht so geht wie mir.

Vor den Toren von Markt Winzer stehen mehrere Alternativen an. Die erste Alternative ist es, die sogenannte Donau-Wald-Brücke zu benutzen und nach Osterhofen zu fahren (Beschreibung s.u.). Nach der Besichtigung von Osterhofen können Sie auf dieser Donauseite bleiben, auf der auch der "offizielle" Donauradweg verläuft. Dieser beginnt neben der Brücke, führt zunächst am Ufer entlang, ehe er sich hinter Gramling nach Künzing von der Donau verabschiedet. Von Künzing aus geht es danach via Pleinting wieder zurück zur Donau. Bereits im Ort Pleinting schmiegt sich er Radweg den Bahnschienen an, die er auch bis Vilshofen begleitet. Ich persönlich bevorzuge die Strecke links der Donau, die zunächst nach Markt Winzer führt und im weiteren Verlauf zwar ab und an über Straßen verläuft, aber dennoch besser zu fahren ist als der "offizielle" Weg. Doch kommen wir erst einmal zum Markt Winzer.

Im **Markt Winzer** lockt die Ruine einer alten Burg. Der kleine Aufstieg lohnt sich nicht nur der verfallenen Feste wegen, sondern auch (oder gerade wegen) wegen der schönen Aussicht. Auch die kleine Pfarrkirche St.Georg verdient Ihrer Beachtung.

Tip

Abstecher nach Osterhofen: Für diejenigen, die sich in die Werke der Asam-Brüder verliebt haben, ist bei Markt Winzer ein Abstecher nach Osterhofen, genauer gesagt in dessen Vorort Altenmarkt obligat. Um dorthin zu gelangen, müssen wir über die bereits oben erwähnte Donau-Wald-Brücke von Winzer auf die andere Seite fahren und von dort aus der beschilderten Straße nach Osterhofen, bzw. nach Osterhofen-Altenmarkt (hinter Osterhofen-Mitte gelegen) folgen. In der ehemaligen, 740 gegründeten Klosterkirche (heute Pfarrkirche) waren die Asams maßgeblich an den Innen- und Außendekorationen beteiligt. Die Damenstiftskirche, wie sie auch genannt wird, wurde von 1727 an erbaut und 1740 geweiht. Egid Quirin Asam schuf mit dem Hochaltar zweifelsohne einen der schönsten Altäre Bayerns.

Falls Sie „meiner" Tour folgen mögen, fahren Sie also in den Markt Winzer hinein und durch denselben hindurch. Dabei halten wir uns immer in Ufernähe und sind hinter den letzten Häusern auch die Landstraße für einige Zeit los. Auf etwas befahrenere Straßen treffen wir erst wieder vor den Toren von Hofkirchen. Hofkirchen durchfahren wir quasi Z-förmig (über Straßen) und kommen via Oberschöllnach und Gelbersdorf nach Schmalhof. Hier sollten Sie aber nun wirklich vor dem Segelflugplatz rechts abbiegen und die Donau überqueren, denn drüben wartet Vilshofen.

Info

Mit der Definition der Namensgebung gibt es bei **Vilshofen** nun wahrlich keine Probleme - liegt es doch an der Mündung des Flusses Vils in die Donau und wurde entsprechend unter dem Namen Vilusa zum erstenmal 776 erwähnt. Viele Dokumente und Bauwerke früherer Zeit, darunter die erste Pfarrkirche St.Johannes der Täufer, wurden leider bei einem Großbrand im 18.Jh.zerstört. Erhalten blieb glücklicherweise das heutige Wahrzeichen von Vilshofen - der Stadtturm von 1642/44. Neben der Wallfahrtskirche Maria Hilf (1692, nach dem Brand ab 1803 teilweise erneuert) ist vor allem das mächtige Kloster Schweiklberg mit zwei hohen Türmen und einem Afrikamuseum interessant. Doch Sie sollten Vilshofen nicht besuchen, ohne den Blick durch die netten Häuserreihen an Kirch- und Stadtplatz schweifen zu lassen. Hier bekommen Sie einen ersten Eindruck vom „Passauer Stil", jener Architekturform, der wir bald begegnen werden.

Es steht nun wieder die Entscheidung an, ob der Radweg rechts oder links der Donau der optimalere ist. Für Camper stellt sich diese Frage nicht, denn der „Haus"- Campingplatz von Passau liegt in dem kleinem Ort Irring auf der linken Seite. Aber auch, wenn Sie nicht mit dem Zelt reisen, sei Ihnen das linke Donauufer empfohlen. Selbst wenn der Radweg teilweise über die Landstraße führt (!) so ist er doch angenehmer zu fahren als direkt neben oder gar auf der sehr stark frequentierten Bundesstraße (B 8) auf der rechten Seite. Über Windorf, Fisching und Gaishofen kommen wir zum erwähnten Dorf Irring. Wenn Sie schon viele Kilometer in der heißen Sonne zurückgelegt haben (mein letzter Standort war Straubing) werden Sie genau wie ich über den Berg stöh-

nen, den wir noch erklimmen müssen, um zum Campingplatz zu gelangen. Doch die Mühe lohnt sich - das Niveau des Platzes ist sehr gut und ein Restaurant/ Supermarkt gibt es hier auch. Leider ist der oberste Teil des Campingplatzes, von dem aus man eine herrliche Aussicht hat, für Wohnwagen und Wohnmobile reserviert.

Nach dem nächsten Ort Schalding unterqueren wir einmal mehr die Autobahn (A3) und sehen allmählich Passau vor uns auftauchen. Hinter dem Wasserkraftwerk Kachlet sollten Sie (bei Maierhof) nun die Uferseite (via Franz-Joseph-Strauß-Brücke) wechseln.

Über bzw. neben der Regensburger Straße her kommen wir den Schildern „Stadtmitte" folgend in Richtung Zentrum. Sie sollten dann an der Bahnhofstraße rechts abzweigen, denn so kommen wir zum Bahnhof, wo sich eines der Touristen-Büros befindet.

Passau: Bereits die Kelten nutzten 450 v.Chr. den Berg der späteren Veste Oberhaus als Naturfestung und benannten sie Boioduro. Freilich kamen auch später die Römer und errichteten ein Kastell. Die Aktivitäten der Römer sind noch heute an Ort und Stelle zu bewundern und zwar im sehr empfehlenswerten **Römermuseum** Kastell Boiotro im Stadtteil Innstadt (zu erreichen via Marienbrücke oder Fünferlsteg an der Lederergasse). Die zweite römische Siedlung, die später, um 1300 herum, gegründet wurde, nannte sich Batavis und lag in der heutigen Altstadt. Der heilige Severin gründete, nachdem sich die Römer „ausgetobt" hatten, um das 5.Jh. herum das erste Kloster Passaus. In der damaligen Zeit der Völkerwanderung lag der Grund dafür im Schutze der verbleibenden Menschen. Auch hierfür gibt es in der Innstadt ein eindrucksvolles Zeugnis: Direkt an der Fußgängerbrücke Fünferlsteg liegt die **Kirche St.Severin**. Die Ursprünge der Kirche mit der Klosterzelle des heiligen Severin gehen bis in die damalige Zeit zurück und sind teilweise noch gut erhalten, während einige Teile der Kirche im Laufe der Jahrhunderte neu gestaltet wurden.

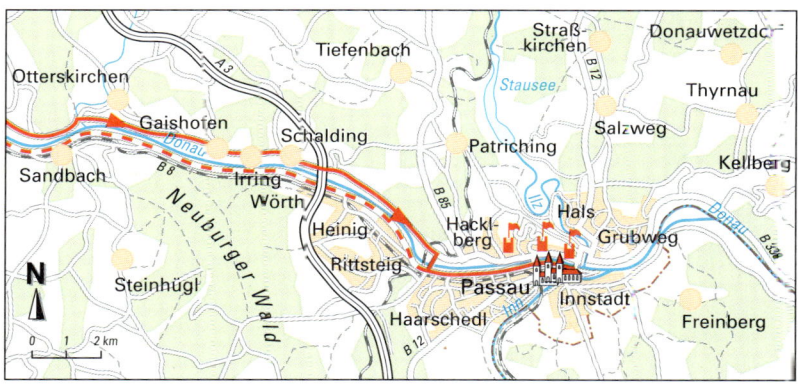

Das nächste geschichtliche Ereignis folgte 1161 mit der Schenkung der Ländereien in und um Passau an den Passauer Bischof Konrad durch seinen Neffen Kaiser Barbarossa. Der Bischof erwies sich fast als Großgrundbesitzer, denn er gemeindete gleich weite Teile des Bayerischen Waldes und Oberösterreichs mit ein, was ihm eine Grundfläche von mehr als 1.000 qkm bescherte. Zeitlich paßte dies genau ins Bild, wurde Passau doch in dieser Zeit durch den auf der Schiffahrt beruhenden Handel zu einer der wohlhabendsten Städte des Reiches. In dieser Zeit (1143) entstand auch die erste Brücke Passaus, die Innbrücke (heute Marienbrücke). In Zeiten der andauernden Unruhe schuf sich das bereits seit 739 bestehende Bistum eine Festung auf dem Berg über der Donau - die Veste Oberhaus. Obwohl sie eigentlich als uneinnehmbar galt verstärkte man sie im 14.Jh. durch die Veste Niederhaus und verband beide Anlagen mit einem doppelten Wehrgang.

Die Macht des Bürgertums wuchs ebenfalls in dieser Zeit und somit wurde 1298 mit dem Bau eines Rathauses begonnen. Der Bau stieß nicht gerade auf die Freude der Bischöfe, so daß er sich über 100 Jahre hinzog. Ob die Bischöfe bei dem vollständigen Niederbrennen des Rathauses im 17.Jh. ihre Hände im Spiel hatten, ist nicht erwiesen.

Info

Jedenfalls stammt das heute zu sehende **Rathaus** aus der Zeit danach. Der Einfluß der Bischöfe war ungebrochen - im 15.Jh. erhielt Passau als 4. Stadt des Reiches (nach Köln, Wien und Straßburg) die Auszeichnung als Dombauhütte, der sie ihr heutiges Wahrzeichen verdankt. Bis zum 16.Jh. war die Herrschaft der Adeligen, insbesondere der Wittelsbacher, über den Passauer Bischofsstuhl unbestritten. Doch von 1596 bis 1664 tauchten plötzlich österreichische Herzöge in dieser Geschichtsschreibung auf. Daran änderte sich auch nichts, als Karl VI Passau unter den Scheffel des Wienerischen Bistums stellte. Erst um 1800 herum (unter Joseph II) löste sich Passau wieder von Österreich und kam schließlich 1839 zur Fahne Bayerns. Es gehört seitdem zu dem von Landshut aus verwalteten Niederbayern.

Doch nun endlich zur **Besichtigung**: Vor der kurzen Exkursion in die Geschichte hatten wir Sie „vor dem Bahnhof stehend verlassen". Die Bahnhofsstraße bringt Sie geradewegs zum Ludwigsplatz mit Kreisverkehr. Unweit des Kreisverkehrs befindet sich die Nibelungenhalle, in der Sie die Hauptstelle der Touristeninformation und eine Hotelvermittlung finden (vom Kreisverkehr aus in die Dr.-Hans-Kapinger-Straße einbiegen). Zurück zum Kreisverkehr: Diesem folgend, kommen wir zur Einmündung der Ludwigstraße (rechts), die später zur Fußgängerzone wird (Fahrräder schieben !). Die Ludwigstraße trifft schließlich auf die Grabengasse, der wir nach rechts folgen. Danach zweigt schräg links die recht enge, leicht ansteigende Carlonegasse ab, die uns direkt zum Domplatz bringt. Der **Dom St.Stephan** ist mit einer Breite von 48 m und einer Länge von 101 m nicht nur unübersehbar, sondern auch einer der größten seiner Art in ganz Deutschland. Am Eindrucksvollsten wirkt die barocke Westfassade am Domplatz vom Königsdenkmal (1824). Wie bereits erwähnt, gab es an dieser Stelle bereits vor langer Zeit eine Kirche. Die ältesten, heute sichtbaren Teile stammen von zwischen 1407 und 1530 (Chor und Teile des Kreuzganges). Bei genauem Hinsehen erkennt man außen wie innen, daß die Architekturstile (insbesondere die Fenster) nicht zusammenpassen. Dies liegt daran, daß man versucht hat, beim Bau eines Barockdomes die gotischen Vorgängerreste zu integrieren. So entstand das meiste der Anlage nach einem Großbrand 1662. Etwas zu früh für „unsere" Asam-Brüder, die keine Gelegenheit hatten, auch dem Passauer Dom Ihre Note zu geben. Daher war der damalige Baumeister ein Italiener namens Carlo Lurago. Er brachte das Kunststück fertig, dieses wunderschöne Monumentalbauwerk in nur 20 Jahren fertigzustellen. Im Innern des Domes geht unser Staunen weiter. Hübsche Kapellen, unter Ihnen die Herrenkapelle mit Grabstätten der Domherren vom 13.-17.Jh., laden ebenso zum Verweilen ein wie die vergoldete Kanzel und der moderne Hochaltar.

Doch weltberühmt ist der Passauer Dom für seine **Orgel**: 1924 bis 1928 erbaut und in den 70er Jahren restauriert, ist sie mit 232 Registern und über 17.000 (!) Orgelpfeifen die größte Kirchenorgel der Welt. In der Hochsaison warten alltäglich über 1.000 Besucher aus aller Welt um kurz vor 12 Uhr mittags darauf, die atemberaubenden Klänge aus diesem Meisterwerk zu hören. Aber auch dem Domschatz- und Diözesanmuseum (Zugang über das rechte Seitenschiff des Domes) mit seinen religiösen Ausstellungsstücken sollten Sie einen Besuch abstatten. Der Domplatz hat noch weitere interessante Gebäude zu bieten: Vis-a-vis des Domes thront das Lambergpalais von 1724, an den Seiten rechts und links weitere nette alte Gebäude, meist Patrizierhäuser. Wer schon einmal vor dem Palais steht, kann kurz die Luragogasse hinunter gehen und die Pfarrkirche St.Paul (barocker Bau von 1680) besichtigen. Doch zurück zum Domplatz: Vor dem Dom stehend befindet sich rechterhand die alte (vorne, 12.-17. JH.) und die neue (hinten, 107-1771) Residenz, die im Volksmund „Fürstlich

Gebäud" genannt wird. Das ehemalige Präsidialpalais beherbergt heute das Landgericht, ein Postamt einige Empfangsräume sowie (in der neuen Residenz) den Bischofssitz. Vom Residenzplatz (dieser liegt, vom Domplatz aus gesehen, hinter dem Dom) aus gehen (fahren) wir nun am Residenzbrunnen, auch Witttelsbacherbrunnen (1903) genannt, vorbei die Schustergasse hinunter und kommen in die Altstadt Passaus. Am Residenzplatz können Sie Pluspunkte bei Ihren Kindern sammeln, denn hier befindet sich das Spielzeugmuseum mit Spielzeug aus den USA und Europa.

Rechts und links der schmalen Gassen finden sich immer wieder herrlich anzusehende alte Häuser. Am Ende der Schustergasse steht die Jesuitenkirche St.Michael, die 1665-78 erbaut wurde und mit ihrer weiß-rosa Fassade ein hübsches Ensemble mit den übrigen Gebäuden bildet. Schräg links versetzt zur Schustergasse führt geradeaus die Jesuitengasse zu einem weiteren gewaltigen Bau: Das ehemalige Benediktinerkloster Niedernburg mit der Klosterkirche Heilig Kreuz (17.Jh.) und der Marienkirche (1662). Wir gehen (fahren) von der Jesuitengasse vor dem Kloster rechts in den Klosterwinkel (Straße) und gelangen von dort aus rechts) an das Ufer des Inn. Am Ufer entlang, vorbei am Waisenhaus kommen wir zum Zusammenfluß von Donau und Inn, der als Ortsspitze bezeichnet wird. Das Dreiflüsseeck, ausgestattet mit einigen Parkbänken, lädt ein, kurz vom Besichtigungsstreß zu pausieren und vielleicht eine Brotzeit zu machen. Einen schöneren Ort dafür muß man in Deutschland lange suchen. Herrlich ist von hier aus auch der Blick auf die Mündung des Ilz und die Vesten Ober- und Niederhaus. Am Donaukai (zur Ilzseite) entlang fahren wir nun, vorbei an der Anlegestelle der Donaudampfschiffahrtsgesellschaft (DDSG) und der Luitpoldbrücke (nicht überqueren) über den Donaukai zum Rathausplatz. Wer mag, kann auch der parallel zum Donaukai verlaufenden Bräugasse folgen und das interessante Museum Moderner Kunst besichtigen. Die Bräugasse trifft etwas versetzt ebenfalls auf den Rathausplatz.

Auf dem Rathausplatz geht es im allgemeinen hoch her - Cafés locken Gäste an. Reisegruppen treffen sich hier, es gibt eine weitere Schiffsanlegestelle, der Pendelbus zur Veste Oberhaus fährt hier ab und nicht zuletzt befindet sich hier das Touristenbüro und das Glasmuseum der Stadt. Letzteres ist nicht nur für eingefleischte Freunde der Glaskunst ein Erlebnis. Anhand von rund 20.000 Exponaten aus Böhmen werden 150 Jahre Glasgeschichte von 1780-1930 lebendig. Doch vergessen wir aber vor lauter Trouble das **Rathaus** nicht: Von dem ersten Bau des Rathauses im 14.Jh. ist kaum noch etwas zu sehen. Insbesondere die Barockisierung im 17.Jh. hat der Fassade des Rathauses eine außergewöhnliche Schönheit beschert. Hübsch ist auch im Innern der Ratssaal mit den Malereien und einem Museum zur Stadt und zur Stadtgeschichte.

Um die **Veste Oberhaus**, die auch Georgsburg genannt wird, zu erreichen, müssen wir zunächst ein Stück zurück donauaufwärts fahren. Nach einigen hundert Metern geht dann rechts der Gampertsteig hinauf. Sie selbst müssen entscheiden, ob Sie den kraftraubenden Aufstieg (die 100 Meter Höhendifferenz werden mit zahlreichen Kurven überwunden, die sich sehr „ziehen") in Kauf nehmen wollen, oder ob Sie es vorziehen, vom Rathausplatz mit dem Pendelbus her zu fahren. Reizvoll ist es schon, hier oben zu stehen und auf das Dreiflußeck hinunter zu blicken. Sehr gut kann man sich vorstellen, wie die Fürstbischöfe hier in ihrer Trutzburg saßen und sich den Angriffen der Passauer Bürger erwehrten. Interessant ist übrigens zu wissen, daß die letzten Erweiterungen des 1219 begonnen Bauwerkes durch Napoleon 1809 vorgenommen

Die Vesten Oberhaus und Niederhaus in Passau

wurden. Seit die Veste Oberhaus in städtischem Besitz ist (1931), beherbergt sie das kulturgeschichtliche Museum der Stadt Passau, das mit seinen 50 Räumen besuchenswert ist. Gezeigt werden vom Wallfahrtsbrauchtum über Keramikarbeiten bis hin zu Arbeitsgeräten für Haus und Hof die verschiedensten Stücke. Separat angelegt sind ein Waffenmuseum und eine Fläche für wechselnde Ausstellungen.

Nach dem erholsamen Abstieg (Abfahrt) werfen wir noch einen Blick auf die **Veste Niederhaus**, die heute in privatem Besitz ist. Einige Meter die Ilz aufwärts liegt die Wallfahrtskirche St.Salvator (1495), dessen Ripppengewölbe als eines der schönsten Bayerns bezeichnet wird. Wenn wir auf der Donauseite bleiben und einige 100 m stromaufwärts fahren (bzw. über die Serpentinen der Autozufahrt von Veste Oberhaus hinunter fahren) kommen wir zur Neue-Rieser-Straße, von der es links ab geht in die Alte-Rieser-Straße. Dort liegt das Lustschloß Freudenhain, ein ehemaliger fürstlicher Sommersitz, welches 1785 erbaut wurde. Gemeinsam mit dem Stadtpark macht das Schloß einen Abstecher lohnenswert. Schade, daß diese Attraktion von vielen Passau-Touristen vergessen wird.

12

Grüß Gott, Österreich!
Von Passau nach Linz

 ca. 63 km

 Rathausplatz, bzw. Luitpoldbrücke in Passau

 Hinter Passau ist die Strecke für etwa 12 km (bis Obernzell) sehr stressig, da eine Landstraße mit starkem Autoverkehr befahren wird. Ab Obernzell hervorragend ausgebauter Radweg, zum überwiegenden Teil über asphaltierte Wege abseits der Straßen

 Mehrere in Obernzell, Achach, Eferding und Linz, desweiteren in Engelhartszell, St.Aegidi (Abstecher), Schlögen, Inzell, Kaiser, Ottensheim, Wilhering (Abstecher) und Urfahr

 Linz: Parkbad am unteren Donaulände (Hallen/Freibad)

 Obernzell Keramikmuseum April-Nov Mo-So 10-17 Uhr

Österreich begrüßt uns mit dem Kloster Engelhartszell

Wir verlassen Passau am Rathausplatz über die Ihnen bereits bekannte Hängebrücke (Luitpoldbrücke) und über die Ilzbrücke neben der Veste Niederhaus, also auf der linken Donauseite. Entlang des rechten Ufers führt zwar ebenfalls eine Art Radweg, allerdings endet dieser bei Hütt, so daß eine Fährfahrt ansteht. Die ersten Kilometer hinter Passau sind nicht unbedingt angenehm zu fahren, denn der Radweg führt uns größtenteils über die vielbefahrene Bundesstraße (B 388). Doch der Blick rechts auf die Donau mit den sie umsäumenden kleinen Wäldchen entschädigt dafür. Mit kleinen Abstechern in Waldwege, die zu Landzungen führen, können Sie idyllische Picknickplätze finden.Wir kommen via Erlau als nächstes nach Obernzell.

Info

Obernzell: Das Bild des 1263 gegründeten Ortes wird geprägt durch das ehemalige Schloß der Passauer Bischöfe, dessen älteste Teile von 1426 stammen. Heute befindet sich das interessante Keramikmuseum in den Räumlichkeiten, welches eine Abteilung des Bayerischen Nationalmuseums ist. Anhand zahlreicher Exponate wird die Geschichte des Glases und des Porzellanes vom Mittelalter bis heute dargestellt. Das zweite Museum am Orte, zweifelsohne noch enger mit Obernzell verbunden, ist das Graphitmuseum. Es widmet sich den Haffnerwaren (Kacheln, Geschirr, etc.) mit Graphitbestandteilen, für die Obernzell einst berühmt war. Neben den hübschen Häusern im Stadtkern sowie den Gasthöfen am Donauufer sollten Sie noch die Kirche St.Margareta (spätgotisch) und die Pfarrkirche Mariä Himmelfahrt (barock und rokoko) bewundern.

Der Radweg verläuft hinter Obernzell über eine wenig befahrene Straße bis Jochenstein.

Info

Unsere letzte deutsche Ortschaft hat noch eine Besonderheit zu bieten: Das mächtige **Donaukraftwerk Jochenstein** wurde in den 50er Jahren in österreichisch-deutscher Zusammenarbeit errichtet und versorgt die Ortschaften grenzübergreifend und ist eines der größten Wasserkraftwerke Europas. Interessant ist, daß diese staatenübergreifende Zusammenarbeit bereits über 40 Jahre vor dem Beitritt Österreichs in die Europäische Union zustande kam - eine "weise Voraussicht" ? Das Dorf Jochenstein selbst besitzt eine kleine Kapelle mit einer Steinplastik des heiligen Nepomuk.

In Jochenstein endet nun auch die Straße für uns, die sich in Serpentinen den Berg nach Gottsdorf, zur nächsten Zollstation hinaufschlängelt. Auf unserer Talseite führt nur der Radwanderweg (bitte das Schild "Radweg zur Grenze" beachten) nach einigen hundert Metern zur Grenze. Die Grenze wird durch einen Pseudo-Schlagbaum und einem kleinen Zöllnerhäuschen mit dem Namen "Am Dantlbach" markiert. Ein Schild weist darauf hin, daß dies nur ein Grenzübergang für Wanderer ist (auch freilich für Radwanderer) und daß diejenigen, die etwas zu verzollen haben, sich doch bitte an die nächste Grenzstelle wenden sollen. Sie müssen schon bei Ihrer Tour Glück haben, hier überhaupt einen Beamten anzutreffen. Wenn einmal die Europäische Einigung so greift wie zwischen Deutschland und den Benelux-Ländern, wird wohl auch der letzte Hinweis, daß hier eine Grenze ist, entfallen.

Also - Welcome to Austria ! Mit dem ersten Befahren des österreichischen Bodens beginnt einer der, wenn nicht "der" schönste Abschnitt unserer Donautour. Über weite Strecken, insbesondere um Schlögen herum, teilt sich die Donau nur mit dem Radweg ihr enges, dicht bewaldetes Tal, von Autos oftmals keine Spur. Wenn nicht alle paar Minuten die Ausflugsdampfer vorbei schippern würden, wäre die Ruhe vollkommen. Doch ein kleiner Tip: Auch die Stechmücken lieben offensichtlich diese Ruhe und natürlich die Nähe zum Wasser. Sie tun also gut daran, bei jedem Absteigen vom Rad und vor allem bei einer Pause ihr Insektenschutzmittel zu benutzen. Doch nicht nur die dicken Schnaken sind neu für uns - es gibt außer der prachtvollen Natur noch die speziellen Radfahrer-Infos (s. Serviceteil "Österreichische Donau"). Unmittelbar an dem Radweg wurden in unregelmäßigen Abständen Informationsbüros eingerichtet, die sich auf die radelnden Touristen spezialisiert haben.

So, nun aber weiter in unserer Radwanderung - kurz hinter der Grenze lockt auf dem anderen Ufer Engelhartszell.

Die kleine Personenfähre sieht vielleicht etwas verwegen aus, bringt Sie aber dennoch sicher ans Ziel. In **Engelhartszell** wurde 1293 ein Zisterzienserstift namens Engelszell gegründet, das viel später (1925) Trappistenkloster wurde; es ist das einzige seiner Art in ganz Österreich. Die Trappistenmönche haben ein Gelübde, welches ihnen jegliches Sprechen außerhalb von Essen, Arbeit und Gebet verbietet. Das Kloster bildet ein schönes Ensemble mit seiner 1754-64 erbauten Stiftskirche Mariae Himmelfahrt. Des weiteren laden in Engelhartszell das kaiserliche Markthaus (15.Jh.) und die Marktkirche zum Besuch ein. Wer eher ein Freund der Römer ist, wird sich dafür interessieren, daß hier bereits im 1.Jh. eine Römerfestung namens Stanacum stand, von der heute leider kaum Zeugnisse übrig sind. Amüsant, nicht nur für Kinder, ist der Forellenzirkus, in dem es - man höre und staune - dressierte Forellen zu sehen gibt. Wer also einmal miterleben möchte, wie Forellen über einen Stock (nicht etwa in eine Pfanne) springen, der muß nach St. Aegidi fahren. Einziger Wehmutstropfen: St.Aegidi liegt hoch oben auf dem Berg über Engelhartszell (ausgeschildert).

Nach der Besichtigung von Engelhartszell steht nun die Wahl an, ob Sie bereits auf dieser Donauseite bleiben, oder ob Sie mit der Fähre retour fahren. Es besteht die Möglichkeit, direkt von Engelhartszell nach Schlögen zu fahren. Allerdings führt dieser Weg über die teilweise sehr stark befahrene Landstraße. Da auch die Autofahrer gerne schöne Natur sehen, sind sie nicht unbedingt vorsichtig beim Überholen der Radler, so daß die Radfahrerei zur 13 km langen Tortur werden kann. Daher sei Ihnen also empfohlen, uns wieder auf das andere Ufer zu folgen. Hier verläuft unser Radweg ruhig und idyllisch - entspanntes Radeln wird garantiert !

Bei Oberranna lockt eine der wenigen Brücke zum Überqueren der Donau, doch dies sollten nur tun, wenn Sie auf dem Zeltplatz von Wesenufer (s. Serviceteil) übernachten wollen. Doch auch auf unserer, dem Radweg angepaßten Tour gibt es noch zahlreiche Zeltplätze. Somit fahren wir also für 13 km links der Donau weiter, vorbei an einigen Bauernhöfen bis Au. Dort wurden speziell für Radler zwei kleine Fähren eingerichtet. Und das Benutzen von Fähren gehört einfach zu einer Tour entlang der Donau dazu (zudem sind die Fähren mit 15-20 Schilling nicht teuer).

Tip

Wenn Sie nicht direkt nach Schlögen wollen, sei die zweite Fähre empfohlen, die, weil sie ein paar Meter hinter der ersten liegt, meist leerer ist.

Info

Schlögen: Ohne mich wiederholen zu wollen, sei nochmals gesagt, daß Schlögen an einem der schönsten Abschnitte der Donau liegt. Der Fluß windet sich in einer wundervollen S-form durch das enge Tal. Und das offensichtlich ohne besonderen Grund, denn das Gestein, was er umfließt, ist ebenso hart wie das, wo sich die Donau nun ihr heutiges Bett gegraben hat. Natürlich wirkt diese Donau-Schlinge, wie sie sich nennt, vom Berg aus gesehen noch atemberaubender. Und dies nicht zuletzt deshalb, weil man von der Schlögenleiten, wie der Aussichtspunkt heißt (beschildert im Ort), auch noch auf der gegenüberliegenden Seite das Kerschbaumer Schlößl (Volksmund) sieht. Es ist die Ruine der ehemaligen Burg Haichenbach.

Doch um nochmals auf Schlögen zurückzukommen: Selbstverständlich sind wir nicht die ersten, die die unvergleichbare Lage dieser Stelle entdecken - schon die **Kelten** hatten hier eine Siedlung und die **Römer** errichteten gar in Schlögen einen Flottenstützpunkt. Und auch das Hotel Donauschlinge, welches das Dorf beherrscht, kann auf eine lange Geschichte zurückblicken, denn sein Ursprung liegt in einer Flößergaststätte, die es hier schon vor über 500 Jahren gab. Neben dem Gasthof gibt es auch einen Campingplatz.

Wir fahren von Schlögen am rechten Donauufer weiter und passieren die Orte Inzell und Kaiser, in denen es weitere große Campingplätze (s. Serviceteil) gibt. Kurz hinter Kaiser liegt auf dem anderen Donauufer die Burg Novum Castrum, oder, zu gut österreichisch, Burg Neuhaus mit dem um 1300 entstandenen Bergfried. Wir jedoch bleiben auf der rechten Seite, umfahren das Donaukraftwerk Aschach und kommen so zum gleichnamigen Markt Aschach.

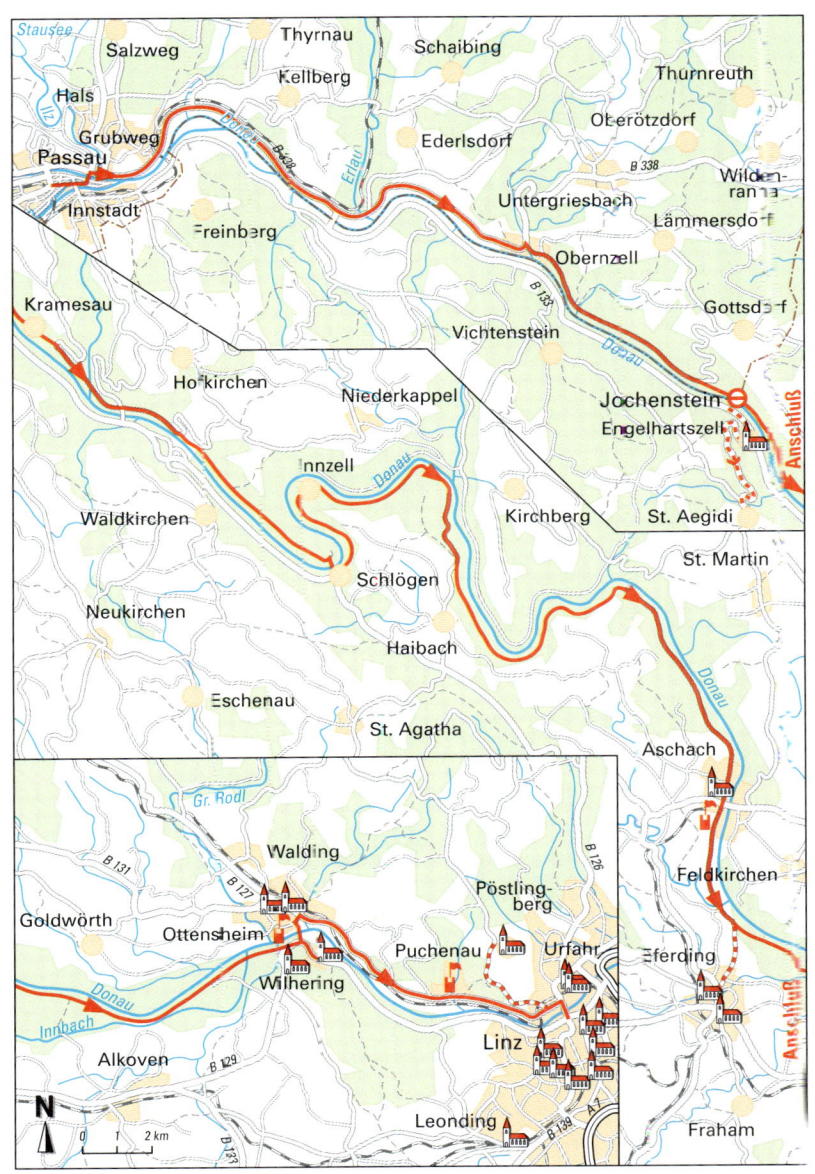

Der **Markt Aschach** existiert (zunächst ohne Marktrechte) seit 777. Er war einst nicht besonders beliebt, weil man hier Maut für das Beschiffen der Donau zahlen mußte. Heute findet man, wie in kaum einem anderen Donauort eine derartige Ansammlung typischer Giebelhäuser, die alle einheitlich auf der Seite einen abgeschlossenen Giebel haben. Großbritannien-Fans werden begeistert sein von dem englischen Garten am Schloß Harrach, das auch eine Schloßkapelle mit bemerkenswertem Hochaltar besitzt. Andere werden sich eher an der Pfarrkirche von 1490 erfreuen.

Der Radweg verläuft vor, in und auch hinter Aschach direkt an der Donau. Bei Brandstatt, ein paar Kilometer hinter Aschach, lockt ein Abstecher nach Eferding.

Eferding: Glaubt man dem Nibelungenlied von 1190, so flüchtete sich einst Kriemhild nach Eferding. Doch beschränken wir uns lieber auf das Sichtbare: Empfohlen sei Ihnen ein Besuch des Schlosses Starhemberg, welches 1255 als Burg erbaut und durch die Schaunberger 1416 mit Wehranlagen versehen wurde. Die Fürsten von Starhemberg hatten offensichtlich nicht so viele Feinde und bauten bis 1784 die Anlage als Wohnschloß um. Berühmtester Bewohner des Schlosses war Ernst Rüdiger Graf Starhemberg, der 1683 im Verteidigungskrieg der Wiener gegen die türkischen Belagerer eine Führungsrolle spielte. Ihm zu Ehren gibt es hier auch ein Museum, das sein Leben und Wirken wiederspiegelt. Die zweite Anlaufstation in Eferding ist die Stadtpfarrkirche zum heiligen Hipolyt, dessen ältester Teil der aus dem 14.Jh. stammende Turm ist. Ein Jahrhundert später wurde die Dreischiffige Kirche, die in ihrem Aussehen bayerischen Stadtkirchen ähnelt, vervollständigt. Die meisten Adeligen der Familien Starhemberg und Schaunberg liegen hier begraben.

Zurück an der Donau führt uns der Radweg durch die weite Mündungsebene des Innbaches. Mit Ottensheim taucht ein weiteres Donaukraftwerk auf.

Sie wundern sich über die enorme Anzahl der Wasserkraftwerke? Nun, Österreich ist in der Lage, über 90% seiner Energie aus der **Wasserkraft** zu beziehen und dadurch als eines der wenigen europäischen Länder auf die Kernkraft zu verzichten.

Kleiner Tip: Beachten Sie bei der Umfahrung des Kraftwerkes bitte genau die Beschilderung!

Hinter der nächsten Rechtsbiegung liegt am anderen Donauufer Ottensheim mit der gotischen Kirche (14.Jh., umgebaut im 19.Jh.), einer Kapelle und dem Schlößchen Ottensheim, das auf einer Burg aus dem 11.Jahrhundert erbaut wurde. Bevor wir jedoch nach Ottensheim kommen, fahren wir ein kleines Stück weiter landeinwärts, denn dort liegt Wilhering.

Berühmt ist **Wilhering** für seine 1146 gegründete Zisterzienserabtei. Zwischen 1195 und 1254 wurde ein prachtvolles Kloster mit einer dreischiffigen Kirche errichtet. Der gesamte Komplex viel allerdings 1733 einer Brandstiftung zum Opfer. Unmittelbar danach begann man mit dem Wiederaufbau, der 1757 abgeschlossen wurde. Neben der Bibliothek, dem Prälatenflügel und dem Kreuzgang ist die Stiftskirche besuchenswert. Besticht schon das einschiffige Langhaus der Kirche von außen, so hält das Innere durchaus, was das Äußere verspricht - die Farbenpracht der Ausstattung ist außergewöhnlich.

Sie können sich nun entscheiden, ob Sie auf der stark befahrenen Landstraße nach Linz fahren, oder ob Sie unserer Tour folgen. Wir folgen selbstverständlich dem Donauradweg, der uns auffordert, wieder zurück nach Ottensheim (oder besser gesagt zum anderen Ufer) zu fahren und mit der Fähre überzusetzen.

Tip

Mittlerweile ist die Fähre zu einer ausgesprochenen Radlerfähre geworden; Autos sind, während Radfahrer fast die komplette Fähre füllen, eher die Ausnahme.

So kommen wir dem linken Ufer folgend via Puchenau nach Urfahr und von dort aus über die Nibelungenbrücke in das Herz von Linz.

Info

Linz: Mit über 200.000 Einwohnern ist die oberösterreichische Hauptstadt Linz nach Wien die zweitgrößte Stadt unserer Radtour. Dennoch läßt sich Linz recht schnell und geruhsam besichtigen, da fast alle Sehenswürdigkeiten geballt sind. Unter den Römern hieß diese Region Lentia, doch die „wahre" Geschichte beginnt mit einer Urkunde von Tassilo III. in der bereits 788 ein „Linze" erwähnt wird. Erst 1490 wird Linz unter Kaiser Friedrich III. zu einer Stadt, und zwar zur Hauptstadt des „Landes ob der Enns". Trotz zahlreicher Kriege wuchs Linz mehr und mehr zu einer Großstadt heran, wobei 1919 die Eingemeindung der bis dahin eigenständigen Stadt Urfahr maßgeblich beitrug. Kurz hinter der Nibelungenbrücke beginnen wir mit unserer Exkursion durch Linz. Hier beginnt die Fußgängerzone mit dem Hauptplatz. Wer mag, kann gleich am Anfang des Hauptplatzes rechts in die Hofgasse einbiegen und gelangt nach rechts/links fahren zum 799 erstmals erwähnten Schloß. Das Schloß wurde nach einem Brand 1800 in einer wenig spektakulären Form wieder aufgebaut. Letzter Rest der einstigen Burg, die hier ab dem 13.Jh. stand, ist das Friedrichstor von um 1481. Heute ist im Schloß das Landesmuseum untergebracht.

Doch zurück zum **Hauptplatz**, dem Vorzeigeplatz der Stadt, der zugleich auch der größte Stadtplatz Österreichs ist! Umrahmt wird er von herrlichen Bürgerhäusern, dessen Architektur wie der überwiegende Teil der Stadt barocken Ursprungs ist. Blickfang am Platz ist die Dreifaltigkeitssäule von 1723. Die Geschichte dieser Dreifaltigkeitssäule ist schon etwas außergewöhnlich: Die Linzer Bürger, der Stadtrat und der Landadel griffen selbst tief in die Tasche und ließen die Säule von mehreren Künstlern erbauen. Die Säule gilt als Dank dafür, daß Linz gleich drei Katastrophen in nur 9 Jahren ohne große Verluste überstand - den Krieg von 1704, einen Großbrand in 1712 und 1713 die Pest. Gleich am Anfang des Hauptplatzes steht auch das alte Rathaus, das nach einem Großbrand 1513/14 wieder neu aufgebaut wurde. Aus dieser Zeit ist allerdings nach einer Modernisierung 1824 nur noch der achteckige Turm übrig. Dem Hauptplatz folgend und dann links in die Domgasse einbiegend kommen wir zum „Alten Dom", wie die Jesuitenkirche von 1678 im Volksmund genannt wird.

Ihr Augenmerk sollte bei der Besichtigung insbesondere dem Chorgestühl (1633), der Kanzel (1678) sowie dem Hochaltar (1679-83) gelten. Noch ein Wort zur Bezeichnung: Der Name „alter Dom" rührt daher, daß die Kirche von 1784 bis 1909 die Domkirche der Diözese Linz war.

Wir folgen nun weiter der Fußgängerzone (bitte die Räder schieben!), die nach dem Hauptplatz Schmidtorstraße, Taubenmarkt und schließlich Landstraße heißt. An der Mündung der Bischofstraße stehen gegenüber die Ursulinenkirche St.Michael (1679 gegründet, 1757 geweiht und 1770-72 in der heutigen Form erbaut) und etwas weiter an der Landstraße die 1670 als Kloster gegründete und 1726 fertiggestellte Kapuzinerkirche. Wir verlassen die Fußgängerzone über die Bischofstraße. Das aufsteigen auf das Rad lohnt sich aber kaum, da nach wenigen Metern auf der rechten Seite der 1721-26 vom Stift Kremsmünster errichtete Bischofshof steht und ihm vis-a-vis der Mariä-Empfängnisdom, der im Sprachgebrauch „Neuer Dom" genannt wird.

Die Linzer holten sich für seinen Bau den Kölner Baumeister Vinzenz Statz hierher, um das Werk 1842 zu schaffen. Er leistete ganze Arbeit, als er mit dem Linzer Dom ein mit dem Wiener Stephansdom vergleichbares Bauwerk schaffen wollte: Der Turm ist mit 134 m nur 3m niedriger als das Vorbild und die Grundfläche ist sogar etwas größer geworden.

Wenn Sie vom Bischofshof aus der gegenüber beginnenden Herrenstraße folgen, kommen Sie zu einem weiteren Sakralbau, dessen Name man sich auf der Zunge zergehen lassen muß: Im Spital der Barmherzigen Brüder und Schwestern steht die Barmherzige-Brüder-Kirche zur unbefleckten Empfängnis Mariä. Weniger spektakulär als der Name ist die Architektur, die Sie aber dennoch nicht auslassen sollten. Das Kloster wurde übrigens 1710 gegründet und besitzt seit 1732 (Weihe war 1742) eben diese nette Kirche in seinen Mauern.

Nur unweit der Kirche, in der Klosterstraße, befinden sich noch weitere Sehenswürdigkeiten wie das Landhaus, das 1564 aus einem verlassenen Minoritenkloster heraus entstand. Hübsch ist der Laubenhof mit dem sogenannten Planetenbrunnen, 7 Statuen der Planeten und einem Marmorbecken. Oder, ebenfalls in der Klosterstraße, die ehemalige Klosterkirche Verkündigung Mariae, auf die das bereits genannte Minoritenkloster (gegründet 1236) zurückging. Die heutige Kirche stammt zu weiten Teilen aus dem 17./18. Jh.

Denjenigen, die sich länger als nur ein paar Stunden in Linz aufhalten, möchte ich einen Ausflug auf den **Pöstlingberg** empfehlen, der sich hinter Urfahr erhebt. Ihre Räder können Sie an der Hagenstraße stehen lassen und mit der steilsten Adhäsionsbahn Europas die etwa 270 Höhenmeter auf den Berg zurücklegen. Oben wartet nicht nur eine herrliche Aussicht auf Linz, auf die Ebene und sogar bis hin zu den Alpen, sondern auch die Grottenbahn im Innern der ehenmaligen (Märchen-) Burg von 1837, welche Sie in die Welt des Märchens entführt. Ebenso finden Sie hier oben die Wallfahrtskirche Sieben Schmerzen Mariae. Mit ihrer Errichtung wurde ab 1738 auf Geheiß des uns nun bekannten Gundomer von Starhemberg begonnen. Erst 1899 war sie fertiggestellt - und dies ist tragischer als man denkt, denn der gute Gundomer ließ sie erbauen, weil er entgegen der ärztlichen Diagnosen eine schwere Krankheit überstand. Schade, daß er den vollendeten Bau nie zu Gesicht bekam.

Das Schmuckstück vor Linz - der Hauptplatz

12.1

Von Linz über St.Florian nach Steyr und über Enns zurück nach Linz

Toureninfos

 ca. 65 km

START Hauptplatz von Linz

Etwas bergige Strecke auf öffentlichen, teilweise relativ stark befahrenen Straßen

Mehrere in Steyr und Enns, des weiteren in Ebelsberg, Markt St.Florian, Niederneukirchen, Hofkirchen, Wolfern und Kronstorf

 Freibäder in St.Florian, Steyr und Enns Pichlingsee

Linz-Ebelsberg - Histor. Feuerwehrzeughaus Mai-Okt. 9-12 und 14-16 Uhr St.Florian - Führung im Stift Juli-Sept. tägl. 11, 11.15, 13.30 und 16.50 Uhr Apr.-Juni tägl. 11, 11, 14 und 15.30 Uhr Schloß Hohenbrunn Apr.-Okt. Di-So 10-12 und 14-18 Uhr Steyr- Heimatmuseum Apr-Okt. Di-So 10-15 Uhr (mittags geschl.) Nov-März Mi-So 10-15 Uhr (mittags geschl.) Samesleiten - Freilichtmuseum Mai-Okt Di-So 10-12 u. 14-18 Uhr Enns - Stadtmuseum Mai-Sept. Di-So 14-16, So zus. 10-12 Uhr Okt-April nur So 10-12 und 14-16 Uhr

Denjenigen, die sich in Linz nicht nur auf der Durchreise oder auf Zwischenstation befinden, möchte ich eine Rundtour ans Herz legen, die auf etwa 65 km Länge eine ganze Menge zu bieten hat. Wer mag, startet mit uns am Hauptplatz von Linz und verläßt diesen über die Pfarrgasse (neben der Touristeninformation) und kommt rechts an der Pfarrkirche vorbei über den Pfarrplatz auf die Straße mit dem Namen Graben, welcher wir nach rechts folgen. Diese Straße nennt sich bald Dametzstraße, später Schubertstraße und führt uns fast geradlinig aus der City heraus. So kommen wir zu den Bahngleisen, die wir schräg rechts versetzt unterqueren. Die Lenaustraße, später Markartstraße bringt uns zum Bugariplatz, den wir geradeaus überqueren. Auf der Wankmüllerstraße unterqueren wir die Autobahn und kommen via Kemplstraße zu einer großen Kreuzung, die wir links versetzt auf der Wiener Straße verlassen. Die Wiener Straße bringt uns geradewegs über die Traun (Fluß) hinweg zu unserer ersten Station.

Info **Ebelsberg** (zu Linz): Daß wir uns in einem Vorort von Linz befinden, ist kaum zu merken, denn Ebelsberg, das bereits 1215 die Marktrechte erhielt, hat eine Menge zu bieten: Kaum zu übersehen ist bei unserer Ankunft das 1825 restaurierte Schloß Ebelsberg, welches auf den Resten einer uralten Burg (12.Jh.) steht. Heute ist im Schloß ein wehrhistorisches Museum untergebracht. Die Ortsmitte, genauer gesagt den Fadingerplatz ziert der sehenswerte Franzosenbrunnen von 1690, hinter dem sich die Pfarrkirche zum heiligen Johannes der Täufer (1811 restauriert) erhebt. Beachtenswert ist in der Kirche vor allem die 1913 umgestaltete Chorwand.

Ab Ebelsberg folgen wir der beschilderten Straße, die uns rasch zum nächsten Ziel bringt: St.Florian.

Info 21 Ortschaften gehören zum **Markt St.Florian**, doch die Gesamteinwohnerzahl von 4100 läßt erahnen, daß es sich dabei eher um kleine Gehöfte handelt. Im Ort selbst locken hübsche alte Bürgerhäuser, der Marktbrunnen (1604) und die Kirche zum heiligen Johannes der Täufer zum Aufenthalt. Ergänzt wird dies von einer Schmalspur-Museumsbahn, die samstags zwischen St.Florian und Traunleiten verkehrt und von dem Feuerwehrzeugmuseum, das alles zeigt, was mit der Feuerwehr zu tun hat. Leider wird das Museum, das das größte der Welt seiner Art ist, allzu häufig vergessen, denn der Touristenmagnet St.Florians ist ohne Frage das **Augustiner-Chorherren-stift**. Alle Details zu schildern, wäre hoffnungslos, doch die Kaiserzimmer, die Stiftsgebäude, die Stiftssammlungen, der Marmorsaal und freilich die Klosterkirche sollten Sie sich keinesfalls entgehen lassen!

Etwas abseits des Ortes St Florian liegt mit **Schloß Hohenbrunn** eine weitere Attraktion. Der Barock-Baumeister Jakob Prandtauer, der sich eigentlich nur in sakraler Kunst (Stifte von St.Florian, Melk, etc.) befleißigte, machte hier eine Ausnahme und schuf 1722-1732 ein prachtvolles Schloß der Extraklasse. Während es damals als Jagdschloß des Stiftes St.Florian erbaut wurde, ist heute sinniger Wiese ein Jagdmuseum im Haus untergebracht.

Vor lauter „Besichtigungsstreß" sind wir bislang kaum zum Radeln gekommen. Das wollen wir nun gründlichst nachholen und fahren von St.Florian über die beschilderten Nebenstraßen nach Steyr. Die Orte, die wir durchradeln, heißen Fernbach, Hofkirchen, Rembertsberg, Thann, Lichtkogl und Wolfern. Wem etwas stärkerer Autoverkehr nichts ausmacht, kann auch die beschilderte Landstraße nach Steyr nehmen und hat zwischen durch in Niederneukirchen etwas Abwechslung; hier lockt die Pfarrkirche zur heiligen Margareta (1488) mit einem interessanten Relief aus dem 16.Jh. Schließlich kommen wir durch Steyrdorf (Spitalkirche aus dem 16.Jh. und Pfarrkirche St.Michael von 1677) nach Steyr.

Info

Steyr: Bei den reichen Eisenerzvorkommen rund um Steyr ist es klar, daß sich das **Heimatmuseum**, das sich im Innerberger Stadl befindet (Am Grünmarkt 26) vor allem mit der Historie der Eisenbe- und verarbeitung beschäftigt. Interessant im Museum ist auch das ' Steyrer Kripperl" aus dem 18.Jh. - es ist das einzige mechanische Krippentheater im deutschen Sprachraum. Bevor wir jedoch nun voll in die Stadtbesichtigung einsteigen, müssen wir ja ersteinmal in die Innenstadt fahren. "Verlassen" hatte ich Sie in Steyrdorf. Von hier aus fahren wir einfach immer den Schildern Innenstadt nach, so daß wir über die Gleinker Gasse und die Kirchgasse zum Michaelerplatz kommen. Wir überqueren die Brücke und befinden uns sogleich an der ersten Sehenswürdigkeit - dem Schloß.

Wie bereits erwähnt, entwickelte sich Steyr aus der alten **Burg**, die einst an dieser Stelle stand und 1727 völlig niederbrannte. Damals befand sich die Burg im Besitz der Grafen von Lamberg, die nach dem Brand ein prachtvolles Schloß erbauen ließen, das bei keinem Stadtrundgang fehlen darf (daher auch Lambergschloß genannt). An der Brücke vor dem Schloß teilt sich die Straße - hier wählen wir die rechte Straße ("Enge Gasse"), die schon bald breiter wird und den Blick freigibt auf das Prunkstück Steyrs - den **Hauptplatz**. "Die Linse von Steyr" wird der Hauptplatz auch genannt, da er linsenförmig ausgeprägt ist. Wie bereits erwähnt, war Steyr einst die reichste Stadt Österreichs und hier, am Hauptplatz, wird dies eindrucksvoll bestätigt - mehr als 40 (!) historische Häuser (und der Leopoldbrunnen von 1670) mit phantastischen Fassaden sind hier wir an der Perlenkette aufgereiht - eine wahre Augenweide! Lassen Sie

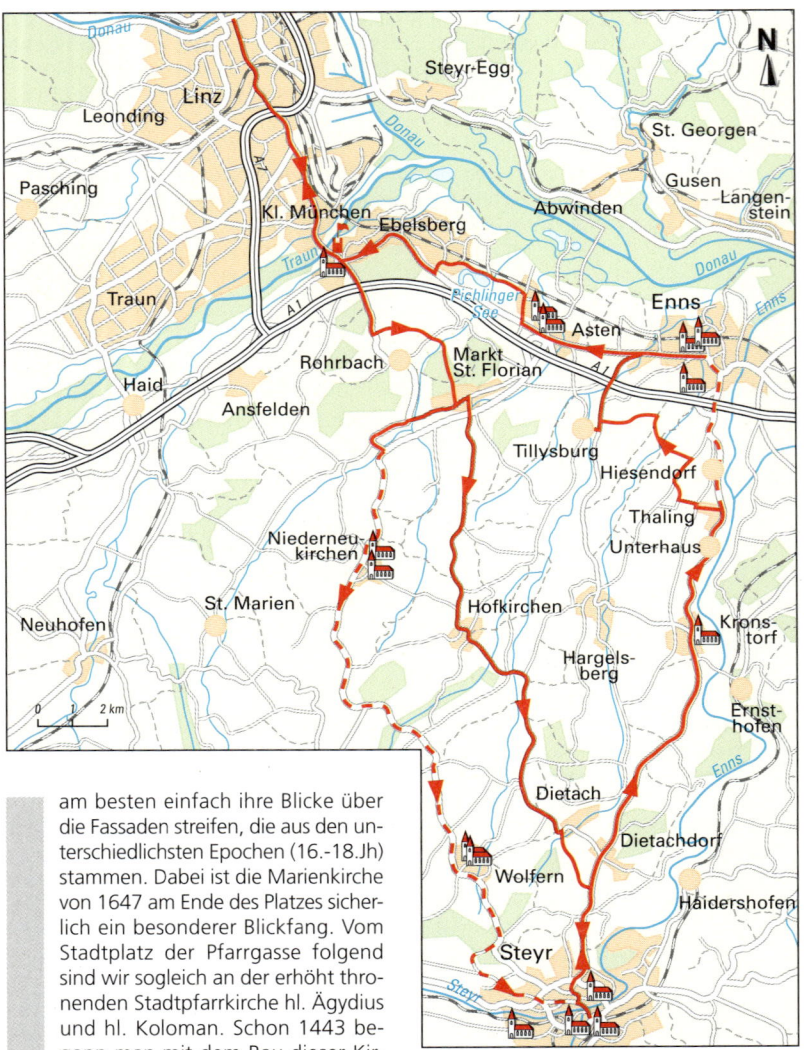

am besten einfach ihre Blicke über die Fassaden streifen, die aus den unterschiedlichsten Epochen (16.-18.Jh) stammen. Dabei ist die Marienkirche von 1647 am Ende des Platzes sicherlich ein besonderer Blickfang. Vom Stadtplatz der Pfarrgasse folgend sind wir sogleich an der erhöht thronenden Stadtpfarrkirche hl. Ägydius und hl. Koloman. Schon 1443 begann man mit dem Bau dieser Kirche, der sich über mehrere Jahrhunderte hinzog, da sich nicht nur viele Baumeister an ihr versuchten, sondern auch Brände die Arbeiten immer wieder zunichte machten. So empfängt uns heute eine interessante Sammlung der unterschiedlichsten Baustile, die noch durch die weiter hinten liegende Margareten-Kapelle ergänzt wird. Man könnte sich stundenlang in Steyr aufhalten und historische Gebäude bewundern, doch wir bestaunen noch das Bruckner-Denkmal am Brucknerplatz (neben der Kirche), fahren an der Schule und am Werndl-Denkmal vorbei und genießen den herrlichen Schloßpark, der u.a. einen hübschen Pavillon bietet.

Donaufähre bei Ottenheim

Dann machen wir uns aber auf und fahren den Schildern folgend am Fluß Steyr entlang wenige Kilometer westlich und kommen so zur Pfarr- und Wallfahrtskirche zum gnadenreichen Christkindl im Baum unterm Himmel, kurz "Christkindl".

Info

Jakob Prandtauer, den wir ja bereits von St.Florian kennen, vollendete Anfang des 18.Jhs. diese herrliche **Wallfahrtskirche**, die schon von Außen mit den beiden Türmen und dem runden Hauptraum begeistert. Es lohnt sich, ausgiebig die herrlichen Gemälde, Schnitzereien und anderen Accessoires so bestaunen. Wer sich genau umschaut, entdeckt ein Christkindl im Glasschrein - und so entstand auch der doch recht eigenwillige Name. Jedes Jahr vor Weihnachten öffnet hier ein Postamt, das Kinderwünsche aus der ganzen Welt entgegen nimmt und mit Sondermarken wieder in die Welt verschickt. Wer Kindern also eine Freude machenwill, adressiert die Wünsche an Christkindl/4400 Steyr, schickt die Post zwischen 1.Advent und Dreikönigstag hierher - und vielleicht werden die Wünsche war...

Wir widmen uns nun wieder den "irdischen Dingen", fahren zurück ins Zentrum von Steyr und verlassen dies den Schildern (Gleink/Enns) folgend. Schon nach kurzer Fahrt gibt es wieder Grund zu verweilen.

Info

Gleink: Hier gibt es ein ehemaliges Benediktiner-Stift, das 1125 gegründet und 1784 aufgelöst wurde. Während das Äußere nicht so begeisternd aussieht, werden vor allem in der ehemaligen Stiftskirche die Kunstherzen wieder höher schlagen, auch wenn die Fresken teilweise unschön übermalt wurden. Ebenfalls sehenswert in Gleink ist der Gleinker Zwerglgarten. 12 Zwerge von 1720, die die Monate darstellen, interpretieren in putziger Form die vier Jahreszeiten.

147

Wir folgen weiter der Straße nach Enns, die zwar (wie bereits zu bemerken war) etwas kraftaufwendig ist, aber immer wieder mit einer schönen Aussicht entschädigt. So kommen wir über Dietachdorf, Dürnberg, Pühring und Plaik nach Kronstorf, das über hübsche alte Häuser und eine spätgotische Pfarrkiche verfügt. Wer mag, kann von Kronstof aus weiter der Landstraße nach Enns folgen. Wir jedoch machen einen kleinen „Schlenker" und fahren ab Kronstorf den Schildern folgend über Pirchhorn, Hargelsberg, Thann und Franzberg nach Volkersdorf, wo es gilt, links abzubiegen zum Schloß Tillysburg.

Info

Schloß Tillysburg: 1633 begann man auf Geheiß des Feldherrn Tillysburg mit dem Bau dieser großen, vierflügligen Anlage - es war ein Geschenk für seinen Neffen! Betrachtet man sich die attraktive Anlage, so wünscht man sich, auch einmal einen solchen Onkel zu haben. Vom Schloß aus ist es nur ein Katzensprung nach **Samesleiten**, wo man im Freilichtmuseum Sumerauerhof das alte Landleben ansehen kann.

Von Samesleiten fahren wir weiter über Kristein nach Enns.

Info

Kaum zu glauben, aber das knapp 10.000 Einwohner zählende **Enns** ist die älteste Stadt Österreichs! 1212 erhielt Enns die Stadtrechte und baute damit auf eine bereits lange Vergangenheit auf, denn der sogenannte Thallinger Fund, der heute im Stadtmuseum zu besichtigen ist, weist eine Besiedlung schon zur Hallsteinzeit aus. Später kamen die Kelten und gründeten die Orte Anisa (daraus wird der heutige Name abgeleitet) und Lauriacum, das in der Zeit der römischen Besatzung einen traurigen Höhepunkt fand: Hier wurde der Beamte Florian zu Tode gestürzt. Auch in den folgenden Jahrhunderten ging es turbulent zu, was dazu führte, 900 eine Burg, die Enispurch zu bauen, die später das entstehende Dorf mitsamt einer Mauer beschützte.

Bei unserer Fahrt in Richtung Stadtmitte kommen wir gleich an zwei wichtigen Sehenswürdigkeiten vorbei - am ehemaligen Römerlager Lauriacum und an der St.Laurenz-Basilika. Letztere hat durch die gewissenhafte Arbeit von Archäologen eine Rarität zu bieten: Ausgegraben wurden Reste einer karolingischen Wallfahrtskirche, eines Stadttempels und einer frühchristlichen Basilika. Aber auch die „überirdische" Kirche besticht durch Schönheit und lädt zum Verweilen ein. Das Zentrum von Enns wird bestimmt durch den **Hauptplatz**, der reich an sehenswerten Gebäuden aus dem 16./17.Jh. ist, zu denen u.a. auch der 60 m hohe Stadtturm und das alte Rathaus gehört. Im Rathaus ist auch das empfehlenswerte Stadtmuseum untergebracht, das freilich mit außergewöhnlichen Ausgrabungsfunden aufwarten kann. In Enns ist es am besten, einmal in aller Ruhe durch die Straßen zu streifen und sich von den alten Gebäuden verzaubern zu lassen. Beachtenswert sind dabei Pfarrkirche Maria Schnee (13./15.Jh.), das Schloß Ennsegg (16./17.Jh.) und die gut erhaltene Stadtbefestigung.

Wir verlassen Enns, wie wir herkamen, also über die Bundesstraße (B 1) in Richtung Linz, biegen jedoch nicht nach Kristein ab, sondern fahren weiter geradeaus nach Asten. Hinter Asten lockt der Pichlingsee zu einem erfrischendem Bad, ehe wir wieder nach Ebelsberg kommen, von wo aus wir dieselbe Strecke zum Linzer Hauptlatz zurückfahren, die wir herkamen.

13

Entspannung garantiert!
Von Linz nach Grein

 **Toureninfos**

km etwa 45 km

START Hauptplatz, bzw. Nibelungenbrücke in Linz

🚲 Sehr gut ausgebauter, meist abseits der Straßen verlaufender Radweg. Die Tour kann problemlos an einem Tag bis Melk fortgesetzt werden. Die Streckenlänge beträgt dann rund 103 km.

🏹 In Steyregg, Mauthausen, Au, Naarn, Mitterkirchen, Dornach und Grein sowie in Wallsee-Sindelberg (Abstecher)

👑 Im Seitenarm der Donau bei Wallsee-Sindelberg (Abstecher)

🕐 Schiffahrtsmuseum in Grein Di-So 9-12 und 13-17 Uhr

Nur etwa 45 km umfaßt diese Tour, die als „Entspannungstour" geplant ist, weil Sie ein entspanntes Radeln in schöner Natur verspricht. Wenn Sie allerdings „Kilometer machen" wollen, können Sie unsere nächste Tour 'dranhängen und „durchstarten" bis Melk. Dies wären etwas über 100 km, die allerdings auch ohne große Probleme an einem Tag zu schaffen sind. Aber nun heißt es erst einmal, wieder herauszukommen aus Linz. Verlassen hatten wir Sie ja am Neuen Dom. Von dort aus ist es das Einfachste, wieder zurück zur Fußgängerzone zu fahren, diese wieder bis zum Hauptplatz zu durchschieben und schließlich wieder hinter der Nibelungenbrücke auf unseren Donau-Radwanderweg zurückzukehren. Nachdem sich die Großstadt Linz mit mächtigen Hafenanlagen verabschiedet hat, können wir auf unserem Radweg entspannt weiterradeln, bis uns Mauthausen zu einem Aufenthalt reizt.

Info **Mauthausen:** Sie vermuten richtig, wenn Sie nun ableiten, daß es hier früher einmal ein Maut-Haus gegeben hat. Von diesem ist heute allerdings ebenso wenig übrig wir vom Rest der Ortschaft aus diesen Zeiten. Sie meinen, das ist nicht außergewöhnlich?

Info Nun gut, der Grund ist es schon - die Mauthausener waren selbst daran Schuld, denn es gefiel freilich den Reisenden nicht, daß hier Maut kassiert wurde. Als die übermütigen Mauthausener sogar den Kreuzrittern einen Obolus abverlangten, wurde ihre Stadt kurzerhand niedergebrannt. So gibt es heute drei Ziele in Mauthausen: Das Schloß Pragstein von 1491, in dem heute das Heimatmuseum untergebracht ist, die Pfarrkirche St.Nikolaus, die um 1500 gebaut wurde und einen phantastischen Hochaltar besitzt, sowie, etwas abseits in den Granitsteinbrüchen gelegen, die Gedenkstätte des ehemaligen KZ Mauthausen (1939-45). Interessant zu wissen ist, daß der Turm des Schlosses Pragstein zur Zeit der Erbauung zunächst mitten in der Donau stand. Erst als um 1863 der Flußlauf „reguliert" wurde, legte man den Turm „trocken".

Nachdem der Radweg etwa 3 km hinter Mauthausen einen Schlenker gemacht hat, um den Fluß Aist zu überqueren, kommt die Ortschaft Au an der Donau.

Berühmt ist **Au** für seinen idyllischen Auwald, der dem Ort seinen Namen gab. Aufgrund der großen Baumbestände entstand aus dem Dorf ein wichtiger Flößerort. Hier wurden die Bäume, die aus dem Auwald kamen, zu mächtigen Flößen gebunden und weiter nach Wien oder Budapest geflößt, wobei an diese Zeit nur noch wenig erinnert. Unübersehbar am Radweg liegt heute der Campingplatz und der Yachthafen.

Nach etwa 11 ruhigen Radel-Kilometern lockt ein Abstecher zum anderen Donau-Ufer, das via Donaukraftwerk Wallsee-Mitterkirchen zu erreichen ist. Dort liegt Wallsee-Sindelberg.

Wallsee-Sindelberg: Von weitem sichtbar ist das Schloß Nieder-Wallsee, das einst als stolze Ritterburg 1346 erbaut wurde. Sein heutiges Gesicht bekam das Schloß 1755, doch das Wahrzeichen, der Turm, stammt noch aus den älteren Zeiten. Nett anzusehen ist auch die Kapelle St.Anna, die 1610 erbaut wurde und eine prächtige Marien-

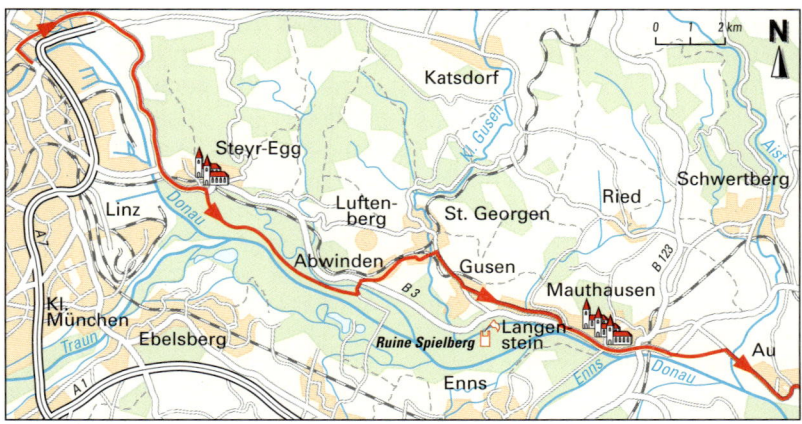

säule (17./18.Jh.) besitzt Seiner Lage an dem kleinen Donau-Arm verdankt es Wallsee-Sindelberg, daß es im Laufe der letzten Jahre zu einem Touristenmagneten wurde. Surfschule, Yachthafen, Tennis, Fitneß, Solarium, Wandern, alles ist möglich in
diesem kleinen Ort.

Wer mag, kann schon auf dieser Donauseite bleiben und kommt über
beschilderte Wege und Straßen via Leitzing und Empfing nach Ardagger.

Ardagger ist bekannt für sein ehemaliges Kollegialstift, das über eine hübsche, 1063
geweihte Kirche, eine Krypta, einen Kreuzgang und das berühmte Margaretenfenster
verfügt.

Von Ardagger kommt man, dem Donauufer folgend, zur Brücke bei
Grein, wo wir wieder auf den Donauradweg treffen. Einen Besuch in
Grein (andere Seite) sollten Sie dennoch nicht versäumen. Wir wollen
uns allerdings an den offiziellen Radwanderweg halten. Daher fahren
wir nach der Exkursion in Wallsee auf das linke Donauufer via Wasserkraftwerk zurück.
Wir kommen durch Mitterkirchen mit einem urgeschichtlichen Freilichtmuseum (Radweg aus beschildert). Hinter Mitterkirchen geht es rechts
auf den Güterweg und dann weiter via Mettersdorf zur Donaubrücke.
Wir fahren unter der Donaubrücke hindurch und in nach kurzer Zeit
nach Grein.

1147 wurde **Grein** erstmals in der Geschichtsschreibung erwähnt. 340 Jahre später
wurde auf dem kleinen Hügel neben dem Ort die imposante Greinburg errichtet. Die
Stadtansicht ist vom gegenüberliegenden Donauufer mit der Burg schon beeindruck-
kend. Schloß Greinburg hält, was es von außen verspricht: Egal, ob es die herrlichen

151

Arkaden sind, der verwegene Rittersaal (sage und schreibe 14 m hoch), die Fürsten-
zimmer, der fünfeckige Torturm, die Zellengewölbedecke oder das oberösterreichische Schiffahrtsmuseum - alles, was die Greinburg beherbergt, ist von prunkvoller
Eleganz. Weitere Anlaufstationen in Grein sind das Rathaus (1790), welches das älteste Theater Österreichs (Rokoko,163 Sitze) enthält, sowie die Kirche zum heiligen
St.Ägidius. Letztere ist eng mit der Donauschiffahrtsgeschichte Greins verknüpft:
Hier, am Anfang des berühmt-berüchtigten Strudengaus, der schon viele Schiffe verschlang, gingen die Schiffer einst nochmals an Land, um in der Kirche für eine heile
Passage zu beten.

14

Ein Traum in Barock
Von Grein nach Melk

Toureninfos

km etwa 57 km

START Donaubrücke bei Grein

Gewohnt gute Radwege abseits der Straßen. Mit dem Kloster Melk
wartet eine Sehenswürdigkeit der Extraklasse.

In Ybbs, Persenbeug, Säusenstein, Krumnußbaum, Marbach, Maria
Taferl (Abstecher), Pöchlarn und Melk

Pöchlarn - Bäderzentrum Melk - Wachaubad (Frei-/Hallenbad)

Kloster Melk täglich 9-17 Uhr

Von Grein aus geht es nun etwa zwei Kilometer wieder zurück (flußaufwärts), um über die Brücke die Seite zu wechseln (hinter der Brücke
links donauabwärts weiter). Nach kurzer Fahrt taucht links inmitten der
Donau jene Insel auf, in deren Bereich sich die gefährlichen Greiner
Struden (Strudel) bilden und seit Menschengedenken Opfer forderten.

Erstmals erwähnt wurde diese Stelle 926, als der Bischof von Freising hier starb. Und im 11.Jh. hieß es „jene gefährliche Enge, wo der Tod seine Herberge zu haben scheint". Die Strude wurden erst 1779 und 1824 entschärft, so daß sie heute die Schiffahrt nicht mehr beeinträchtigen. Vis-a-vis sieht man noch die Ruinen der Burg Werfenstein, über die gesagt wird, daß hier einst Raubritter lebten, die die Ware aus den gestrandeten Schiffer bargen.

Nun „stört" für die nächsten gut 15 km nichts unsere Radel-Idylle. Ab und an passieren wir kleine Dörfer (Hößgang, Schlachof, Freienstein und Willersbach), in denen man außer dem Verkehr nichts beachten muß. Schließlich wird es wieder etwas lebhafter und der Radweg führt uns auf die Straße, die abseits der Donau verläuft. Links liegt das Donaukraftwerk Ybbs/Persenbeug. Dieses sollten Sie zunächst einmal überqueren und kommen so nach Persenbeug.

Persenbeug: Das Persenbeuger Schloß prangt unübersehbar auf einem Felsen neben der Donau. Blättert man die Geschichte weit zurück, so trifft man 863 erstmals auf die Burg Persenbeug. Seit 1800 befand sich das nun als Schloß umgebaute Haus in Habsburger Besitz. Stolz weisen die Persenbeuger darauf hin, daß der letzte österreichische Kaiser, nämlich der Habsburger Karl I, der das Land 1916–18 regierte, hier geboren wurde. Wer nun Interesse an den Donaukraftwerken gefunden hat, kann sich hier genauer informieren - im **Kraftwerk** Ybbs/Persenbeug werden Gratis-Führungen angeboten.

Nach der Besichtigung von Persenbeug fahren wir zurück über das Kraftwerk zu unserem Radweg: Nur noch wenige Minuten entfernt liegt nun Ybbs an der Donau.

Ein kurzer Aufenthalt in **Ybbs** lohnt sich in jedem Falle, haben doch schon die Römer Gefallen an dieser Gegend gefunden und hier ein Kastell namens Ad Juvense angelegt. Einige hundert Jahre später (837) entstand unter dem Namen Ibsepurch um eine kleine Burg (Purch) herum eine Kleinstadt, die auch das heutige Ybbs mit rund 6.000 Einwohnern gebieben ist. Wichtigste Sehenswürdigkeit ist die Pfarrkirche St.Lorenz von 1490. Wer in Ybbs genauer hinsieht, findet auch noch gut erhaltene Teile der alten Stadtmauer und das alte Schiffsmeisterhaus (dies ist am gleichnamigen Platz die Nr.3) aus dem 15.Jh.

Wir verlassen Ybbs am Donauufer.

 Im Ort **Säusenstein**, der wir passieren, gab es früher ein Zisterzierserkloster, das allerdings schon kurz nach seiner Fertigstellung 1760 aufgehoben (1789) wurde. Heute befindet sich zusätzlich neben Mietwohnungen die Forstverwaltung in den Räumlichkeiten.

Wir fahren weiter an den Fluten der Donau vorbei. Bei Krumnußbaum können Sie, wenn Sie mögen, mit einer Fähre auf das andere Ufer wechseln. Dort liegt der Ort Marbach in reizvoller Lage an der Donau. In Marbach befindet sich nicht nur ein Campingplatz (siehe Serviceteil), sondern auch der Aufstieg nach Maria Taferl.

Info

Maria Taferl: Wer die Plackerei von 223 Höhenmetern hinter sich gebracht hat, wird mit der Wallfahrtskirche Zur Schmerzhaften Muttergottes belohnt. Vor einigen hundert Jahren gab es hier oben an einer alten knorrigen Eiche eine Tafel mit einem Kruzifix, was Pilger aus allen Teilen Europas anzog. Zwischen 1660 und 1677 baute man für sie die heute zu sehende Pfarr- und Wallfahrtskirche, wobei der letzte Pinselstrich im Innern wurde allerdings erst 1710 getan wurde. Blickfang ist die zur Donau hin gerichtete Fassade mit zwei herrliche Zwiebeltürmen.

Wir rollen wieder hinab zur Donau und fahren mit der Fähre zurück zu unserem Radweg. Hinter Krumnußbaum geht es weiter am Donauufer entlang. Der Radweg macht zwei kleine Schlenker nach rechts, um kleinere Flußmündungen zu umgehen und führt uns schließlich nach Pöchlarn.

Info

Auch **Pöchlarn** wird im Nibelungenlied erwähnt, und zwar als Residenz des Markgrafen Rüdiger von Bechlaren. Wer dem Lied nicht so arg viel Glaubwürdigkeit zuschreibt, der sei auf die Römer verwiesen, die nun nachweislich an dieser Stelle eine Militärstation mit dem Namen Aralepe Claudia, dem Standort der Donauflotille, besaßen. Auch im Mittelalter blieb die Kleinstadt Pöchlarn bewehrt - ausgezeichnet erhaltene Teile der Stadtmauer kann man vor allem auf der dem Radweg zugewandten Seite sehen, so z.B. zwei der wuchtigen Wehrtürme. Hübsch anzuschauen ist auch die Pfarrkirche Mariä Himmelfahrt, dessen älteste Teile von 1389 stammen und die aufgrund ständiger Erweiterungen ein interessantes Ensemble unterschiedlicher Stilrichtungen darstellt. Der vielleicht berühmteste Sohn der Stadt war Oskar Kokoschka, dem hier ein eigenes Museum gewidmet ist.

Stift Melk auf einem Bergsporn hoch über der Donau

Wir verlassen Pöchlarn entlang des Donauufers. Nach etwa 5 km taucht hinter einer leichten Rechtsbiegung am Horizont einer der unbestrittenen Höhepunkte unserer Radwandertour auf - das Kloster Melk. Aufgrund der imposanten Größe ist es von so weit sichtbar, daß man den Eindruck hat, trotz kräftiger Pedaltritte gar nicht so recht vorwärts zu kommen. Der Radweg führt uns weiter die Donau entlang bis zum alten Fährhaus von Melk, wo sich auch der Campingplatz der Stadt befindet. Von hier aus sind es nur noch wenige hundert Meter bis Melk.

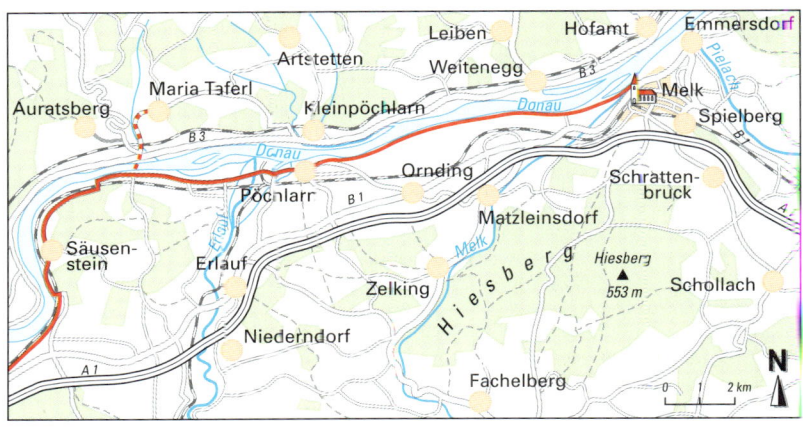

Die Innenstadt von **Melk** erreichen wir über eine Brücke, hinter der die Kremser Straße beginnt (geradeaus, beachten Sie bitte in der Kremser Straße die Tafel mit dem Nibelungenlied!). Wir stehen nun auf dem Hauptplatz mit dem Kolomanibrunnen von 1687. Freilich hat die Geschichte von Melk viel zu berichten. So hatten schon die Römer (wen wundert's) auch hier ein Lager namens Namare. Karl der Große schrieb sich ebenfalls in die Historie der Stadt ein wie auch die Babenberger, die 976 bis 1106 Melk zu ihrer Residenzstadt machten. Auch das Nibelungenlied erzählt von Melk als das Medelike. Letzteres ist einer der Gründe, warum sich die Gegend um Melk (ab Persenbeug) Nibelungengau nennt. Nachdem die Babenberger verschwunden waren, bezogen die Benediktiner die Babenberger Residenzburg auf dem Berg und bildeten eine Klostergemeinde - das heutige Stift. Rechts hinter dem Hauptplatz steht die Pfeiler-Staffelkirche Mariä Himmelfahrt, deren Kapelle noch von 1481 stammt.

Ebenfalls am Hauptplatz beginnt (schräg links) die Hauptstraße, die mittlerweile zur Fußgängerzone (also die Räder schieben !) wurde. Bestaunenswert sind die rechts und links emporragenden herrlichen Häuserfassaden aus dem 15./16.Jh., die am Rathausplatz (am Ende der Fußgängerzone) mit dem 1575 erbauten Rathaus ihren Höhepunkt finden. Die linke Häuserfront wird im wahrsten Sinne des Wortes überstrahlt von der Schönheit und Größe der 320 m langen Fassade des Stiftes. Vom Rathausplatz biegen wir schräg links in die Wiener Straße ein und kurz darauf nochmals links in den Stiftsweg. Dieser führt uns hinauf zur „Wiege Österreichs", wie das **Stift** gerne genannt wird. Es ist nicht nur das größte Stift Niederösterreichs, sondern auch das einzige im barocken Stil erbaute Stift des ganzen Landes. 985 stiftete (natürlich, denn sonst hieß es ja nicht so) der Babenberger Markgraf Leopold I den Kanonikermönchen dieses Kloster, welches sich, nachdem sich der Thronfolger Leopold III für Klosterneuburg als Residenzstadt entschieden hatte, eigenständig weiterentwickelte. Inzwischen waren die Kanoniker aus- und die Benediktinermönche eingezogen. Im Zeitalter ständiger Unruhen waren die Mönche froh über die Lage ihres Klosters auf dem Bergrücken und bewehrten es noch zusätzlich. Als um 1700 herum Berthold Dietmeyr Abt des Klosters wurde, riß man auf sein Geheiß hin den Großteil des Wehrklosters nieder und begann mit der Errichtung eines der Prunkstücke barocker Baukunst. Zunächst währte die Freude allerdings nur kurz. Nur zwei Jahre nach der Fertigstellung 1738 fügte ein Großbrand der Anlage große Schäden zu. In nur einem Jahr stellte man die ganze Herrlichkeit des Stiftes wieder her.

Wir betreten das Stift durch das phantastische Haupttor (1718) und kommen in den Vorhof. Vis-a-vis liegt die 1723/24 erbaute Hauptfront. Auf der Giebelspitze des dreigeschossigen Traktes thront die Nachbildung des Melker Kreuzes. Im 1717 fertiggestellten Treppenhaus beginnen die Führungen durch das Stift, denen man sich unbedingt anschließen sollte. Der Rundgang präsentiert Ihnen außergewöhnliche Baulichkeiten wie den vierflügeligen Prälatenhof mit einem netten Brunnen, die Prälatenkapelle (17./18.Jh.), die Bibliothek mit ihren über 80.000 Bänden, den Bildersaal (1739), den Marmorsaal (herrliches Deckengemälde von 1731) oder den Kaisergang (Bildnisse österreichischer Herrscher) mit den Kaiserzimmern. Von letzteren gelangt man zur Terrasse, die eine unvergleichliche Aussicht preis gibt. Ein weiterer Blickfang ist die Stiftskirche St.Peter und Paul, die zwischen 1702 und 1726 erbaut wurde. In der Mitte ihres kreuzförmigen Grundrisses erhebt sich die 64 m hohe Kuppel. Besonderes Augenmerk sollten sie dem über 200 m langen Gang im Haupttrakt des Klosters widmen, der mit Solnhofer Platten ausgelegt ist, die eigens aus dem weit entfernten Altmühltal (Langenaltheimer Steinbrüche bei Solnhofen) hierher gebracht wurden.

15

Und sie ist wirklich schön - die Wachau!
Von Melk nach Tulln

Toureninfos

 etwa 85 km

 Fährhaus oder Hauptplatz von Melk

 Die Tour kann bei Krems (nach 36 km) geteilt werden. Dies ist vor allem zu empfehlen, wenn Stift Göttweig besichtigt wird (dorthin starke Steigung). Ansonsten bietet die Tour ein bequemes Radeln auf ebenen, weitgehend verkehrsfreien Straßen

 Mehrere in Spitz, We ßenkirchen, Dürnstein, Stein/Krems und Tulln, desweiteren in Goßam, Aggsbach, Traismauer und Zwentendorf

 Spitz - Freibad Tulln - Aubad (Freibad) und Hallenbad

Beginnen wir unsere Tour gleich mit ein paar Überlegungen: Die Strecke von 83 km bis Tulln ist problemlos an einem Tag zu schaffen. Die Möglichkeit, diese Tour in zwei Etappen zu teilen, besteht in Krems. Dies erscheint, da es nur rund 35 km sind, sehr kurz. Mit Spitz, Weißenkirchen, Dürnstein, Stein, Krems und Mautern jedoch warten gleich sechs Sehenswürdigkeiten par excellence, denen man durchaus auch mehrere Tage widmen könnte. Wenn Sie die Rundtour um Krems (s. nächstes Kapitel) absolvieren wollen, stellt sich diese Frage nicht, denn dann müssen Sie eh' in Krems übernachten.
Die Qual der Wahl liegt also ganz bei Ihnen (wie immer natürlich). Wenn Sie mit dem Zelt unterwegs sind, haben Sie in Spitz, Krems, Traismauer, Zwentendorf und Tulln die Gelegenheit, Quartier zu beziehen - Sie können sich also auch noch kurzfristig entscheiden, die Tour zu unterbrechen. Diejenigen, die ein Zimmer benötigen, sollten die nachfolgenden Ortsbeschreibungen lesen und dann abschätzen, wie weit sie kommen werden, um rechtzeitig ein Zimmer zu reservieren.

Um Melk zu verlassen, fahren (schieben) wir vom Stift aus wieder zurück über die Hauptstraße, den Hautplatz hin zur Kremser Straße, wo wir auf dem Hinweg schon die Bundesstraße (1) überquerten. An dieser Bundesstraße fahren wir rechts. Nach etwa 150 m zweigt schräg links ein Weg ab, dem wir folgen. So kommen wir zu einer Brücke. Wer mag, kann auf der rechten Donauseite bleiben, dem Ufer folgen, Schönbühel (mit einem hübschen Schloß, das 1316-1814 im Besitz der Starhemberger war und einem Kloster) sowie die Ruine Aggstein auf dem Berg besichtigen und dann mit der Fähre übersetzen.

Info

Die **Burg Aggstein** prangt würdevoll 300 m über der Donau. Sie wurde vom Raubgrafen Kuenring im 13.Jh. für seine Machenschaften erbaut. Ab 1429 weilte hier der Ritter Jörg Schreck vom Wald, der sicherlich nicht ohne Grund „Schreckenwald" genannt wurde. Er plünderte die Reisenden aus und (Zitat) „sperrte sie oben auf dem steilen Felsen in einen engen, nicht mehr als drei Schritte langen und breiten Raum, wo die Unglücklichen verschmachteten, wenn sie sich nicht in die schreckliche Tiefe des Abgrundes stürzen und dadurch ihrem Elende ein Ende machen wollten. Zweck war die Erpressung eines hohen Lösegeldes. Schreckenwald nannte diesen überhängenden Klotz ‚Rosengärtlein'". Im 17.Jh. wurden abermals einige Teile angebaut, ehe die Burg durch zahlreiche Angriffe verwüstet wurde.

Der „klassische" Donau-Radwanderweg jedoch führt über die Brücke bei Melk. Hinter der Brücke fahren wir in einem Bogen unter derselben hindurch und folgen den Haupt- und Nebenstraßen, die sich an die Donau schmiegen. Zwischen Goßam und Grimsing verlieren wir kurz die Donau aus den Augen, weil die Strecke etwas landeinwärts führt. So kommen wir nach Aggsbach-Markt.

Info

Links erhebt sich der 959 m hohe Jauerling-Berg, auf dem offensichtlich schon in der Eiszeit Mammutjäger lebten - die Funde weisen jedenfalls darauf hin, daß es sich unsere Urahnen hier gutgehen ließen. Heute steht hier oben die Wallfahrtskirche Maria Laach. In **Aggsbach-Markt** selbst ist die Pfarrkirche aus dem 14.Jh. interessant, während auf der gegenüberliegenden Seite Burg Aggstein thront.

Auf der weiteren Fahrt bekommt man einen hervorragenden Eindruck dieser Gegend, naja, "Gegend" ist wohl schwer untertrieben, denn das Gebiet, das wir durchfahren, ist die weltberühmte Wachau !

Die Berghänge sind übersät von Weinstöcken, rechts funkelt die Donau - ein Bild zum Genießen und Verlieben ! Durch die Orte Groisbach, Willendorf (Fundort der Steinplastik "Venus von Willendorf" von ca. 30.000 Jahren v. Chr.) und Schwallenbach kommen wir nach Spitz an der Donau.

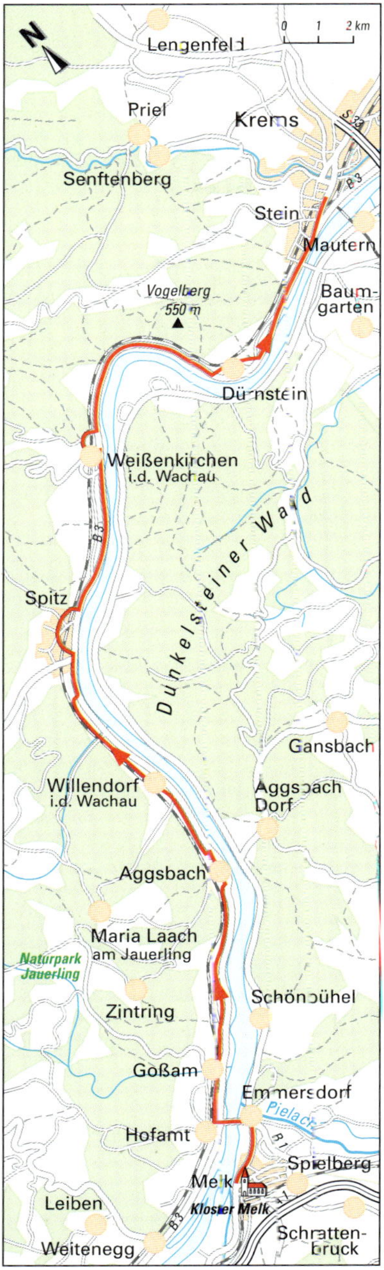
N
0 1 2 km
Lengenfeld
Priel
Krems
S 33
Senftenberg
B 3
Stein
Mautern
Vogelberg
550 m
Baumgarten
Dürnstein
Weißenkirchen
i.d. Wachau
Dunkelsteiner Wald
B 3
Spitz
Gansbach
Willendorf
i.d. Wachau
Aggsbach
Dorf
Aggsbach
Maria Laach
am Jauerling
Naturpark
Jauerling
Zintring
Schönbühel
Goßam
Emmersdorf
Pielach
Hofamt
B 1
Spielberg
Melk
Leiben
Kloster Melk
B 3
Schrattenbruck
Weitenegg

Benedikt-Stift
Göttweig
Mautern
Krems
Furth
Paudorf
Rohrendorf
Hollenburg
Kamp
B 3
S 33
Traismauer
Grafenwörth
Frauendorf
Gemeinlebarn
Donau
Traisen
Sitzenberg
Reidling
Altenwörth
Maria
Ponsee
Tullner Becken
Zwentendorf
Utzenlaa
Rust
Pischelsdorf
B 3
Michelhausen
Langenschönbichl
Mollersdorf
Große Tulln
Kronau
Judenau
Langenrohr
Baumgarten
Tulln
0 1 2 km
N

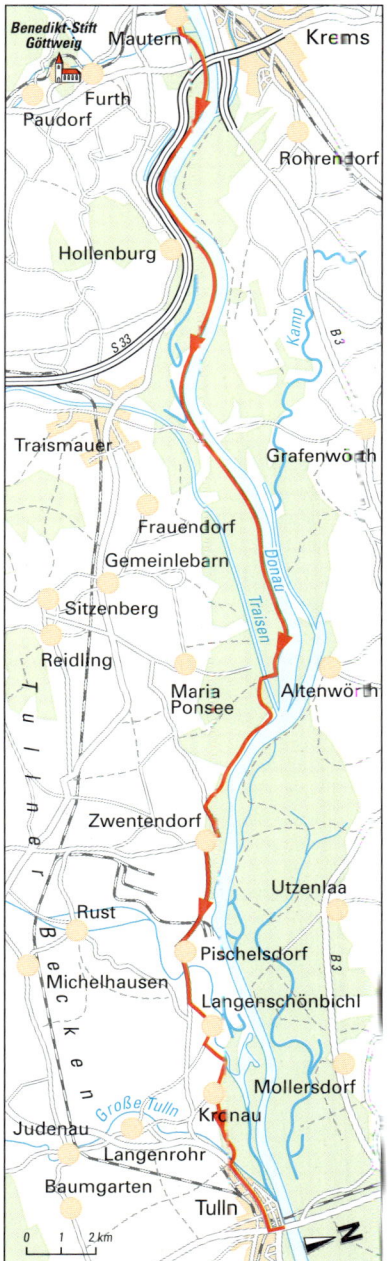

Info Am Fuße des Tausendeimerberges liegt die Ortschaft **Spitz** mit der Pfarrkirche Zum Heiligen Mauritius aus dem 15.Jh. Weiterhin sehenswert sind das alte Rathaus, welches sich nahtlos in die herrliche Altstadt einbettet, das Schloß Niederhaus (17.Jh.),der Erlahof, welcher einst Wirtschaftshof der Mönche aus dem uns nun bestens bekannten Kloster Niederalteich war (heute Schiffahrtsmuseum mit Wissenswertem über Schiffbau, Schiffahrt, etc), oder das Rote Tor, das oben im Berg inmitten der Weinfelder steht und eine unverwechselbare Aussicht verspricht. Auch die Ruine der Burg Hinterhaus (1243 errichtet und 1620 umgebaut) mit dem interessanten Bergfried sollten Sie sich in Spitz anschauen.

Wir verlassen die Ortsmitte von Spitz in Richtung Donau unter den Bahnschienen her und fahren einige 100 m weiter entlang des Flusses (neben der Straße). Schließlich bringt uns der Radweg etwas weg von der Donau und führt uns direkt an der Wehrkriche St. Michael vorbei.

Info **St.Michael** wurde um 1500 herum erbaut und mit einer schützenden Befestigungsanlage versehen. Beachten Sie bitte die sieben "Dachhasen", die entgegen der Redewendung wirklich steinerne Hasen auf dem Dachfirst der Kirche sind. Es wird erzählt, diese Hasen sollen einst im Tiefschnee über das Dach gehoppelt sein. Als der Schnee plötzlich schmolz, wurden sie versteinert und stehen noch heute da.

Links der Straße geht es nun weiter, vorbei an den Orten Wösendorf und Joching nach Weißenkirchen.

Info Blickfang von **Weißenkirchen** ist die leicht erhöht stehende weiße, gotische Pfarrkirche (im 14.Jh. erbaut, im 18.Jh. erweitert, mit einem 55 m hohen Turm). „weiße...Kirche"? - richtig - genau so bekam Weißenkirchen auch seinen Namen. Man gelangt zu ihr über eine verwinkelte Stiege mit 76 Stufen und entdeckt als erstes die Wehrmauer, die die Kirche umgibt. Dies verwundert ein wenig, denn ursprünglich (seit 850) war Weißenkirchen ein ganz ruhiger Weinort, der an sich nichts zu befürchten hatte. Bei dem Großbrand, der 1793 weite Teile der Stadt verwüstete, half die Befestigung auch nicht viel. Doch auch heute noch regiert in Weißenkirchen der Wein (dies ist bitte nicht falsch zu verstehen !) - zusammen mit seinen Gemeinden Wösendorf und Joching bildet Weißenkirchen das größte Weinanbaugebiet der Wachau - und das soll etwas heißen! Aber auch der Ort selbst kann sich mit seinen pitoresken laubenverzierten Häuschen durchaus sehen lassen. Weißenkirchen ist ein schönes Beispiel der Wachauer Bauart, die im Teisenhofer Hof (1542, beherbergt das Wachau-Museum und ist direkt am Radweg innerhalb der Stadtmauer gelegen) seinen Höhepunkt findet. Das Wachau-Museum bietet Urkunden, Sammlungen des sogenannten Malerkreises, Arbeiten des Kremser Schmidt (s.h.), Hausrat, Trachten und allerlei andere interessante Dinge.

Wir bleiben auf dem linken Donauufer und kommen nach kurzer Fahrt um eine Rechtsbiegung der Donau nach Dürnstein.

Info Schon von weitem ist **Dürnstein** mit seiner Lage auf einer Landzunge und einem Felsvorsprung auf der linken Seite zu erkennen. Kaum zu glauben, daß die kleine

1000-Seelen-Gemeinde eine internationale Geschichte hat: 1192/93 wurde Richard the Lionhearted (bei uns bekannt als Richard I von England oder Richard Löwenherz) hier über Dürnstein in der Kuenringerburg gefangen gehalten - und niemand sonst wußte, wo der König war. In der Sage steht, daß der Sänger Blondel durch ganz Österreich zog und immer wieder die erste Strophe eines Liedes sang. Als er dies unter **Burg Dürnstein** tat, hörte er plötzlich hinter den Gittern des Gefängnisses die zweite Strophe und wußte sofort: Sein Herr ward gefunden! Selbst wenn heute von der Burg nur noch Ruinen erhalten sind, ist ihre Lage auf dem Felsen Grund genug, hier zu verweilen. Noch weiter den Berg hinauf befindet sich die Starhemberger-Warte mit einer atemberaubenden Aussicht.

Das zweite dominierende Bauwerk von Dürnstein ist das ehemalige **Augustiner-Chorherrenstift**, das 1410 errichtet wurde. Neben dem Innenhof und schönen Deckengemälden besticht die barocke Stiftskirche Mariä Himmelfahrt, die zwar von den umliegenden Bauten fast verdeckt wird, aber einen auffälligen Turm besitzt. Neben diesen beiden Bauwerken zeichnet sich Dürnstein durch ein wunderschönes Zusammenspiel alter Bürgerhäuser und der alten Befestigungsmauer aus - ein wahrhaft mittelalterlicher Charakter. Beachten sollten Sie in Dürnstein auch das neue **Schloß** von 1622, die hübsche Fußgängerzone und das ehemalige Klarissinnenkloster mit Teilen einer alten Kirche (13./14.Jh).

Hinter Dürnstein hat man wieder einmal den Eindruck, irgendwie gar nicht vorwärtszukommen - rechts in der Ferne prangt auf einem Berg das 1074 gegründete Benediktinerstift Göttweig, auf das wir später noch zu sprechen kommen. Für uns wird es nun allmählich wieder „großstädtisch" - hinter Förthof kündigt sich Krems an mit seinem Vorort Stein.

Berühmte Söhne hat die Stadt **Stein** schon beherbergt, so z.B. Ludwig Köchel, der das nach ihm benannte Verzeichnis der Werke Mozarts schrieb (das Geburtshaus steht am Schützenplatz Nr.8) oder der berühmte Barock-Maler Martin Schmidt, genannt der Kremser Schmidt. Die erste Siedlung stand hier schon im 5.Jh. Das Stein von heute fällt immer noch durch sein einheitliches, mittelalterlich wirkendes Stadtbild auf, das sich besonders an der Hauptstraße wieder spiegelt, die auch wir befahren. Biegt man in die Göttweiger Straße ein, so findet man an deren Ende den ehemaligen Lesehof des Stiftes Göttweig, der hier seit 1286 eingerichtet war. Sehenswert ist auch die Kapelle aus dem 14.Jh. mit ihrem achteckigen Turm.

Außer dem Lesehof locken in Stein noch die Pfarrkirche St. Nikolaus aus dem 15.Jh. (bei dem Deckengemälde bekommen Sie einen guten Eindruck der Arbeit des Kremser Schmidt) sowie die ehemalige Minoritenkirche St.Ulrich von 1264, die heute ein Museum und ein Kulturzentrum beherbergt. Über der Pfarrkirche St Nikolaus liegt die Frauenbergkirche Mariae Himmelfahrt, die zum Teil im 14.Jh. entstand.

Nun sind es nur noch wenige Pedaltritte bis ins Zentrum von Krems. Aber Achtung - teilweise werden stark befahrene Straßen (die Ringstraße) benutzt !

Krems war schon im 5.Jh. ein kleiner Weinort. Als Reichsfeste wurde Krems 995 erstmals erwähnt. Im Mittelalter wuchs Krems nicht nur zu einer bedeutenden Weinstadt, sondern auch zu einem Handelszentrum für Salz und Eisen, das bevorzugt auf der Donau verschifft wurde. Von der breiten Straße, über die wir die Kremser Innenstadt erreichen, biegen Sie am besten links in den Park ab. Sind Sie unserem Tip gefolgt und von der Straße in den Park eingebogen, so finden Sie am rechten hinteren Ende des Parkes die erste „klassische" Sehenswürdigkeit - das Steiner Tor. Den Namen bekam das Wahrzeichen der Stadt aus dem einfachen Grund, daß es bei seiner Errichtung unter Kaiser Friedrich III 1480 den Abschluß der Stadt Krems und den Beginn der Straße nach Stein darstellte. Durch die starke Bebauung ist heute nur noch schwer nachvollziehbar, daß auf dem ganzen Stück zwischen Stein und Krems kein Haus gestanden haben soll. Der Schönheit des Steiner Tores hat dies jedoch keinen Abbruch getan. Das Tor wurde 1765 durch den Aufbau des achteckigen brocken Turmes nochmals verändert und stellt heute mit den beiden kleinen gotischen Rundtürmen ein wunderschönes Bild dar - ein würdevoller Eingang zur Altstadt, die von der hier beginnenden Landstraße durchzogen wird. An beiden Seiten der Landstraße ragen Fassaden aus der Renaissance- und Barockzeit empor. Vorbei an dem hübschen Rathaus (1548) und der Bürgerspitalkirche (1470) geht es zum Göglhaus. Laut Inschrift wurde das Göglhaus 1570 und die Hauskapelle St.Martin um 1500 erbaut.

Weitere **Sehenswürdigkeiten** von Krems sind die ehemalige Dominikanerkirche von 1250 (im ehemaligen Kloster ist heute ein historisches Museum und ein Weinbaumuseum untergebracht), die Pfarrkirche St.Veit (1616-30, mit Werken des Kremser Schmidt), eine Ritterstatue aus dem 16.Jh., genannt Mandl ohne Kopf, die Piaristenkirche Unserer Lieben Frau (1014 gegründet), die Dreifaltigkeitssäulen, die Gozzo-Burg (für den Stadtrichter Gozzo 1260-70 erbaut) sowie die erhaltenen Reste der Stadtmauer. Sie sehen also - Grund genug, einige Zeit in Krems zu verweilen!

Vom Kremser Zentrum aus fahren Sie nun am besten in Richtung Bahnhof, bis Sie wieder auf die Schilder des Radwanderweges treffen. Der Radweg führt uns durch den Stadtteil Mitterau und gemeinsam mit der vierspurigen Schnellstraße (S 33) über die Donau. Geraten Sie bitte nicht über die Richtigkeit ins Grübeln, wenn Sie nach der Brücke zu einer großen Schleife geführt werden, die genau entgegengesetzt unserer eigentlichen Fahrtrichtung führt - nach drei Rechtskurven und etwa 2 km Fahrt unterqueren wir wieder „unsere" Brücke in der korrekten Richtung, nämlich donauabwärts. Wer mag, kann bei der großen Schleife noch ein Stück weiter die Landstraße entlang flußaufwärts nach Mautern fahren.

In **Mautern** siedelten schon die Kelten, gefolgt von den Römern, die aus dem 1.Jh. noch eine sehenswerte Stadtmauer zurückließen. Reste des ehemaligen Römerlagers Castrum Favianis sowie zahlreiche Fundstücke aus dieser Zeit sind im Museum ausgestellt. Mautern wurde übrigens auch im Nibelungenlied als Mutaren erwähnt.

Von Mautern geht es wieder zurück zum Scheitelpunkt der oben erwähnten Straßenschleife (hinter der Brücke). Wir kommen so zurück zu

Radel-Idylle in der Wachau bei Dürnstein

unserem Radweg, der, wie angemerkt, unter der Brücke am Ufer weiterverläuft. Zunächst verläuft parallel noch die lärmende Schnellstraße, doch nach dem Abzweig Hollenburg (Pfarrkirche, Burgruine und das Geymüller'sche Schloß von 1814) stört nichts mehr unsere RadelFreiheit. Wir tauchen nun ein in die Gegend, die sich Tullner Becken nennt - vor allem links der Donau erstrecken sich weite Ebenen (Auen), die von unzähligen Flüssen und Bächen durchzogen sind und dadurch eine teilweise üppige Vegetation aufweisen. Auf der rechten Seite wellen sich sanfte Berge.

Info

Kurz hinter dem Abzweig Hollenburg lockt ein weiterer Abstecher nach rechts - **Traismauer** ist ebenfalls durch Römerkastelle namens Augustian s und Trigisanum entstanden. Im noch aus dieser Zeit erhaltenen Hungerturm befindet sich das örtliche Heimatmuseum, welches die Geschichte bis zu den Traisen (v.Chr.) zurück verfolgt. Und auch auf das Nibelungenlied treffen wir wieder, denn „unsere Freundin" Kriemhild soll hier vier Tage gelang genächtigt haben.

Hinter dem Abzweig Traismauer weitet sich die Ebene noch mehr. Nach eingen Minuten ergibt sich ein für uns schon gewohntes Bild - ein Donaukraftwerk (Altenwörth). Doch wenig später bekommt dieses Wasserkraftwerk besondere Beceutung - wir passieren in nächster Nähe das Kernkraftwerk Tullnerfeld, das aufgrund der intensiven Nutzung von Wasserenergie-Ressourcen derweil abgeschaltet werden konnte.

Kurz hinter dem KKW können Sie kurz rechts einbiegen,um die Reste des Römerkastelles Piroporto (ausgeschildert) zu bestaunen, ehe wir an Zwentendorf vorbeikommen.

Info

Zwentendorf: Hier gibt es die mittelalterliche Pfarrkirche St.Stephan, die um 1700 erneuert wurde und das Schloß von 1750 zu sehen. Für Radfahrer wurde neben einem Sportplatz ein Zeltplatz eingerichtet (s. Serviceteil).

Hinter Zwentendorf ist der Radweg kurzzeitig unbefestigt und verläuft recht eng durch einen Wald, was einige Aufmerksamkeit erfordert. Quasi durch die „Hintertür" kommen wir wenig später nach Tulln.

Info

Tulln: Um etwa 1500 v.Chr. entstand hier die erste Siedlung. Nachdem diese durch die Kelten verlassen wurde, kamen die Römer und errichteten das Reiterkastell Comagena. Und das uns bereits bekannte Bild setzt sich fort - auch im Nibelungenlied wird Tulln als Tulne erwähnt, und das in dem Zusammenhang, daß König Etzel die Kriemhild hier empfangen haben soll. Die bestens nachvollziehbare, weil dokumentierte Geschichte beginnt mit einer Urkunde 985. Unter den Babenbergern 1042-1113, die während dieser Zeit ihre Residenz hier hatten, hieß es noch Tullona ehe es 1267 Tulna genannt wurde. Während der ungarischen Herrschaft im 15.Jh. wurde Tulln völlig niedergebrannt und auch die Türkenangriffe 1529 und 1683 hinterließen ihre Spuren. 1683 sammelten sich in Tulln die christlichen Truppen, um das von den Türken belagerte Wien zu befreien.

Von der Donaubühne aus machen wir uns über die vis-a-vis beginnende Fischergasse auf in Richtung Innenstadt. Am Ende der Fischergasse beginnt schräg links versetzt (geradeaus) die Fußgängerzone mit der Rudolfstraße. Dieser folgen wir (schiebend!) bis zur Einmündung der Wiener Straße (linkerhand). Ein paar Meter weiter in der Wiener Straße sehen wir rechts die doppeltürmige Pfarrkirche St.Stephan, die Ende des 12.Jhs. erbaut und in der Folgezeit oftmals (1486, 1513 und 18.Jh.) umgestaltet wurde. Neben der Kirche steht ein Karner aus dem 13.Jh. mit herrlichen Fresken und Figuren. Der Karner gilt als einer der schönsten Österreichs. Wieder zurück in der Fußgängerzone (Rudolfstraße) gehen wir links zum Rathausplatz (rechterhand). In diesen biegen wir ein und stehen auf dem Hauptplatz Tullns. Das erste mächtige Gebäude ist nicht, wie man beim Rathausplatz annehmen könnte, das Rathaus, sondern das Quartier der Bezirkshauptmannschaft (BHM). Dennoch ist der Hauptplatz mit der Dreifaltigkeitssäule, die man 1716 zu Ehren der in der Pest von 1679 Verstorbenen aufstellte und der Höhepunkt des kleinen Stadtrundganges. Am Ende des Hauptplatzes steht an der linken hinteren Ecke das nette Rathaus aus dem 17.Jh.

Wir gehen die rechts neben dem Rathaus verlaufende Brüdergasse entlang, können die Minoritenkirche bestaunen, auf die wir genau zu laufen, gehen rechts vor dieser her und kommen nach nochmaligem links abbiegen wieder zur Uferpromenade, auf der wir unsere Fahrt fortsetzen können. Der Campingplatz ist übrigens nicht zu verfehlen - am Ende der Uferpromenade kommt zunächst das Hallenbad, ein Garten und dann der Yachthafen, wo direkt anbei das Aubad und der Campingplatz liegen.

Der Verführung erlegen
Ein Ausflug zum Stift Göttweig

Toureninfos

 ca. 55 km

 Donaubrücke bei Krems. - Übernachtung
je nach Wunsch in Krems, Traismauer oder Tulln

 Teilweise recht bergige Strecke auf mäßig bis stärker befahrenen
Straßen

 Mehrere in St.Pölten und Herzogenburg, desweiteren in Furth,
Statzendorf, Rottersdorf, Oberndorf, Traismauer und Hollenbrug

 Frei- und Hallenbad in St.Pölten, desweiteren das Sommerzentrum
(Badesee) in Ratzersdorf bei St.Pölten

 Schloß Pottenbrunn März-Okt. Di-So 9-1 Uhr

Sind Sie auch schon verzaubert von diesem mächtigen Stift, das wir bereits seit vielen Radl-Kilometern rechts oben neben uns sahen? Also
dann - folgen Sie uns zum Benediktinerstift Göttweig und bei Gefallen
noch weiter nach St.Pölten und Herzogenburg, zwei weitere äußerst attraktive Ziele! Angemerkt sei, daß man diese Tour nicht mal „so nebenbei" im Verlaufe der Donau-Radwanderung machen sollte, denn allein
der Aufstieg nach Göttweig kostet eine Menge Kraft! Sie sollten diese
Tour also auch, wenn Sie „nur" einen Abstecher zum Stift machen wollen, als Tagestour planen.

Wir folgen also aus Krems heraus der Beschreibung wie unter Tour 15
und überqueren mit der Schnellstraße die Donau. Hinter der Brücke folgen wir den Schildern „Furth/Göttweig/St.Pölten". Diese führen uns
durch Furth und den mächtigen Berg hinauf zum Stift Göttweig.

Stift Göttweig: Bischof Altmann von Passau war es, der in der zweiten Hälfte des 11.Jhs. auf dem Kothwich (so heißt dieser Berg, den wir erklommen haben) einen Augustiner-Chorherrenstift gründete, der bald darauf schon den Benediktinern gehörte. Der Bau selbst war schon seit jeher gewaltig groß, doch ein Brand zerstörte 1718 das bis dahin Erbaute. Glaubt man den Aufzeichnungen, so wurden danach nur etwa 2/3 des geplanten Baus realisiert (aus Geldmangel) - kaum vorstellbar, wie groß er geworden wäre, hätte man die ursprünglichen Ziele verwirklicht. Die Vorzeigeseite des Stiftes und der Stiftskirche Mariae Himmelfahrt ist die Westfassade mit der großen, auf vier Säulen stehenden Vorhalle. Die Grundsubstanz der Kirche stammt von 1402. 1750-65 erfolgte eine Barockisierung des Baus, der lange seinesgleichen suchen muß.

Zur Fortsetzung der Tour fahren wir wieder den Hinweisschildern „St.Pölten" folgend zurück auf die Hauptstraße, der wir in hügeliger Fahrt folgen. Hörfarth und Meidling heißen die Orte, ehe uns die Straße um Statzendorf herum und weiter über Rottersdorf, Zagging und Kleinhain zu unserm nächsten Ziel bringt: St. Pölten.

St.Pölten: Die Römer gründeten hier, am Ufer des Flusses Traisen, das Lager Aelium Cetium, welches später Sitz des Klosters St.Hippolyt wurde, wodurch der Name St.Pölten geboren war. Während Enns als erste Stadt die Stadtrechte in Österreich bekam, war es St.Pölten, das als erste Stadt die Marktrechte bekam - das Jahr 1058 schrieb man damals und keine 200 Jahre später (1247) kamen auch die Stadtrechte hinzu. Mit den Stadtrechten wurde es erforderlich, einen Rathausplatz anzulegen und die Stadt zu bewehren. Leider ist heute von der mittelalterlichen Stadtmauer kaum noch etwas zu sehen.

Am Rathausplatz steht das schicke **Rathaus**, das 1727 aus zwei älteren Häusern zusammengefügt wurde. Die unterschiedlichen Baustile setzen sich auch im Innern fort, wo u.a. das Bürgermeisterzimmer mit einer Bildersammlung lockt, die alle Portraits der Bürgermeister der letzten 200 Jahre enthält. Die Dreifaltigketssäule auf dem Platz wurde 1767-82 errichtet. Ebenfalls am Rathausplatz liegt die sehenswerte, barocke **Franziskanerkirche** von 1768, die über einen phantastischen Hochaltar verfügt. Hinter dem Rathaus (in der Linzer Straße) finden wir das Institut der Englischen Fräulein von 1769, das über eine attraktive Fassade und im Innern über schöne Malereien verfügt. Folgen wir vom Rathaus aus der Hess-Straße zum Riemerplatz, so sind wir sogleich am **Dom** Mariae Himmelfahrt, der an der Stelle der alten St.Hippolytus-Kirche steht. Dem uns bereits bestens bekannten Jakob Prandtauer ist es zu verdanken, daß hier seit 1755 ein stattlicher Dom steht, der dem Kirchenfreund kaum Wünsche offen läßt - Grund genug also, sich Zeit zur Muße zu nehmen.

Nachdem wir uns noch etwas in der Fußgängerzone von St.Pölten erholt haben, ist es wieder an der Zeit, uns auf die Räder zu schwingen, denn mit Herzogenburg wartet noch eine Attraktion auf uns. So verlassen wir das Zentrum also durch den Vorort Vierhofen (Schloß Rosenhof, 17.Jh.) den Schildern "Herzogenburg" folgend.

Durch Ratzersdorf (Badesee), Ober- und Unterradlberg (wie sinnig für uns) kommen wir rund 12 km weiter nach Herzogenburg. Wer mag, kann hier das Ufer der Traisen wechseln, ein Stückchen (ca. 5 km) zurück flußaufwärts fahren und kommt so nach Schloß Pottenbrunn.

Ein echtes **Wasserschloß** aus der Renaissance finden wir in **Pottenbrunn**. Und das hübsche Gebäude aus dem 16.Jh. hat auch im Innern einiges zu bieten, so das Österreichische Zinnfigurenmuseum. Aber die Zinnsoldaten sind nicht einfach in Vitrinen ausgestellt, sondern derart postiert, daß Teile der österreichischen Geschichte wie z.B. die Belagerung Wiens durch die Türken verkörpert werden.

Herzogenburg: Die 7.400-Einwohner-Gemeinde wird bestimmt durch das Augustiner-Chorherrenstift, das -wen wundert's in dieser Gegend- 1714-40 von Jakob Prandtauer gründlich erneuert wurde. Nach Prandtauers Tod vollendete Josef Munggenast das Werk des Künstlers. Besonders zu beachten sind die Kunstsammlungen in der Bibliothek (30.000 Bücher), der Festsaal, das Stiegenhaus und natürlich die Stiftskirche. Letztere verfügt über eine einzigartige Orgel (Rokoko) und herrliche Wandmalereien.

Wir verlassen Herzogenburg links entlang der Bahnschienen und kommen rund 11 km später nach Traismauer, wo wir Sie Ihren individuellen Wünschen entlassen können: Auf dem Donauradweg können wir zurückradeln nach Krems oder weiterradeln nach Tulln. Auch eine Übernachtung in Traismauer ist in Pensionen oder auf dem Campingplatz möglich.

16

Das Ende naht
Von Tulln nach Wien

Toureninfos

km bis Klosterneuburg etwa 24 km bis Wien (Stephansdom) etwa 40 km

START Uferpromenade, Yachthafen, Campingplatz oder Aubad von Melk

🚲 Bitte beachten Sie die auf den vorherigen Seiten beschriebenen Tips und Hinweise !

🗙 Mehrere in Klosterneuburg und Korneuburg, desweiteren in Muckendorf, Greifenstein und Kritzendorf zahllose in Wien und Vororte

👑 Greifenstein: Seitenarm der Donau Klosterneuburg: Erlebnisbad Happyland, Donaustrandbad Kritzendorf: Strombad Wien: Badevergnügen für Tausende auf der Donauinsel, desweiteren in nahezu jedem Bezirk mehrere Hallen- und Freibäder

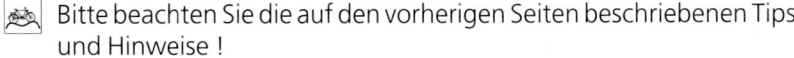

Wir verlassen Tulln vorbei am Yachthafen und kommen wieder auf den Donauradweg, der immer wieder zu kurzen Stopps einlädt.

Info In **Muckendorf** gibt es ein Schloß mit einem schönen Park. Ein Abstecher nach rechts (vom Radweg aus) führt zum Dorf **Zeiselmauer** mit den Resten einer römischen Mauer. Der Donauarm bei **Greifenstein** zieht Unmengen an Menschen an, die sich hier in dem sauberen Wasser abkühlen. Hoch über dem Donauarm thront die Burg Greifenstein. Die eindrucksvolle **Burg Greifenstein** ließ 1135 das Bistum Passau hier erbauen, um seine Macht im Wiener Bereich zu festigen. Daß wir sie heute in so prachtvoller Schönheit sehen, verdanken wir einem Wiederaufbau im Jahre 1670, nachdem die alte Burg im Türkenkrieg verwüstet worden war. Eine weitere grundliche Restaurierung ist erst vor rund 20 Jahren abgeschlossen worden. So stammen der Bering, das Palas und der Bergfried aus der Zeit um 1670. Die Knappenstube und der Torraum sind sogar aus der Gründerzeit übrig geblieben. In der Burg gibt es ein Museum, das außergewöhnliche Exponate bietet, wie z.B. einen alten Schwurstein oder historische Waffen. Der Weg nach Burg Greifenstein ist beschwerlich, doch nicht nur die Burg, sondern auch die beeindruckende Aussicht auf den Donauarm, auf das Tullner Becken und hinüber auf die Donauauen entschädigt für die Mühen.

Unser Radweg führt nun durch den kleinen Ort Kritzendorf hindurch (teilweise über öffentliche Straßen !) nach Klosterneuburg.

Info

Zu Füßen der mächtigen Höhenzüge des Wienerwaldes liegt die Stadt **Klosterneuburg**. Nachdem das Gebiet um Klosterneuburg schon in vorchristlicher Zeit von den Illyren besiedelt war, errichteten die Römer im 2. Jh. ein Kastell mit dem Namen Asturis. Zur politischen Hauptstadt wurde Klosterneuburg unter den Babenbergern, die hier residierten. 1108 gründete der Landespatron Niederösterreichs Leopold III, genannt Leopold der Heilige, ein Kollegialstift, welches 1133 als Augustiner-Chorherrenstift übernommen wurde.

Den ersten Namen, der auf den heutigen schließen läßt, kreierte Herzog Albrecht 1298, als er „neunbruck chlosterhalben" die Stadtrechte schenkte. Für uns Besucher ist das 1106 gegründete Stift der erste und wichtigste Anziehungspunkt. Ins Auge fällt als erstes die Stiftskirche Unserer Lieben Frau, die viel berichten kann: 1114 erbaut, 1136 geweiht, 1158 niedergebrannt, bis 1592 wieder aufgebaut, 1638-44 erweitert (Turm), 1634-1645 innen umgebaut, 1723-30 wiederum umgebaut, 1879 abschließend gestaltet und selbst in unseren Tagen wird ständig an ihr restauriert, so daß Sie froh sein können, die Kirche einmal ohne Planen zu sehen.

Aber auch die übrigen Räumlichkeiten des Chorherrenstiftes geizen nicht mit Herrlichkeit: Allen voran steht der von Nikolaus von Verdun geschaffene Verduner Altar. Er wurde aus 51 phantastisch gefertigten Emailletafeln 1181 als Grabaltar für den Heiligen Leopold gebaut. Von unschätzbarem Wert sind auch die Exponate in der Schatzkammer des Stiftes, die im Herzogshut ihren Höhepunkt finden. Beachten Sie aber auch die vielen weiteren Details des Stiftes, die vielleicht nicht so spektakulär sind aber dennoch ihren Reiz haben, wie z.B. der Kreuzgang (13./14.Jh., 1869-1881 erneuert), die Klosterneuburger Madonna (1,50 m hoch, von 1330) und die baulichen Feinheiten der verschiedenen Epochen (Gotik, Renaissance und Barock). Verschwiegen werden soll an dieser Stelle auch nicht, was es mit dem riesigen Faß im Bereich des Stiftsplatzes auf sich hat. Es faßt genau 999 Eimer bzw. 559 hl und bildet am Namenstag des heiligen Leopold (15.November) den Schauplatz des sogenannten "Faßlrutschens", einer historischen Gaudi im und um das Faß.

Wir verlassen den Stiftsplatz zum nahegelegenen Rathausplatz, (es geht vorbei an dem Haus, in dem die Stiftsführungen starten) an dem das Renaissance-Rathaus, die Babenbergerhalle und die Mariensäule zu sehen sind. Auf dem Weg zurück zum Radweg (Bahnhof) sollten Sie in aller Ruhe durch die teilweise verträumt wirkenden alter Gassen und

Straßen schlendern und die herrliche Altstadt genießen. Denjenigen, die länger in Klosterneuburg verweilen, sei das interessante archäologische Museum und die weltbekannte Bundeslehranstalt für Wein- und Obstbau sowie zur Entspannung das Erlebnisbad Happyland zum Besuch empfohlen.

Wer eine herrliche Aussicht über ganz Wien genießen möchte und einen Berg nicht scheut, sollte durch die Weinberge auf den **Kahlenberg** steigen - die Mühe lohnt sich. Kaum zu glauben, daß zu unseren Füßen die Millionenstadt brodelt und daß hier oben ein wichtiges Stück Geschichte geschrieben wurde: Auf dem Kahlenberg startete das sogenannte Entsatzheer, um Wien 1683 von den Türken zu befreien.

Und noch eine Empfehlung habe ich in Klosterneuburg - das auf dem anderen Ufer liegende Korneuburg. Um nach Korneuburg zu gelangen, fahren wir wieder auf den Donauradweg am Bahnhof Kierling. Hier fahren wir ein Stück den Radweg zurück, biegen kurz darauf rechts ab in Richtung Donau (Tuttendörfl) und kommen schließlich zum Ufer, wo wir mit einer Fähre übersetzen können. Auf der anderen Seite fahren wir ein paar Pedaltritte nach rechts, dann links unter der Autobahn her und wiederum einige Meter weiter links in die Innenstadt.

In **Korneuburg** ist die wichtigste Anlauftation der **Stadtplatz** mit eindrucksvollen Bürgerhäusern, dem gotischen Rathaus (19.Jh), dem Stadtturm (15 und 19.Jh.), der Dreifaltigkeitssäule (1747) sowie dem Stadtbrunnen. Letzterer besitzt eine interessante Figur - den Rattenfänger vom Bisamberg, der einst wie sein Pendant im deutschen Hameln durch seine Musik das Schloß Bisamberg (1585, nur noch Reste erhalten) von den Ratten befreit haben soll. Der Bisamberg ist jener Berg, der sich östlich von Korneuburg erstreckt - er ist über beschilderte Straßen zu erreichen und verspricht eine schöne Aussicht, das ehemalige Schloß und die Lourdesgrotte. Letztere ist zwar nicht so bekannt wie der französische Wallfahrtsort, aber Sagen und Aberglauben gibt es hier auch reichlich. Als zweites Ziel von Klosterneuburg ist die **Augustinerkirche** zu nennen, die aus der Gründung eines Klosters 1338 hervorgeht. Die heute zu sehende Pfarrkirche zum heiligen Ägidius wurde 1773 geweiht und besitzt einen außergewöhnlich reich geschmückten Hochaltar.

Nach Klosterneuburg fahren wir nach der Besichtigung einfach dieselbe Strecke zurück, die wir herkamen. Weiterfahrt nach Wien ??!! Lassen Sie Ihr Fahrrad hier stehen !

Klosterneuburg hat einen hervorragenden S-Bahn-Anschluß und das 24-Std-Ticket, welches Sie zur Benutzung aller S- und U-Bahnen Wiens an einem Tag berechtigt, kostet gerade einmal knappe 7 DM.

... und noch ein Tip: Sie kennen Wien bereits und wollen sich nicht in das Getümmel stürzen, sondern weiter der Donau in Richtung Osten folgen? Nun, dann haben Sie

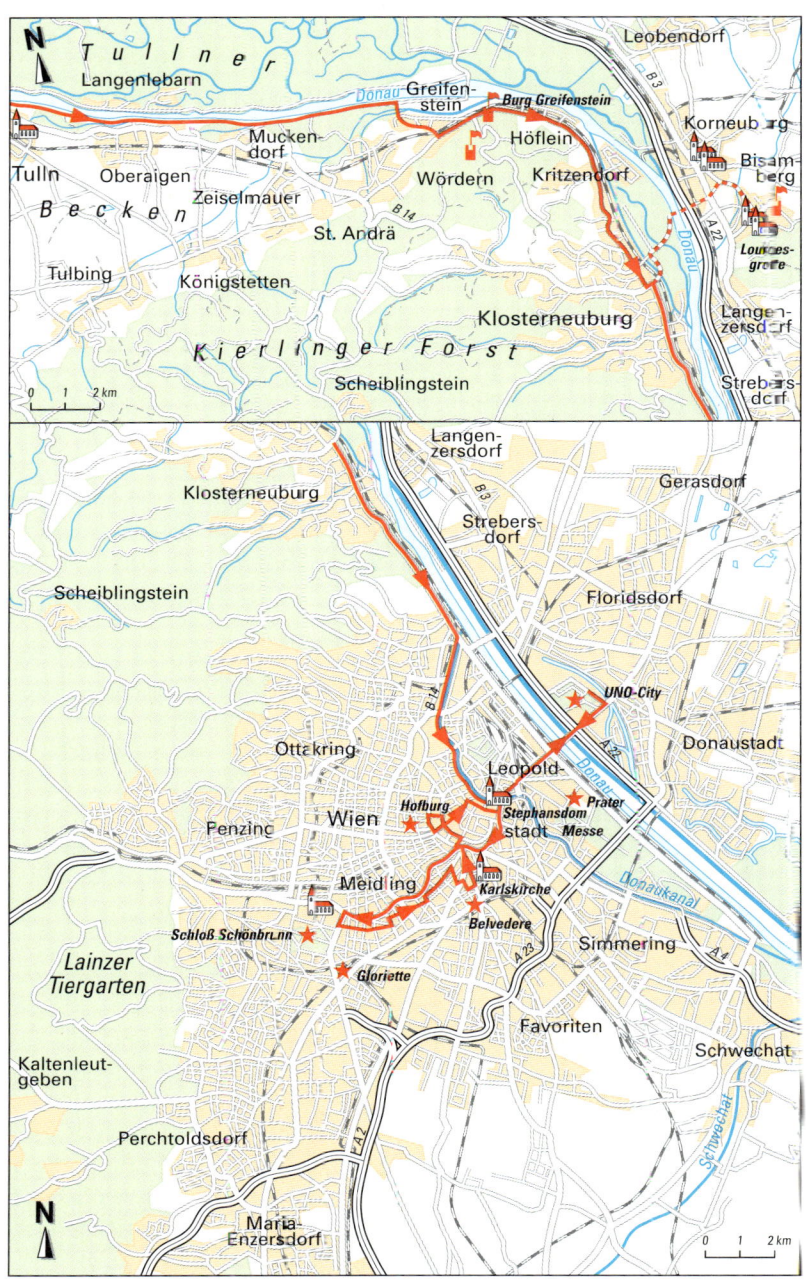

in Korneuburg die erste Gelegenheit, dies ohne große Hektik zu tun. Wir fahren dafür vom Zentrum Korneuburgs wieder unsere bekannte Strecke zurück in Richtung Donau, überqueren jedoch nicht die Bahnlinien, sondern fahren vor denselben links. Nachdem wir den Schienen einige Zeit gefolgt sind, führt uns der Radweg etwas weg von diesen und tangiert die Stadtautobahn. Hier biegen wir rechts ab, gleich darauf links und wieder rechts, so daß wir die Bahn unterqueren. Es geht nun im Zick-Zack auf die Autobahn zu und schließlich über die Autobahn hinweg auf die Donauinsel. „Geschafft" - das können wir nun ohne Frage sagen, denn wir bleiben nun für einige Kilometer auf dieser -autofreien (!)- Donauinsel.

Diejenigen, die nicht nach Korneuburg gefahren sind, sondern in Klosterneuburg blieben, brauchen ebenfalls nicht zu verzweifeln, wenn sie nicht durch Wien hindurch wollen. Dafür folgen wir zunächst dem Donauradweg nach Wien, der sich die nächsten Kilometer an die Bahnlinie schmiegt (dabei werden die Schienen zweimal überquert). Im Stadtteil Nussdorf haben wir dann gleich zweimal die Möglichkeit, auch auf die Donauinsel zu gelangen - mit der Fähre (beschildert) oder über die Nordbrücke (bitte beachten, daß es hierfür links ab geht vom Donauradweg). Wir müssen dann einfach nur von der Brücke hinunter auf die Insel, fahren rechts weiter und sind genau da, wo „unsere Korneuburger" auch angekommen sind.

Auf der Donauinsel unterqueren wir nach der Nordbrücke 6 weitere Brücken und haben der Reihe nach Ausblicke auf den Donaupark und das UNO-Gebäude (links) und auf Messegelände, Stadion, Prater und Lusthaus auf der rechten Seite. Beim Lusthaus unterqueren wir auch die letzte dieser 6 Brücken, die Eisenbahnbrücke. Einige Hundert Meter später müssen wir dann leider unsere geliebte autofreie Insel wieder nach links verlassen und kommen wieder auf den Donauradwanderweg der weiter nach Bratislava führt.

Doch mit dem Rad nach Wien ?! - Auch kein unlösbares Problem !

Wenn Sie dennoch mit dem Rad nach Wien fahren mögen, setzen wir unsere Tour in Klosterneuburg fort. Wir bleiben also weiter auf dem rechten Donauufer und folgen nach wie vor der S-Bahn-Strecke, die Sie bis in das Herz von Wien bringt. Folgende Straßen bieten sich an: Heiligenstädter Straße - im weiten Rechtsbogen in das Nußdorfer Lände (Str.) - Heiligenstädter Lände (Str.) - links vorbei am Franz-Josephs-Bahnhof - Porzellangasse - Schlickgasse - Börsengasse - am Concordiaplatz rechts in den Tiefen Graben, die erste Straße wieder links (Wipplinger Str.) - Hoher Markt - Lichtensteg - rechts in die Rotenturmstraße und „schon" sind Sie am Stephansdom.

Benutzer öffentlicher Verkehrsmittel haben es freilich einfacher - Sie steigen am Bahnhof Klosterneuburg-Kierling in die S40 (S-Bahn) und fahren bis zum Bahnhof Heiligenstadt. Dort steigen Sie um in die U-Bahn: Zunächst die U6 bis zum Westbahnhof, dann umsteigen in die U3 und aussteigen direkt am Stephansdom (Haltestelle Stephansplatz).

17

Die Bestätigung eines Image - Wien

Nun stehen wir also vor diesem Wust an Sehenswürdigkeiten und Wissenswertem über die Donau-Metropole, über die soviel gesagt und noch mehr geschrieben wird: So oft wie kaum eine andere Stadt besungen und immer für Gerüchte gut. So reicht das Image der Wiener von „charmant" bis „raunzend" (knurrig), reicht die Stadtbeschreibung von „schönste Stadt der Welt" bis „Molloch". Fangen wir also (wo auch sonst) ganz am Anfang an, nämlich bei der Geschichte, um das, was wir sehen werden auch zuordnen zu können:
Um nicht zu sehr auszuschweifen, hier eine Chronologie der Geschichte, die nun wirklich kaum kürzer zu halten ist:

Geschichte
um 400 v.Chr. Besiedelung durch Kelten, welche die erste Siedlung anlegen
15 v.Chr. besetzen die Römer unter Kaiser Augustus das Land und gründen die Festung Vindobona
193 erhält Vindobona das Stadtrecht und wird municipium
395 wird die römische Donauflotte in Vindobona stationiert
400-433 fallen Ostgoten, Westgoten und Vandalen nacheinander in der Stadt ein und zerstören Vindobona
881 fallen zum ersten Mal die Namen Wennias und Ad Uenian, was als Indiz für den heutigen Namen gilt. Sie stehen im Zusammenhang mit der Eroberung Wiens durch die Magyaren (Ungarn)
1030 schreiben die Niederalteicher Analen den Namen Wiennis - der heutige Name ist geboren
1136 wird unter Leopold III die kaiserliche Residenz von Tulln nach Wien verlegt. Er gründet in der nächsten Umgebung Wiens drei Klöster: Klosterneuburg, Heiligkreuz und Mariazell

1237 erhält Wien offiziell die Stadtrechte, ferner Reichsfreiheit und Münzrecht; Wien hat schon jetzt das dreifache Ausmaß des ehemaligen Römerlagers

1485 erobern die Ungarn Wien

1493 werden die Ungarn von Kaiser Maximilian I wieder vertrieben

1529 findet die erste Türkenbelagerung statt

1683 wird Wien zum zweiten Male durch die Türken belagert. Die Wiener bekommen Hilfe von Polen und Lothringen und schlagen mit über 80.000 Mann die Türken. Beim Rückzug vergessen die Türken einige Säcke Kaffee, wodurch durch die Wiener auf den Geschmack kommen und am 27.02.1684 das erste Kaffeehaus eröffnen (Zur blauen Flasche, in der Domgasse)

1684 werden die Kriegsschäden behoben und gleichzeitig alte, störende Gebäude eingerissen - in der Zeit des Barock entstehen die meisten der herrlichen, noch heute zu sehenden Gebäude

1805 muß Franz I Wien kampflos an Napoleon I abtreten.

1814-1815 muß Europa nach dem Niedergang des Reiches Napoleons neu geordnet werden. Die Staatsmänner treffen sich zum Wiener Kongress.

1873 ist ein ereignisreiches Jahr: Während in Wien die Weltausstellung stattfindet, wütet gleichzeitig die Cholera und fordert viele Opfer.

1921 wird Wien zum einem Bundesland der Republik Österreich

1944/45 tobt der zweite Weltkrieg auch in Wien - weite Teile der Stadt, unter ihnen auch der Stephansdom, werden zerstört

1945 wird die Stadt durch die Russen, gefolgt von den Alliierten, befreit

Einige Zahlen und Fakten in Stichpunkten

-Obwohl mit ca. 415 qkm das weitaus kleinste Bundesland, hat Wien die größte Einwohnerzahl (über 1,5 Mio) und zählt damit zu den größten Städten Europas. Zum Vergleich: Auf der 10-fachen Fläche Niederösterreichs (zweitstärkste Einwohnerzahl) wohnen etwa 1,4 Millionen Menschen

-Wien ist aufgeteilt in 23 Bezirke, deren Numerierung annähernd kreisförmig vom Zentrum (1.Bezirk ist die Stadtmitte, die etwa dem alten Römerlager entspricht)

-Während noch vor wenigen Jahren die Radler völlig aus dem Stadtbild verschwunden waren, ist man dabei, das Radwegenetz großflächig auszuweiten.

Tummelplatz für Touristen - der Heldenplatz vor der Neuen Burg

Stadtbesichtigung

Beginnen wie also unserer Stadtbesichtigung mit dem Wahrzeichen Wiens, dem Stephansdom.

Zwei weitere Namen existieren für den weltweit bekannten **Stephansdom**: Der eigentlich richtige Name Kirche St.Stephan und der wienerische Umgangsname „Steffl". Die erste romanische Kirche wurde an dieser Stelle 1147 vom Passauer Bischof geweiht. 1304 bis 1340 wurde das Langhaus fertiggestellt, das dann unter Rudolf IV nochmals verändert wurde. Damals erhielt es jene farbigen Dachziegel, die es heute noch schmückt. Im Bombenhagel wurde der Dom am 11./12.04. 1945 weitgehend zerstört. Phantastische Details werden dabei ruiniert, so auch das gesamte Dach. Ein einleitender Rundgang um den Stephansdom herum gibt uns einen weiteren beeindruckenden Ausblick auf dieses wunderschöne Bauwerk. Man erkennt die noch aus Gründerzeit erhaltene Westfassade mit dem Hauptportal und Heidertürmen unter romanischen Einflüssen, die einen netten Gegenpart zum hochgotischen Langhaus und Südturm bieten. Nehmen Sie sich ruhig Zeit für den Rundgang und Sie werden immer wieder bauliche Details an der Fassade entdecken!

Hinter dem Eingang ist rechterhand die Eligiuskapelle von 1391 mit einem Flügelaltar von 1507, linkerhand die Tirnakapelle von 1326, etwas weiter auf der Seite das Bischofstor (1515), dem das Singertor (1440) gegenüberliegt. Wenige Meter weiter liegt links neben dem Mittelgang eines der Prunkstücke des Stephansdomes - die Pilgram-Kanzel, eine phantastische Leistung des Steinmetzes Anton Pilgram. Er brauchte nicht einmal zwei Jahre (1514/15) für die Fertigstellung der 4 m hohen Kanzel. Hinter der Kanzel folgen vom Mittelgang bis zum Querschiff 11 herrliche Altäre zu beiden Seiten. Die Querschiffe, die eigentlich keine sind, nennen sich südliche Turmhalle (rechts) mit der Katharinenkapelle (1396) und (freilich) nördliche Turmhalle. Geradeaus gehen wir zwischen Frauenchor (links) und Apostelchor (rechts) auf den wundervollen Hochaltar zu. Dieser wurde 1640 - 70 aus schwarzem Marmor gefertigt und bettet sich in den etwa zur selben Zeit entstandenen Hochchor ein. Interessant am Hochchor ist der erst 1973 fertiggestellte Volksaltar, der fast so ausschaut, als gehöre er seit Jahr und Tag hierher.

Von der von außen (um den Südturm herum) zu erreichenden Gruftkapelle geht es hinunter in die gruseligen **Katakomben**. Ein mystisches System unterirdischer Gänge und Räume auf drei Ebenen wartet darauf, von uns „erforscht" zu werden. Wichtigste Anlaufstation ist die von Rudolf IV angelegte Herzogsgruft, welche die letzte Ruhestätte zahlreicher Habsburger wurde. Weiterhin sehenswert sind in Bezug auf den Dom noch das auf der nördlichen Seite des Platzes gelegene Bischofspalais mit dem Dom- und Diözesanmuseum, in dem freilich ein Portrait von Rudolf IV nicht fehlen darf sowie die Schatzkammer des deutschen Ordens, das sich in der Singerstraße (Stephansplatz südlich über die Churhergasse verlassen) befindet.

So, die Selbstverständlichkeit unter den Besichtigungen, der Dom, ist damit „abgehakt". Doch wo geht es nun weiter ? Wenn Sie geschafft sind von der Dombesichtigung, insbesondere wenn Sie noch den Südturm bestiegen haben, bietet sich an, zunächst einmal die „weiter" entfernten Sehenswürdigkeiten zu besichtigen, um in der U- / S-Bahn ausruhen zu können. Gehen wir also wieder in den Wiener „Untergrund" und fahren mit der U1 zu einem weiteren Wahrzeichen der Stadt, zum Prater.

Info

Prater: Die Radler fahren vom Stephansplatz über die Rotenturmstraße zum Schwedenplatz, der am Ende der Straße leicht rechts versetzt beginnt. Via Schwedenbrücke wird der Donaukanal überquert. Die hinter der Brücke schräg rechts beginnende Praterstraße bringt Sie direkt zum Praterstern, wie auch die U-Bahnstation heißt. Der Name Prater leitet sich aus dem Spanischen ab: prado = Wiese. Es ist ein fast 10 km langer Park, der einst fürstliches Jagtgebiet war. Die bereits 1537 angelegte Hauptallee führt uns geradewegs zum Lusthaus. Dies wurde 1566 erbaut und diente bis ins 18.Jh. hinein als Jagtschloß. 1782 erfolgte ein großräumiger Umbau, in dem sich heute ein nobles Café befindet.

Ein Stück die Aspernallee entlang liegt die kleine aber feine Wallfahrtskirche Maria Grün (1924), die ihrem Namen alle Ehre macht - beginnt hier doch das schönste Stück der alten Donauauen. Trotz aller Kritik darf nicht verheimlicht werden, daß die Aussicht von dem 1897 fertiggestellten (1947 wegen Kriegsschäden restauriert) Riesenrad in der Höhe von 67 m wunderbar ist.

Wer nun so richtig erholungsbedürftig ist und vielleicht wie ich an einem sonnigen Sonntag die Wiener Einwohner sucht, kann nun die Lassallestraße entlang gehen/fahren oder mit der U1 fahren und kommt so zur Donauinsel.

Im Rahmen der Donau-Kanalisierung entstand die sogenannte **Donauinsel**. Die Donauinsel wurde größtenteils künstlich geschaffen und erst 1984 fertiggestellt. Auf dem 21 km (!) langen Eiland finden Sie diverse Sportmöglichkeiten, vor allem aber riesige Strände, auf denen sich Sonnenhungrige tummeln und sich und in den sauberen Fluten abkühlen. Von der U-Bahnstation „Donauinsel" ist eine weitere Neuerung im Wiener Stadtbild unübersehbar: Das bereits erwähnte Austria Center Vienna, oder auch **UNO-City** genannt. Das Ausria Center Vienna wurde 1987 für Kongresse und Veranstaltungen erbaut, die UNO-City schon 1979 vollendet. Hinter dem bis zu 120 m hohen Wald aus Bürogebäuden beginnt der **Donaupark**, ein herrlicher, etwa 1 qkm großer Park mit dem Iris-See, schönen Spazierwegen und dem 252 m hohen Donauturm, der in 165 m Höhe ein rotierendes Café besitzt.

Wer nach dem Besuch dieses weltweit vielleicht einzigartigen, weil mitten in einer Millionenstadt angelegten, Erholungszentrum noch nicht fit ist für den weiteren „Besichtigungsstreß", ist selber schuld. Wenn wir schon U-Bahn fahren müssen, nutzen wir dies am besten gleich aus und „grasen" die etwas entfernt vom Zentrum liegenden Sehenswürdigkeiten ab. So steigen wir wieder in unsere U1 und fahren zurück in Richtung Stephansplatz. Dort steigen wir aber noch nicht aus, sondern fahren weiter bis zum Knotenpunkt Karlsplatz, steigen dort um in die U4 und kommen nach einigen Minuten Fahrt zum Schloß Schönbrunn.

Die Radler sind nun nicht zu beneiden - ihnen steht eine Art Abenteuersafari durch den Verkehrsdschungel bevor. Versuchen wir, Ihnen ein wenig zu helfen: Von der Donauinsel fahren Sie wieder zurück am Praterstern vorbei. Kurz bevor die Praterstraße zur Donau kommt, biegen Sie links ab in die Aspengasse und überqueren den Donaukanal via Aspernbrücke. Geradeaus geht es weiter über die Straße Stubenring und am Stadtpark vorbei.

Die Straße nennt sich nun Schubert Park und trifft auf den Schwarzenbergplatz. Dort schräg rechts auf den Kärnter Ring, dann die 4.Straße (Kärnter Str.) links einbiegen bis zur übernächsten Kreuzung. Dort kurz rechts auf die Friedrichstraße, die alsbald einen Linksbogen macht und sich Linke Weinzeile nennt. Nun ist das Gröbste geschafft. Diese Straße windet sich nun einige Kilometer entlang des Flusses Wien und wechselt noch nicht einmal ihren Namen. So kommen Sie zielsicher zu den Toren des Schlosses.

Schloß Schönbrunn: Man muß bis 1311 zurückblättern, um den wahren Anfang zu beleuchten. Damals stand hier die Kattermühle, welche die benötigte Energie aus dem Wienfluß bezog. 160 Jahre später gesellte sich die kleine Katterburg hinzu. Zu dieser Zeit gab es ringsumher nichts als riesige Wälder mit viel Wild. Das zog Maximilian II an, der die Katterburg 1568 zu einem Jagtschloß umbauen ließ. Das 1713 fertiggestellte Gebäude genügte Kaiser Karl VI, nicht aber Maria Theresia, die 1744 gleich zwei Architekten auf ein gründliches „Facelifting" ansetzte. Paccassi und Valmagini leisteten ganze Arbeit und verpaßten Schönbrunn sein heutiges wundervolles Roko-ko-Aussehen.

Doch nun endlich zur Besichtigung: Wir kommen durch das pompöse Gittertor (Haupteingang von vorne) auf den 24.000 qm großen Ehrenhof. Rechts wie links er-strecken sich die großen Nebentrakte, welche die Kavalierstrakte, das Schloßtheater (rechts), die sogenannte Wagenburg (rechts neben dem Schloß) und die Orangerie (links) beinhalten. Die Barockfassade des Hauptgebäudes, auf das wir geradewegs zugehen, ist mit zwei Treppen und sechs Säulen ähnlich gestaltet wir die rückwärtige Front. Das Schloßgebäude ist nur mit einer Führung zu besichtigen.

Aber auch die frei zugänglichen Teile von Schloß Schönbrunn haben vieles zu bieten wie z.B. die Gloriette (das Wahrzeichen auf dem Hügel), den Neptunbrunnen (unter-halb der Gloriette), den schönen Brunnen (an dem sich Kaiser Franz Joseph I. sein Wasser holen ließ), weitere Brunnen, Denkmäler, Gärten und nicht zuletzt den Tiergarten, der 1752 von Maria Theresias Gemahl angelegt wurde.

Wenn Sie unseren Tourenvorschlägen bisher gefolgt sind und dabei (vielleicht der Kürze der Zeit wegen) die Sehenswürdigkeiten relativ schnell besichtigt haben, dürfte spätestens nun der erste Tag unseres Wien-Besuches zuende gehen. Da Sie vielleicht schon früher „ausgestie-gen" sind, oder noch mehr sehen wollen, fahren wir fort in unserer

Mit täglich 11 000 Touristen Besuchermagnet Nr. 1 in Österreich: Schloß Schönbrunn

Ruhig, aber wunderschön: Schloß Belvedere

Stadtbeschreibung, in die Sie jederzeit aufgrund der Straßen- und U-Bahnangaben wieder einsteigen können.

Schloß Belvedere: Dorthin zu gelangen, ist relativ einfach. Wir fahren nur dieselbe U-Bahnlinie (U4) wieder zurück bis zur Station Karlsplatz. Die Radler fahren wieder über die Linke Weinzeile (später Friedrichstraße) ebenfalls bis zum Karlsplatz zurück. Wir gehen sodann auf der linken Seite des Karlsplatzes entlang (lassen also die Karlskirche zunächst rechts liegen) bis zur Lothringerstraße, die auf den Schwarzenbergplatz führt. An dessen rechter Stirnseite steht das Russische Heldendenkmal, an dem wir links vorbei den Rennweg entlang gehen. Nach wenigen Metern liegt rechts das Schloß.

An der Ecke Schwarzenbergplatz / Rennweg steht das Palais Schwarzenberg, das 1697-1714 erbaut wurde. Wenige Meter weiter in dem Rennweg steht links die Gardekirche zum Gekreuzigten Heiland, die ihren Namen dadurch erhielt, daß sie 1755-63 für die polnische Leibgarde Maria Theresias erbaut wurde. Etwas weiter liegt dann endlich rechts an der Straße das Untere Belvedere, das 1714-16 erbaut wurde. Obwohl äußerlich weitaus weniger heraus staffiert wie das Prunkstück Oberes Belvedere, macht es einen schönen Eindruck. Mit seinen „Innereien" kann das Untere durchaus mit dem Oberen Belvedere mithalten, beherbergt es doch das sehr sehenswerte Österreichische Barockmuseum. Etwas neben dem Unteren Belvedere befindet sich die Orangerie, die das Museum mittelalterlicher österreichischer Kunst beinhaltet.

Wir streifen nun durch den einen halben Kilometer langen Belvedere-Garten in Richtung des Oberen Belvedere. Der 1693-1717 angelegte Park ist zwar nicht ganz so eindrucksvoll wie der von Schönbrunn, macht aber durch die merklich wenigeren Touristen einiges wett. Die Architektur des Schlosses bezieht sich auf das Rokoko. Reichlich verziert prangt es auf einer Erhebung, die einmal mehr schöne Ausblicke auf Wien zuläßt. Schließlich heißt es ja nicht umsonst Belvedere (franz.=Aussichtsturm). Kunstliebhaber kommen bei der Besichtigung der Räumlichkeiten mit Sicherheit auf ihre Kosten. Die Österreichische Galerie des 19. und 20. Jahrhunderts hat alles zu bieten, was in dieser Zeit Rang und Namen hatte. Insbesondere werden Kunstwerke ausgestellt, die mit dieser Gegend assoziiert sind. Hier auf die einzelnen Werke einzugehen, ist hoffnungslos und daher sollten Sie sich am Informationsstand Ihrer persönlichen Neigung entsprechend informieren.

Nach der Besichtigung des Belvedere gehen wir nun wieder über die bekannten Straßen zurück zum Karlsplatz und besichtigen die vorhin so unwürdevoll beiseite gelassene Karlskirche.

Info

Schon von außen merkt man, daß die **Karlskirche** nicht eine der gewöhnlichen Kirchen ist. So erstreckt sich am Eingang eine immens breite Fassade, die neben dem säulengeschmückten Portal zwei Flügel mit je einem Turm besitzt. Der Grundriß setzt sich außergewöhnlich fort - hinter dem Eingang gehen zunächst nach rechts und links die bereits erwähnten Schiffe ab, ehe sich die Kirche wieder verengt und den Blick auf das ovale Hauptschiff freigibt, das von einer 72 m hohen Kuppel gekrönt wird. Die bezeichneten Säulen sind stolze 47 m hoch und orientieren sich an den Säulen Trajan und Marc Aurel in Rom.

Wiener Stadtmuseum: Wiederum vor dem Brunnen stehend und auf die Karlskirche blickend liegt links am Ende des Resselparks das Historische Museum der Stadt Wien. Für Wien-Besucher, die sich intensiv mit der Stadt beschäftigen, ist der Besuch des Museums obligat. Auf drei Etagen wird die Stadtgeschichte von 1500 v.Chr. bis zu ihrer weitläufigen Zerstörung im 2.Weltkrieg chronologisch dargestellt. So - Stephansdom, Prater, Uno-City, Schönbrunn, Belvedere und Karlskirche. Die Pflicht wäre damit beendet - kommen wir also zur Kür. Wie im Sport, so wollen wir auch bei der Stadtbesichtigung in der Kür noch außergewöhnlich Interessantes bieten.

Daher verlassen wir den Karlsplatz in der Nähe der U-Bahnstation über die Kärntner Straße, die uns nach wenigen Metern zu einer weiteren wichtigen Sehenswürdigkeit führt, zur Wiener Staatsoper.

Info

Das **Opernhaus** entstand ab 1861 und wurde am 15.05.1869 mit der Aufführung von „Don Giovanni" (Mozart) eröffnet. Es ist heute eines der mächtigsten Opernhäuser der Welt. Was die mit reichlich Details übersäte Fassade verspricht, hält auch das Innere. Prachtstücke sind die in der Vorhalle beginnende Festtreppe, das pompöse Schwind-Foyer, in welchem hinter den Büsten berühmter Komponisten jene Bilder aus ihren Szenarien hängen, durch die sie bekannt wurden, sowie der glänzende Marmorsaal.

Hotel Sacher: Neben der Staatsoper, an der Philharmonikerstraße, steht das weltberühmte Hotel Sacher. Eduard Sacher, der die bekannte Sachertorte schuf, ließ es 1874-76 erbauen und stellte es unter die Leitung seiner Frau Anne. Noch heute steigt hier internationale Prominenz aller Art ab und sorgt, egal ob Popstar oder Schauspieler, immer wieder für wilde Gerüchte, was wohl in den Séparées ablaufen möge.

Der Philharmonikerstraße ein paar Schritte bis zum Albertinaplatz gefolgt, und man steht vor der Albrechtsrampe mit dem Danubisbrunnen von 1867. Links in der Goethegasse steht der Hanuschahof.

Info **Hanuschahof:** Das Schild an dem unscheinbaren Hauses verrät, daß hier der Stammsitz des österreichischen Bundestheaterverbandes untergebracht ist. Kaum bekannt ist, daß dies der größte Theaterkonzern der Welt (!) ist.

Nicht versäumen sollte man an dieser Stelle, einen kurzen Spaziergang durch den romantischen Burggarten zu machen, der vis-a-vis des Hanuschahofes beginnt.

Info **Albertina:** In der Hanuschagasse (ein Stück zurück zum Albertinaplatz) liegt das Palais Silva-Taroucca, auch bekannt als Albertina. Es wurde 1781 errichtet und 1804, 1822 sowie 1945 umgebaut. Das Palais beherbergt die „Graphische Sammlung Albertina", eine weltberühmte Sammlung mit über 1 Millionen (!) Stichen, Lithographien und Radierungen sowie über 40.000 Zeichnungen. Für Liebhaber dieser Kunst ist die größte Sammlung der Welt dieser Kunstart ein absolutes Muß. Für sie dürfte sich der Rest des Tages erledigt haben.

Wir gehen nun vom Albertinaplatz die Augustinerstraße entlang. An der Ecke zur Spiegelgasse (rechte Seite) liegt das Palais Lobkowitz, das 1685-87 erbaut und später barockisiert wurde. Höhepunkt der Augustinerstraße ist jedoch die Augustinerkirche.

Info **Augustinerkirche:** 1327 gegründet und 1339 fertiggestellt war die Kirche bis ins 17.Jh. hinein ein eher schlichter Bau. Die dann erfolgte Barockisierung mißfiel dem Kaiser Josef I, so daß er den ursprünglichen gotischen Stil wieder herstellen ließ. Neben der Kanzel, der Georgskapelle und dem Hochaltar gibt es zwei weitere herausragende Details: Die Herzgruft, die 54 kleine Silberurnen mit den Herzen von Adeligen aus dem Hause Habsburg be nhaltet (die Habsburger durften nur ohne Herz begraben werden) und das 1891-1905 für Maria Theresias Tochter (Erzherzogin Maria Christina) geschaffene Christiner denkmal.

Wir kommen nun zum Josefsplatz, dessen Blickfang das 1795-1807 gefertigte Reiterstandbild ist, das Josef II darstellt. Derweil haben wir schon einen sehr guten Eindruck von der überdimensionalen Burg gekommen, deren Komplex mit der Albrechtsrampe begann und dessen Mitte wir erst mit dem Josefsplatz erreicht haben.

Info **Nationalbibliothek:** Kommen wir also zu der Nationalbibliothek. Gleichzeitig mit dem gesamten Bau entstand zwischen 1723 und 1735 die insbesondere am Sims reich geschmückte Fassade. Das Museum kann sich sehen lassen: Im 2.Stock zeigt beispielsweise die Papyrussammlung wertvollste Funde aus Arabien, Griechenland oder Ägypten. Eines der wichtigsten Exponate ist das 9 m (!) lange Totenbuch. Wer sich hingegen mehr für Musik interessiert, muß hoch in die 4.Etage. Eine Etage darunter ist das Globenmuseum untergebracht, das historische Ansichten unserer Erde zeigt. Nomen est omen heißt es dann wieder beim Prunksaal. Der Name bürgt für pompöse Gestaltung des Raumes, bei dem man aus dem Staunen kaum noch heraus kommt.

Spanische Reitschule/Lipizzaner: Doch auch die Herzen der Pferdefreunde werden am Josefsplatz höher schlagen. Vom Denkmal aus gesehen rechts befindet sich der Reitschultrakt. Die legendäre Spanische Reitschule hat hier ihre sogenannte Sommer- und Winterreitschule untergebracht. Ab und an kann man durch die Fenster einen Blick auf das Training der wundervollen weißen Lipizzaner erhaschen, die hier für ihre eindrucksvollen Vorstellungen dressiert werden. (Adresse: Spanische Reitschule, Hofburg, A-1010 Wien).

Nachdem wir auch den schönen Arkadenhof der Stallburg bestaunt haben, gehen wir via Josefsplatz wieder über die Augustinerstraße und kommen auf den Michaelerplatz. Seinen Namen bekam der Platz von der rechts befindlichen Michaelerkirche.

Info

Die 1221 gestiftete **Michaelerkirche** war zunächst eine kleine Basilika, die 1340 erweitert wurde (Turm), im 14./15.Jh. weitreichende gotische Teile erhielt und 1792 den letzten Schliff bekam. Neben den hübschen kleinen Kapellen ist der Hochaltar von 1781 der unumstrittene Höhepunkt des Gotteshauses. Er soll der schönste und größte Barockaltar Wiens sein.

Bundeskanzleramt und Haus-, Hof- und Staatsarchiv: Wir verlassen den Michaelerplatz über die Schauflergasse zum Ballhausplatz und laufen direkt auf das Bundeskanzleramt zu. Das ehemalige Ballspielhaus wurde 1717-19 erbaut und war ab 1753 ständiger Sitz derer, die in Österreich das Sagen hatten.

Hinter dem Komplex des Bundeskanzleramtes erhebt sich die etwas skurrile Minoritenkirche.

Info

Nach „satten" 147 Jahren Bauzeit wurde die **Minoritenkirche** 1447 fertiggestellt. Außer dem „geköpften" Turm, der 1683 bei einem Türkenangriff im oberen Bereich zerstört und nie wieder aufgebaut wurde, fällt an der Fassade das noch vom gotischen Originalbau von 1350 erhaltene Hauptportal auf. Die Formenvielfalt setzt sich auch im Innern fort, das über weite Teile einen klassizistischen Stil besitzt. Das Bild des Hochaltars erinnert dagegen eher an die Barockzeit, in der es auch entstand.

Wir gehen nun wieder zurück zum Ballhausplatz und kommen rechts zum Heldenplatz.

Weltbekannt - das Riesenrad im Prater

Die Alte und die Neue Burg: In der Nacht zum 27.11.1992 ging hier am Heldenplatz gar nichts mehr - während die Welt noch entsetzt an die Bilder des brennenden Königspalastes Windsor Castle in England dachte, brach um drei Uhr morgens auch in der Wiener Hofburg ein verheerender Großbrand aus, bei dem große Teile der Burg, darunter der Redutensaal, zerstört wurden.

Aus diesem Grunde ist es durchaus möglich, daß auch bei Ihrem Besuch der Hofburg noch einige Teile gesperrt sind. Aber dennoch - auf dem Heldenplatz stehend, sehen Sie links die Alte Burg, um die wir ja schon geraume Zeit herum laufen. Es ist der sogenannte Leopoldinische Trakt, da er, wie der Name schon sagt, unter Leopold I erbaut wurde.

Vor uns liegt die **Neue Burg**. Hinter der phantastischen halbrunden Fassade verbirgt sich ein wahres Labyrinth an Räumen. Kaiser Franz Joseph I ließ diese Teile der Burg als seine neue Residenz bauen und versuchte mit mehr oder minder großem Erfolg, alte Bereiche zu integrieren. Darin befinden sich ein kunsthistorisches (Musikinstrumente, Waffen, etc.) und das Volkskundemuseum in der Burg. Letzteres ist sehr empfehlenswert, nicht nur wegen dem hier ausgestellten Federschmuck des Azteken Montezuma.

Von der Neuen Burg gehen wir wieder über die Mitte des Heldenplatzes zurück. Dabei kommen wir zunächst am Denkmal für Prinz Eugen von Savoyen und später am Denkmal für Kaiser Karl von Lothringen vorbei. Jenseits des breiten Weges, der den Abschluß des Heldenplatzes darstellt (Fußgängerzone), liegt der Volksgarten.

Der **Volksgarten** präsentiert sich in einer bezaubernden Art - saubere Wege, gepflegte, phantasievoll angelegte Gärten und hier und da ein Denkmal. Höhepunkt des 1829 angelegten Parks ist der Theseus-Tempel (1820-23). Den eigentlichen Sinn des Baus, die Statue „Theseus besiegt den Kentauren" hat man aus unerfindlichen Gründen entfernt und im Kunsthistorischen Museum (s.h.) ausgestellt. Trotz alledem sollten Sie es nicht versäumen, einmal durch die Gartenanlage zu schlendern und auch die Menschen zu betrachten, die hier verweilen - es sind auffällig viele Wiener (im Gegensatz zu den übrigen Parks in der Innenstadt).

Wir verlassen den Volksplatz wieder so, wie wir gekommen sind, an der Esplanade. Dieser folgen wir nach rechts und kommen zum Burgring, der einen Teil der sogenannten Ringstraße darstellt, deren Anfang und Ende das Ufer des Donaukanals ist und die den historischen Kern Wiens umschließt, bzw. direkt tangiert. Dem Burgring folgen wir zunächst ein Stück in die linke Richtung.

Natur- und Kunsthistorisches Museum, Messepalast: Das erste Gebäude, das wir erreichen ist das Naturhistorische Museum, das dahinter das Kunsthistorische Museum. In deren Mitte liegt der phantastische Maria-Theresien-Platz mit dem Maria-

Theresien-Denkmal (1883). Hinter dem Platz erhebt sich der 1723-25 erbaute Messepalast. Eine der weltgrößten naturwissenschaftlichen Ausstellungen mit Pflanzen, Tieren, Fossilien, usw. beherbergt das Naturhistorische Museum. Wer immer schon „a bisserl" mehr über Pflanzen wissen wollte, kann sich hier das sogenannte Wiener Herbadium mit 13.000 (!) Bänden, die 2,5 Mio Pflanzen erfassen, durchlesen. Das Kunsthistorische Museum besticht schon von seinem marmorgeschmückten Treppenhaus her. Dies ist ein würdevolles Ambiente für eine sehr wertvolle Sammlung von Kunstgegenständen aller Art, darunter der Habsburgerschatz.

Wir gehen nun wieder den Burgring zurück. Nachdem wir auf der anderen Straßenseite wieder die Esplanade passiert haben, taucht auf unserer, der linken Straßenseite das Denkmal der Republik auf. Es stellt (natürlich) die Gründer der Republik Österreich dar.

Hinter dem Denkmal ist eine schmale Grünfläche, gefolgt von dem Justizpalast (1881). In ihm darf freilich eine Statue der Justitia nicht fehlen - sie steht in der großen Aula. Doch zurück zur Ringstraße, die nun Dr.Karl-Renner-Ring heißt - es wartet der nächste Höhepunkt der Ringstraßenarchitektur, das Parlament.

Parlament: Hinter der eindrucksvollen, säulengeschmückten Fassade, die eher zu Griechenland passen würde, treffen sich heute Bundesrat und Nationalrat. Bei der Erbauung 1873-83 war das Gebäude noch der kaiserliche Reichsrat. Neben dem Parlament liegt ein weiterer Park der Extraklasse - der 1885 angelegte Rathauspark, reich an Denkmälern, geschmückt mit teilweise exotischen Pflanzen und bei Sonnenschein immer stark besucht. Trotz all' dem Grün ist ein weiteres erstaunliches Bauwerk nicht zu übersehen, welches hinter dem Park liegt, nämlich das Rathaus.

Rathaus: Den Begriff „Neues Rathaus" habe ich nun bewußt nicht verwendet, da er doch etwas irreführend ist. 1872-83 erbaut, strahlt der Bau eine ungeheure Eleganz aus, was nicht zuletzt an der 152,5 m langen Front liegt. Bei der Erstellung des repräsentativen Baues wurden weder Kosten noch Mühen gescheut und auch Sie sollten sich nicht scheuen, einige Zeit hier zu verweilen. Außer der Fassade sind der Festsaal, die Festtreppen, der große Sitzungssaal (mit einem 3,2 Tonnen (!) schweren Kronleuchter) und der Arkadenhof empfehlenswert.

Wir gehen wieder zurück zum Dr.Karl-Lüger-Ring und sehen, auf der Ringstraße angekommen, vis-a-vis auf der anderen Straßenseite das Burgtheater.

Burgtheater: Nachdem sich noch 1683 die Türken an der hier befindlichen Löwenbastei die Zähne ausgebissen hatten, mußte die Bastei 1874 dem Theatergebäude weichen, das am 14.10.1888 eröffnet wurde. Durch seine geschickte Plazierung inmitten eines großen Platzes wirkt das mit 136,5 m Länge ohnehin nicht kleine Haus noch gewaltiger. Neben der schmucken Fassade betrachte man noch das Foyer mit der schönen Galerie sowie die Treppenhäuser.

Wir gehen wieder auf der Parkseite des Ringes weiter und sehen neben dem Rathauspark die Universität.

Die älteste deutschsprachige **Universität** wurde von Rudolf IV am 12.03.1365 gestiftet. Bis 1384 gab es allerdings noch Meinungsverschiedenheiten mit der damals noch ebenfalls deutschsprachigen Prager Uni, so daß die Vorlesungen zunächst in den Häusern der Professoren abgehalten wurden. Der heutige 14.500 qm große Bau entstand 1873-83.

Unübersehbar erheben sich neben der Uni jenseits des Sigmund-Freud-Parks die 99 m hohen Türme der **Votivkirche zum Göttlichen Heiland** Auf den ersten Blick sieht die Kirche wie eine mindestens 500 Jahre alte Kathedrale aus, doch das Bauwerk wurde erst am 24.04.1879 anläßlich der Silberhochzeit von Kaiser Franz Joseph I geweiht. Die Hauptfassade ist das Schmuckstück des Sakralbaus - außer den beiden Türmen gibt es gleich drei Portale zu bestaunen, die mit biblischen Darstellungen verziert sind. Die Pracht setzt sich auch im Innern fort - die Orgel mit 3.700 Pfeifen und der Antwerpener Altar sind die Höhepunkte.

Wir gehen über den Sigmund-Freud-Park zurück, an der U-Bahnstation vorbei und biegen in die Schottengasse ein. Nach kurzer Zeit kommen wir zum Schottenstift.

Schottenstift: Es waren irische Benediktinermönche, die 1155 hier eine Abtei gründeten. Das Stift beherbergt heute ein Gymnasium und eine Gemäldegalerie. Wenn man von der Schottengasse auf den Platz (Freyung) kommt, sieht man als erstes die Schottenkirche mit dem vorgelagerten Austria-Brunnen (17.Jh.). Das Gotteshaus entstand in seiner heutigen Form 1634-48 und ist vom Grundriß her anders als die übrigen Kirchen, nämlich fast quadratisch. Doch gerade die Bescheidenheit macht die Eleganz der Schottenkirche aus, die auch im Innern unauffällige, aber hübsche Details besitzt.

Von der Schottenkirche aus gehen wir nun die Bognergasse entlang. Links liegt der Platz „Am Hof" mit der Mariensäule (1667) und der Kirche „Zu den neun Chören der Engel". Das „Kirche am Hof" genannte Gotteshaus wurde ursprünglich 1386-1403 im gotischen Stil erbaut, mußte aber 1607 nach einem Großbrand wieder neu errichtet werden. Später erhielt sie ihre heutige Barockfassade. Die Bognergasse mündet schließlich auf die Straße Tuchlauben. Schräg rechts liegt das 1839 gebaute Sparkassengebäude. Um dieses gehen wir herum und kommen auf die Straße mit dem Namen Graben.

Der **Graben** ist heute ein Teil der Fußgängerzone und eine der bedeutendsten Einkaufszonen der Stadt. Die Geschäftshäuser entstanden fast allesamt im 19.Jh. Die historische Bedeutung des seltsamen Straßennamens liegt auf der Hand - hier befand sich einst der Festungsgraben der Römersiedlung. Bis 1225 blieb der Graben erhalten, dann ließ Leopold VI ihn zuschütten.

Badespaß mitten in Wien: Vor der UNO-City lädt die Donauinsel zum Baden ein

Gleich am Anfang des Grabens liegt links der Petersplatz mit der

Info

Peterskirche: Karl der Große stiftete 792 nach dem erfolgreichen Feldzug gegen die Awaren an dieser Stelle eine Kirche. Der Grundriß der heutigen Kirche erinnert sehr an die Karlskirche - einem eckigen Eingangsbereich folgt ein ovales Hauptschiff. Im Innern sollten Sie den im Oval symmetrisch verteilten Kapellen und dem Hochaltar besondere Aufmerksamkeit schenken.

Wir gehen nun weiter den Graben entlang, vorbei an der Pestsäule (1693) und dem gegenüberliegenden Palais Bartolotti-Partenfeld (1720) hin zum Stock-im-Eisen-Platz.

Info

Stock-im Eisen-Platz: Sie wundern sich über den eigenartigen Namen? - Nun, hier steht bereits seit 1533 der Baumstumpf einer alten Fichte, der mit einem Eisenband umgeben ist. Das „unaufsperrbare" Schloß des Eisenbandes soll einst ein Schlossergeselle mit Hilfe des Teufels gefertigt haben. Der Teufel bedankte sich auf seine Weise und holte den Gesellen in sein Reich. Aus diesem Grunde schlagen noch heute alle vorbeiziehenden Schlosser einen Nagel in den Stamm und sprechen ein Gebet.

Unübersehbar sind wir nun am Ende unseres langen Rundganges angelangt - der Stephansplatz öffnet die Aussicht zum Dom und die Menschenmassen verraten ebenfalls unsere Position. Freilich haben wir in der Kürze der Zeit nur die wichtigsten Sehenswürdigkeiten „abklappern" können. Weiterhin beachtenswert wären beispielsweise die

Kaisergruft (Nähe Albertinaplatz), in der alle wichtigen Herrscher Österreichs (unter ihnen auch Maria Theresia) begraben liegen, der am östlichen Teil der Ringstraße gelegene Stadtpark (1858 angelegt), der Augarten (jenseits des Donaukanals, 1614 angelegt) oder viele andere touristisch interessante Ziele. Doch was zu einem Wien-Besuch einfach dazu gehört, ist ein Abend in einem Heurigenlokal.

Tip

Wer hätte schon noch nicht von den weltberühmten Heurigenlokalen gehört? Es basiert -freilich- auf dem **Heurigen**, jenem Wein, der aus trocken gepreßten Trauben zu Most und durch gärende Lagerung zu dem (verhältnismäßig hochprozentigen) Heurigengetränk wird. Heurigenlokale sind in aller Regel von Nachmittags bis 24 Uhr geöffnet. Sie können hier Ihre Brotzeit selber mitbringen, oder sich ein deftiges Menue genehmigen. Die größte Ansammlung an gemütlichen und weniger gemütlichen Heurigenlokalen befindet man im Nordwesten der Stadt, zu Füßen des Wienerwaldes, insbesondere in den Stadtteilen Nußdorf, Grinzing, Heiligenstadt oder Sievering, aber auch im Süden der Stadt.

Ebenso wie an die Heurigenlokale, so denkt man bei Wien auch an die **Fiaker.** Es gibt derweil nur noch rund 35 Pferdekutschen in Wien und nicht zufällig stellen sich die Männer mit Weste und Hut vor den am stärksten frequentierten Orten auf: Heldenplatz, Oper und Dom. Wer gerne mehr über die Fiaker erfahren mag, sollte sich in die U-Bahn setzen und nach Hernals (17.Bezirk) fahren - dort gibt es ein Fiaker-Museum.

Info

Der Wienerwald: Was ist schon nicht alles geschrieben worden über den Wienerwald, das absolut letzte Aufbäumen der Alpen, bevor sie im Tal der Donau verschwinden. Noch vor etwa 500 Jahren war der Wienerwald ein echter Urwald -dicht zugewuchert, so daß sich nur die hier beheimateten Tiere, unter ihnen Bären und Wölfe hier wohl fühlten.

Um zum Wienerwald zu gelangen, stehen Ihnen alle Mittel offen - er umschließt halbkreisförmig die Stadt Wien. Eine der schönsten Gegenden erstreckt sich oberhalb des Kahlenbergerdorfes in südwestlicher Richtung. Es ist einfach mit der S-Bahn (S45) zu erreichen; von Nußdorf oder Kahlenbergerdorf kommt man per Bus oder besser per pedes auf die Höhenzüge, die teilweise über 500 Meter erreichen - höchster Punkt des Wienerwaldes ist der Schöpf mit 893m. Unvergleichlich sind die herrlichen Ausblicke, die man immer wieder auf Donau und Stadt genießen kann.

Tip

Hier auf die **Sehenswürdigkeiten** einzugehen, die in unmittelbarer Umgebung Wiens angesiedelt sind, würde ein weiteres Buch füllen. Als Tip sei Ihnen geraten, in das Informationsbüro im Wiener Rathaus zu gehen und sich beraten zu lassen. Als Empfehlungen kann man Auslüge nach Laxenburg (Neues Schloß von 1752, Altes Schloß aus dem 14.Jh und die Franzensburg von 1836), Burg Kreuzenstein aus dem 12.Jh oder Heiligenkreuz (älteste Zisterzienserabtei des Landes) anführen.

Adressen zu Wien (Telefon-Vorwahl 0222)

Info (schriftliche Anfragen):
Wiener Fremdenverkehrsverband,
Kinderspitalgasse 5,A-1095 Wien,Fax: A-1/433292
-Offizielle Tourist-Information,Kärntner Str.38,1035 Wien
Tel:Wien-5138892
-schriftliche und telefonische Auskünfte: Wiener Fremden-
verkehrsverband, Obere Augartenstraße 40, A-1025 Wien,Tel:
Wien-222/21114-0
-Rathaus-Information,1,Rathaus,Friedrich-Schmidt-Platz,
Tel.:Wien-438989
-sowie an der Oper,an den Bahnöfen und am Flughafen

Camping:
-Camping Wien West I, 1140 Wien,4.Bezirk
Tel.:Wien-941449
-Camping Wien West II,1140 Wien,4.Bezirk
Tel.:Wien-942314
-Camping Wien Süd, 1230 Wien,23.Bezirk
Tel.:Wien-869218
-Schwimmbadcamping Rodaun,,1238 Wien,23.Bezirk
Tel.:Wien-884154

Jugendherbergen:
-Jugendgästehaus Wien-Brittengau,1200 Wien,20.Bezirk,
Friedrich-Engels-Platz 24,Tel.:Wien-3382940,343 Betten
-JH,Myrthengasse 7/Neustiftgasse 85,1070 Wien,7.Bezirk,
Tel.:Wien-936316,221 Betten
-Turmherberge Don Bosco,Lechnerstraße 12,1030 Wien,3.Bez.
Tel.:Wien-7131494,53 Betten
-Hostel Ruthensteiner,Rober Hamer Linggassse,1150 Wien,
15.Bezirk,Tel.:Wien-853693,77 Betten
-Jugendgästehaus der Stadt Wien (Hütteldorf),Schlossberg-
gasse 8,1130 Wien,13.Bezirk,Tel.:Wien-8771501,277 Betten
-Schloßherberge am Wilhelminenberg,Savoyenstraße 2.
1160 Wien,16.Bezirk,Tel.:Wien-458503700,164 Betten

Baden: In nahezu jedem Bezirk mehrere Hallen- und Freibäder, dazu
die im Text erwähnten Bademöglichkeiten an der Donau

Öffnungszeiten:

Albertina -Mo, Di u. Do 10-16, Mi 10-18, Fr 10-14, Sa u. So 10-13 Uhr; im Juli/August So geschlossen

Botanischer Garten - Apr-Oktober täglich 9 Uhr bis Sonnenuntergang

Burgtheater - Führungen Mo-Sa 9, 15, u. 16 Uhr, So 11, 13, 14 und 15 Uhr

Erzbischöfliches Dom- und Diözesanmuseum - Mi-Sa 10-16 Uhr sonn- und feiertags 10-13 Uhr

Fiaker-Museum - jeden 1.Mi im Monat 8-13 Uhr

Herzgruft in der Augustinerkirche - nur nach Anmeldung unter Telefon 52 33 38

Historisches Museum am Karlsplatz - Do-So 9-16.30 Uhr

Hofburg - Mo-Sa 8.30 - 16.30 und So 8.30 - 13 Uhr

Kunsthistorisches Museum - Di-Fr 10-18 Uhr, Sa-So 9-18 Uhr

Naturhistorisches Museum - Mi-Mo 9-18 Uhr

Neue Hofburg - Di-So 10-16 Uhr, Sa/So schon ab 9 Uhr

Parlament - Führungen Mo-Fr 11 Uhr, im Juli/August zusätzlich 15 Uhr Bibliothek 9-15.30 Uhr

Rathaus - Führungen Mo-Fr 13 Uhr

Riesenrad im Prater - April-Sept täglich 9-23 Uhr, März und Oktober täglich 10-22 Uhr

Schloß Belvedere - Di-Sa 10-16, So 9-16 Uhr

Schloß Schönbrunn - Führungen Okt-April täglich 9-12 und 13-16 Uhr Mai-Sept täglich 9-12 und 13-17 Uhr Park, Tiergarten und sonstige Anlagen ab 8/9 Uhr bis Sonnenuntergang

Spanische Reitschule - Vorführungen März-Juni und Sept-Nov So 10.45 und Mi 19 Uhr, Kurzvorstellungen Sa 9 Uhr Morgenarbeit Mo-Sa 10-12 Uhr

Staatsoper - Führungen Juli/Aug täglich 9, 11, 13 und 15 Uhr Sep-Juni an probefreien Tagen Mo-Sa 14 und 15 Uhr, So 11, 13, 14 und 15 Uhr

Stephansdom - Domführungen Mo-Sa 10.30 und 15 Uhr sowie sonn- und feiertags 15 Uhr Turmbesteigung täglich (außer Dez-Feb) 9-16.30 Uhr Katakomben täglich 10-11.30 und 14-16.30 Uhr

Vienna International Center (UNO-City) Führungen Apr-Okt täglich 11 und 14 Uhr

Reichhaltig wechselt das Landschaftsbild im Verlauf des Donau-Radwegs

18

Wo einst der „eiserne Vorhang" war
Von Wien nach Bratislava (Preßburg)

Toureninfos

km ca. 64

START Donauinsel in Wien

 Zunächst ausgezeichneter Radweg; ab Hainburg wird für ca. 15 km eine stärker befahrene Bundesstraße benutzt

 In Orth, Eckartsau, Stopfenreuth, Bad Deutsch-Altenburg, Petronell, Hainburg, Wolfsthal und mehrere in Bratislava

 Strand- bzw. Freibäder in Bad Deutsch-Altenburg und Hainburg, des weiteren Frei- und Hallenbad in Bratislava

191

Bis Bad Deutsch-Altenburg ist der Verlauf dieser Strecke identisch mit Tour 19. Angemerkt sei, daß sich ein Abstecher nach Petronell (ebenfalls unter Tour 19 beschrieben) als äußerst lohnenswert erweist. Unser Radweg nach Bratislava verläßt Bad Deutsch-Altenburg am Donauufer, dem wir flußabwärts folgen. Nach rund 4 km kommen wir am Bahnhof Hainburgs vorbei und haben sodann auch die erste Sehenswürdigkeit vor Augen: Hainburg an der Donau.

Info

Seiner Lage im Osten hat es **Hainburg** zu verdanken, daß die Stadt seit jeher eine bedeutende geschichtliche Rolle spielte. Schon im Jahre 1043 wurde an dieser Stelle eine Burg erwähnt, um die herum sich nach und nach eine Stadt bildete. 1244 erhielt Hainburg die Stadtrechte und es dürfte dieselbe Zeit gewesen sein, in der man die Wehranlage zum Schutze des Ortes errichtete. So erhielt Hainburg eine wuchtige Mauer mit zwölf Türmen und mehreren Toren. Auch diese starke Bewehrung konnte die einfallenden Türken im 16. und 17.Jh. nicht aufhalten und so kam es, daß Hainburg der Bedeutungslosigkeit verfiel. Seit dem Fall des „Eisernen Vorhangs" blüht die Stadt freilich immer mehr auf und ist aufgrund seiner Grenznähe ein wichtiger Handelsort geworden. Das Ungartor ist eines von drei noch erhaltenen Stadttoren. Die anderen beiden Tore nennen sich das Fischertor (an der Donau) und das Wiener Tor (Richtung Westen).

Das Wiener Tor ist ohne Frage das interessanteste der drei Tore, denn zum einen ist es stattliche 20 m hoch, läßt klar die unterschiedlichen Baustufen erkennen (der grobe, untere Teil um 1244, der glattere obere Teil erst im 15.Jh.) und zum anderen beherbergt es das sehenswerte Heimatmuseum. Am Wiener Tor treffen wir auch wieder auf „unser" altbekanntes Nibelungenlied: Kriemhild und Etzel sollen in Hainburg genächtigt haben und ihnen zu Ehren wurde das Wiener Tor mit zwei Figuren versehen, die Kriemhilde und Etzel darstellen. Bei der Anfahrt konnten wir eine weitere Attraktion Hainburgs bereits seit langem sehen: Die Ruinen der alten Burg, die seit dem 16.Jh. nicht mehr bewohnt wird. Dennoch konnten einige Teile, unter ihnen die Pankratiuskapelle und Teile des Wohntraktes, erhalten werden.

Im Zentrum Hainburgs ist der Marktplatz mit der herrlichen Mariensäule aus dem Jahre 1749 der wichtigste Anlaufpunkt. Ebenfalls am Marktplatz treffen wir auf einen weiteren bekannten Namen - Joseph Haydn. Der bekannte Komponist, der 1732 in Rohrau (s.Tour 19) geboren wurde, ging zwischen 1737 und 1740 in Hainburg zu Schule. Grund genug, ihm zu Ehren am Marktplatz einen Brunnen zu bauen. Die bedeutendsten Sakralbauten der Stadt sind die Pfarrkirche zum heiligen Philipp und Jakob (1700, auf den Steinen einer viel älteren Kirche), eine Lichtsäule aus dem 14.Jh. und ein Karner aus dem 13.Jh.

Zur Weiterfahrt haben wir Glück, daß die Landstraße nicht über einen dieser Berge, sondern im Tal verläuft. Ein Verfahren ist kaum möglich, denn die Schilder weisen uns eindeutig den Weg über die Bundesstraße (B 9) nach Bratislava (Preßburg). So durchradeln wir nach rund 5 km den Ort Wolfsthal (ehemaliges Wasserschloß, im 19.Jh. gotisiert), kommen wieder rund 5 km später an die Grenze und haben nun nur noch weitere 5 km vor uns, bis wir wieder an die Donau kommen, die nun Dunaj heißt und durch das Ziel unserer Tour fließt.

Info

Bratislava (Preßburg): Seit 1993 ist Bratislava die Hauptstadt der Slowakei und hat seitdem ständig an Bedeutung gewonnen. Bratislava erhielt 1217 die Stadtrechte damals aber nicht Bratislava, sondern Pozsony hieß und ungarisch war. Als die Burg Buda (das heutige Budapest) 1542 von den Türken besetzt wurde, verlagerte man die ungarische Hauptstadt bis 1784 nach Bratislava, oder besser gesagt nach Pozsony. Als 1784 Budapest wieder ungarische Hauptstadt wurde, hatte man in Bratislava Zeit, sich wieder um die slowakischen Interessen zu kümmern, doch es dauerte bis 1993, bis Preßburg den Status bekam, den es heute besitzt: Hauptstadt der Slowakei.

Bei der Überquerung der Donau haben wir unsere erste Sehenswürdigkeit direkt vor Augen, nämlich die Burg (Hrad).

Info

Unmittelbar unterhalb der **Burg** gibt es eine Furt in der Donau - kein Wunder also, daß der kleine Berg, auf dem heute die Burg prangt, seit jeher, genauer gesagt seit prähistorischer Zeit, bevölkert war. Nachdem sich (freilich) auch die Römer mit einem Wachturm hier verewigt hatten, wurde im 9.Jh. eine Burg errichtet und in den nachfolgenden Jahrhunderten stetig ausgebaut, so daß sie heute das Wahrzeichen der Stadt ist. Seit Maria Theresia, die auch neuen Schwung in die Stadt brachte, die Burg um 1765 prachtvoll ausstaffieren ließ, blieb der Palast bis heute unverändert, abgesehen von einem Großbrand im Jahre 1811. Die Besichtigung der Burg steht auf dem Pflichtprogramm des Stadtrundganges von Bratislava, nicht zuletzt, weil heute das Slowakische Nationalmuseum hier untergebracht ist, welches zahlreiche Exponate aus der Geschichte des Landes zeigt, unter ihnen eine Figur aus dem Jahre 22.800 v.Chr.(!). Sehenswert sind vor allem auch die Schloßstiege, die zum Dom hinunter führt und der ehemalige Rittersaal.

Wir radeln nun unterhalb der Burg am Donauufer wenige Meter entlang, um dann schräg links abzuzweigen in Richtung Innenstadt. So kommen wir zum wichtigsten Sakralbau der Stadt, dem St.-Martins-Dom (Dóm sv. Martina).

Info

Von Außen wirkt der **St.-Martins-Dom** recht schlank, was nicht zuletzt dem relativ spitzen Dach und dem 85 m hohen Turm zu verdanken ist, der auch einmal als Wehrturm benutzt wurde. Im Innern verblüffen ein barockes Reiterstandbild, das Presbyterium mit Tafelbild und die angebauten Kapellen des heiligen Johannes des Täufers und der heiligen Anna.

Folgen wir vom Dom aus der Straße mit dem Namen Panská Laurinská und biegen wir an der dritten Straße (Radnicná) links ab, so kommen wir zum Alten Rathaus (Staré radnica).

Hier haben wir quasi „en bloc" mehrere **Sehenswürdigkeiten**:-Linkerhand einen hübschen Park mit dem Rolandsbrunnen, der von Kaiser Maximilian gestiftet wurde.

Info
Der Hintergrund dieses Brunnens ist interessant: Als Kaiser Maximilian II. gekrönt werden sollte, brach mitten in der Zeremonie ein Großbrand aus, der mangels Wasser nicht gelöscht werden konnte. Um ähnliches in Zukunft zu vermeiden, wurde an dieser Stelle ein Brunnen erbaut, der ausreichend Löschwasser liefert.-Rechterhand steht der ehemalige Palast Appomyi, in dem sich heute das interessante Weinbau- und Winzermuseum befindet. -An der nächsten Querstraße rechts einbiegend (Kostolná) befinden sich: -Das alte Rathaus, das eigentlich aus mehreren schönen Häusern besteht. Eines der ältesten Häuser ist das sogenannte „Haus mit Turm" aus dem 13.Jh. Beachtenswert im Gebäudekomplex sind vor allem der Turm, das städtische Museum, die rekonstruierte Kapelle, das Atrium, der Gerichtssaal und die Fassadenmalereien. -Neben der Rathaus steht der Primatial-Palast (Primacciálny palác), ein großes Gebäude mit herrlichen Fassaden, einer reichhaltigen Innenausstattung, einer Kapelle und einer Galerie (mit 6 Gobelins!). -Vis-a-vis des Rathauses steht die Jesuitenkirche (JezuitskΩ kostal) von 1638, die später barockisiert wurde -Vor der Kirche befindet sich eine Mariensäule von 1675.

Wir folgend der Straße, die zwischen Jesuitenkirche und Grünstreifen beginnt und kommen schon bald zum Kloster mit Kirche der Franziskaner (kostal a Klástor frantiskánov).

Info
1278 gründete der ungarische König Ladislaus IV. an dieser Stelle eine Kirche, weil er kurz zuvor eine wichtige Schlacht im Marchfeld gewonnen hatte. In der Folgezeit wurde die Kirche mehrfach erweitert und umgebaut, hatte aber durch zwei Erdbeben (im 17. und 18.Jh.) großen Schaden genommen.So sind weite Teile der heute zu sehenden Kirche restauriert worden, was ihrer Schönheit jedoch keinen Abbruch tut. Vis-a-vis des Klosters steht das Mirbach-Palais (Mirbachow palác), das 1770 im Auftrag des Brauereiinhabers M.Speck errichtet wurde. Der monumentale, vierflüglige Bau mit zahlreichen Rokoko-Verzierungen läßt erahnen, daß Speck durchaus zu den wohlverdienenden Einwohnern der Stadt gehörte. Heute ist hier die städtische Galerie mit einer Kunstsammlung (14.-20.Jh.) untergebracht.

Folgen wir nun vom Palais der Straße mit dem Namen Zámocnicka, sehen wir an der nächsten Straßenecke rechterhand das Michaelstor (Michaelská brána).

Info
Strahlend weiß und kupfergekrönt erhebt es sich vor uns, das ohne Frage schönste Tor der Stadt. Sehr gut sind an der Fassade die drei Bauepochen zu erkennen: Der viereckige Unterbau aus dem 14.Jh., der achteckige Aufbau aus dem 16.Jh. und das Zwiebeldach aus dem 18.Jh. Das **Michaelstor** zählte einst zu den drei Toren der Stadt und war damals, im 14.Jh., von einem Wassergraben beschützt. Die steinerne Brücke, die den Graben überwand, ist noch heute zu sehen und wird geschmückt von barocken Plastiken des Erzengels Michael und des heiligen Johannes von Nepomuk. Neben dem Michaelstor werden die Herzen der Mediziner höher schlagen, denn hier ist in den barocken Räumen einer Apotheke das pharmazeutische Museum untergebracht.

Gehen wir nun durch das Tor, so kommen wir zu dem sich links erstreckenden Platz mit dem Namen Harbanovo nám., an dem auch die

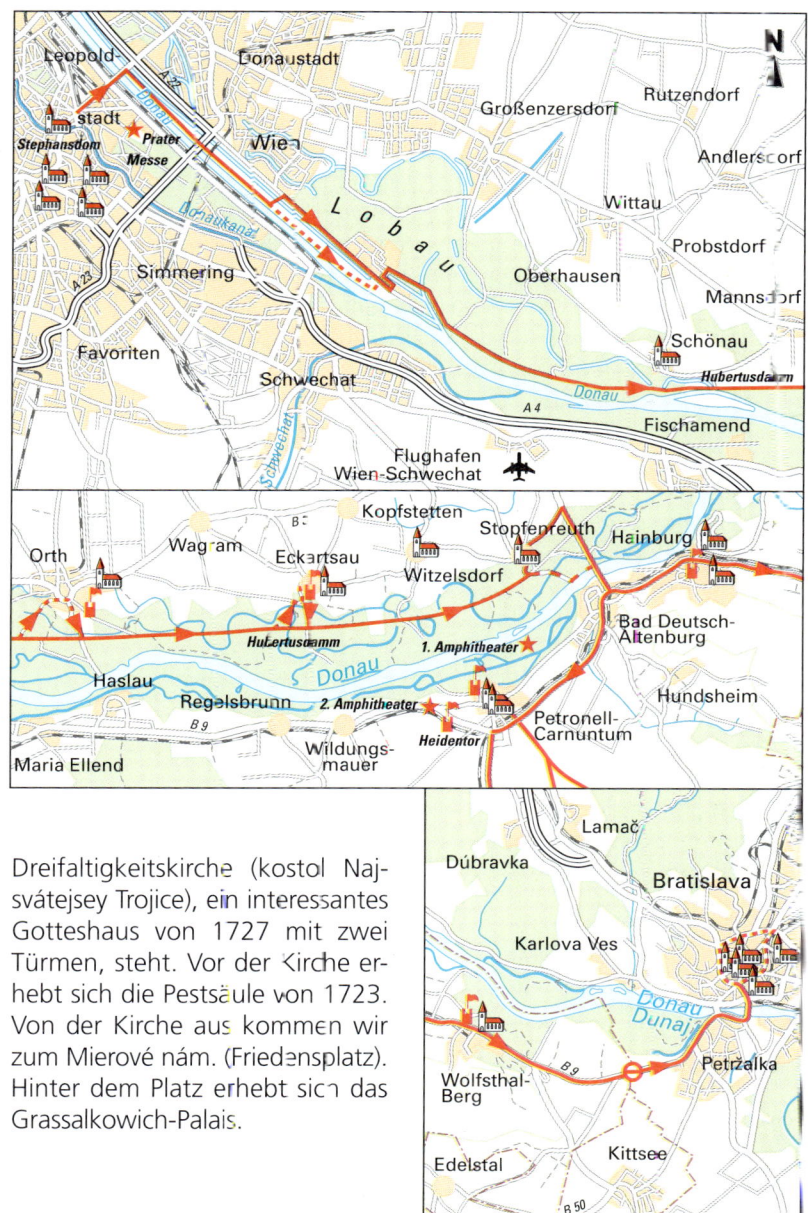

Dreifaltigkeitskirche (kostol Naj-
svátejsey Trojice), ein interessantes
Gotteshaus von 1727 mit zwei
Türmen, steht. Vor der Kirche er-
hebt sich die Pestsäule von 1723.
Von der Kirche aus kommen wir
zum Mierové nám. (Friedensplatz).
Hinter dem Platz erhebt sich das
Grassalkowich-Palais.

Info

Es handelt sich hierbei um ein mächtiges, barockes Gebäude von 1760, das über einen ebenso hübschen wie großen Garten verfügt. Auch auf den Namen Joseph Haydn treffen wir hier wieder: Er hielt 1772 einige Konzert im wundervollen spanischen Saal des Palais.

Vom Palais aus gehen wir nun zurück zum ersten Platz und biegen rechts ein in die Staromestská, der wir nun einige Zeit folgen. Bei dem Garten, der sich ein der ersten Linkskurve der Straße befindet, können wir einen Abstecher in die linke Seitenstraße unternehmen und uns die Kapuzinerkirche (1711, mehrere hübsche Kapellen) ansehen. Die Staromestská bringt uns vorbei am Haus zum Guten Hirten (es besitzt nun einen Raum pro Etage!), an der St.Nikolaus-Kirche (17.Jh.), am Museum des Kunsthandwerkes und zurück zum Dom St.Martin, der das Ende unseres Rundganges darstellt.

Doch die Stadtbesichtigung ist noch nicht abgeschlossen, denn was wäre sie ohne einen Besuch der Slowakischen Nationalgalerie (Ikonenausstellung und Werke slowakischer Künstler) und ohne einen Besuch des Slowakischen Nationalmuseums (alles zur Geschichte und zur Natur des Landes). Beide Museen liegen direkt am Donauufer und sind äußerst empfehlenswert.

Zur Rückreise nach Wien bieten sich nun drei Alternativen an:

1. Die geruhsame Fahrt mit dem Zug
2. Die vergnügliche Fahrt mit dem Schiff auf der Donau
3. Die sportliche Fahrt mit dem Fahrrad, wobei hier dieselbe Strecke zu wählen ist, die wir auf der Hinfahrt benutzten

In der Reihe **"Freizeit mit Kindern"** sind in Nachbarschaft zum Donau-Radweg im Stöppel Verlag Weilheim erschienen:

933 Oberbayern Süd   (ISBN 3-924012-75-X)
956 Bayern Bd. 2   (ISBN 3-924012-87-3)

19

Das Meer der Wiener
Von Wien zum Neusiedler See

Toureninfos

 km ca. 69 bis Neusiedl am See

 Abgesehen von der Strecke zwischen Petronell und Neusiedl sehr
gut zu befahrene Radwege Der Neusiedler See stellt die ideale
Verlängerung der Radtour in Form eines Badeurlaubes dar

 In Orth, Eckartsau, Stopfenreuth, Bad Deutsch-Altenburg, Petronell,
Rohrau, Bruck, Parndorf und Neusiedl Bei der See-Umrundung in
Neusiedl, Podersdorf, Illmitz, Mörbich, Rust, Purbach und Breitenbrunn

 Strandbad in Bad Deutsch-Altenburg, Viele Strände rund um den
Neusiedler See

 Bad Deutsch-Altenburg - Afrika-Museum Do-So 9-17 Uhr Petronell -
Donaumuseum Di-So 10-17 Uhr

Wichtige Anmerkung: Der erste Teil dieser Tour (bis Petronell) ist identisch mit dem Beginn der Tour 18 (nach Bratislava)! Wer Wien so richtig
in vollen Zügen genossen und im wahrsten Sinne des Wortes die Nase
von Autoabgasen voll hat, der bekommt vielleicht Lust, hinter Wien
noch „eins drauf" zu setzen. Zahlreiche Gespräche mit „Radel-Kolle-
gen" auf den Campingplätzen in und um Wien ergaben, daß viele Radler ihre Tour entlang der Donau noch weiter fortsetzen wollten. Häufig
genannte Ziele waren hier Bratislava und der Neusiedler See.

Da ich Sie, falls Sie ebenfalls derartige Bestrebungen haben, nicht in
Wien stehen lassen mag, folgen anbei die Tourenbeschreibungen (freilich mit Sehenswürdigkeiten), die zu Beginn für beide Routen gleich ist:
Wir verlassen die Innenstadt Wiens und fahren auf die Donauinsel. Die
besten Möglichkeiten dazu bieten sich an der Nordbrücke (bei Heiligenstadt), an der Floridsdorfer Brücke (bei Brigittenau) oder an der Reichs-

197

brücke (zwischen Praterstern und Austria-Center). Der zum Glück auto-freien Donauinsel folgen wir bis zur letzten Brücke flußabwärts (Anmer-kung: Die vorletzte Brücke ist eine Eisenbahnbrücke). Über diese Brücke queren wir nun auch den zweiten Donauarm und kommen ans links Ufer. Direkt hinter der Brücke fahren wir nach rechts am Ufer entlang.

Nach rund 2,6 km heißt es links abbiegen, die Bahnschienen kreuzen, nach etwa 250 m rechts fahren und dann einfach geradeaus. Nach der Überquerung eines Seitenarms der Donau kommen wir auf den Hubertusdamm, der uns parallel der Donau weiterbringt. Ein verfahren ist nun unmöglich, denn mit Ausnahme zweier möglicher Abstecher führt der Radweg nun stets schnurgerade auf dem Damm. Der erste der bezeichneten Abstecher führt uns links nach Orth an der Donau.

Info

Orth: Der kleine, rund 1.700 Einwohner zählende Ort liegt im sogenannten March-feld, in dem schon im 1.Jh.n.Chr. wichtige Schlachten tobten (damals gegen die Rö-mer, später gegen die Ungarn, gegen die Türken und gegen Napoleon). Kein Wun-der also, daß in Orth im 12.Jh. eine Burg errichtet wurde, die man im 13. und 16.Jh zu einem wuchtigen Schloß erweiterte. In der etwas düster wirkenden Anlage sind heu-te gleich drei Museen untergebracht: Das Österreichische Fischereimuseum (verstei-nerte Fische, Fischereigeräte, etc.), das Bienenmuseum (alles über die Imkerei) und das Donaumuseum, das anhand zahlreicher Modelle alles wissenswerte über die Do-nau erzählt.

Nach der Besichtigung des Schlosses fahren wir wieder zurück zum Hubertusdamm. Schon wenig später lockt der nächste Abstecher nach Eckartsau.

Info

Während das Schloß in Orth zwar mächtig, aber nicht sehr einladend wirkte (zumin-dest von Außen), kommt man am **Schloß Eckartsau** einfach nicht vorbei: Graf Kinsky kaufte 1720 das damals heruntergekommene Schloß der Herren von Eckartsau (11.Jh.) und ließ es in einen prachtvollen, barocken Palast umwandeln. Schloßkapelle, Vorhal-le, Treppenhaus und ganz besonders der Festsaal sind Meisterwerke ihrer Art, die auch Kaiser Karl I gefielen, als er sich hier aufhielt, um seine letzten Kaisertage vor dem Gang ins Exil zu verleben.

Wir radeln weiter über den Hubertusdamm, der uns schließlich den Weg nach Stopfenreuth weist. Wir fahren geradeaus durch den Ort und biegen bei den letzten Häusern rechts ab, so daß wir auf eine kreu-zende Landstraße kommen. Dieser Landstraße nach rechts folgend überqueren wir schon bald die Donau und kommen zu den Toren von Bad Deutsch-Altenburg.

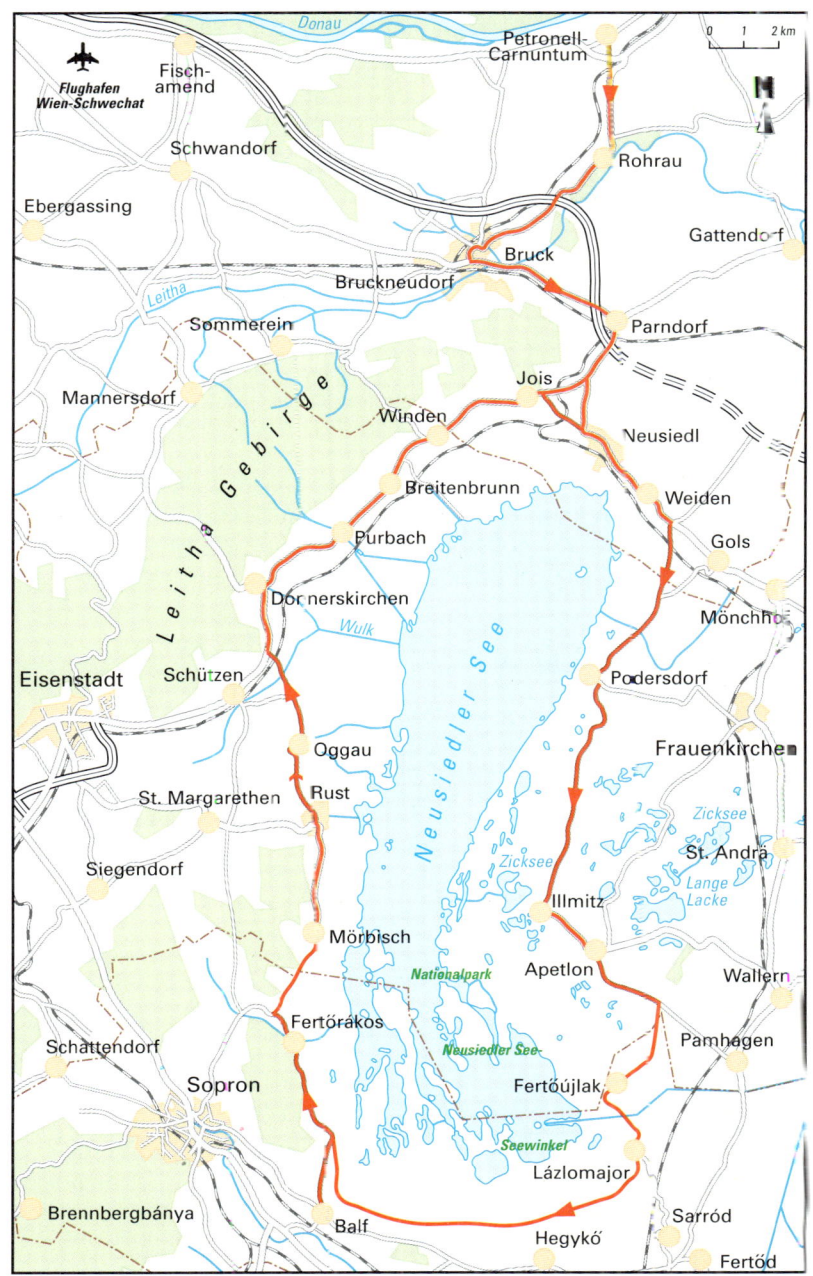

Bereits die Römer erkannten die Heilwirkung der warmen Jodschwefelquellen, die es hier gibt. 180 n.Chr. war den Römern allerdings gar nicht nach baden zumute, denn Kaiser Mark Aurel hatte alle Hände voll zu tun, sich hier gegen die Markomannen zu behaupten. Entsprechend dieser Geschichte gibt es in **Bad Deutsch-Altenburg** auch ein Römermuseum (Carnuntinum), das auf die hiesige Geschichte und auf die Historie des benachbarten Römerlagers (s.u.Petronell) eingeht. Bevor wir auf die Sehenswürdigkeiten eingehen, sei noch erwähnt, daß die Stadt ihren Namen daher trägt, weil in dieser Gegend im 16.Jh. viele deutsche Familien angesiedelt wurde, um nach den vielen Kriegen mit Vertreibungen wieder „Leben an die Donau" zu bringen.

Die markantesten Bauwerke von Bad Deutsch-Altenburg sind die 1213 gestiftete Pfarrkirche Mariae Empfängnis und das Schloß Ludwigstorff (17.Jh.), in dem heute ein Afrika-Museum untergebracht ist. Die genannte Kirche konnte viel ihrer Grundsubstanz aus dem 13.Jh., wie z.b. das Langhaus, erhalten und wurde im 14.Jh. durch einen sehenswerten Chor ergänzt. Weiterhin beachtenswert in Bad Deutsch-Altenburg sind der Karner aus dem 13.Jh. und die netten Biedermeierhäuser, welche im 19.Jh. entstanden, als die Reichen und Schönen zum Kuren hierher kamen.

Die Tour nach Bratislava führt nun eigentlich weiter entlang der Donau, doch ein Abstecher nach Petronell ist sehr empfehlenswert: Um dorthin zu gelangen, verlassen wir Bad Deutsch-Altenburg am Ufer des Donau-Armes (Strandbad) den Schildern „Petronell" bzw. „Amphitheater" folgend.

Petronell (Carnuntum): Schon hinter den Toren von Bad Deutsch-Altenburg treffen wir auf eindrucksvolle Zeugen der glorreichen Geschichte dieser Gegend: Direkt am Weg liegt das sogenannte 1.Amphitheater, das rund 180 n.Chr. erbaut wurde, und etwa 8.000 Zuschauer faßte. Seinem guten Zustand ist es zu verdanken, daß noch heute in dem Theater Aufführungen stattfinden. Unsere Zeitrechnung hatte gerade begonnen, als die Römer an der sogenannten Bernsteinstraße das Lager Carnuntum errichteten. Petronell blieb geschichtlich bedeutend: Um 1000 gehörte das Gebiet den Herren von Vohburg-Cham, 1189 weilte hier Barbarossa im Rahmen seines Kreuzuges und später vertrieben die Türken bei ihrem Angriff auf Wien alle Einwohner Petronells.

Hauptattraktionen des heutigen Petronells sind freilich die Reste aus römischer Zeit. Im Freilichtmuseum sind viele Ausgrabungsobjekte, wie z.B. ein tolles Mosaik, zu bestaunen. Auch außerhalb der Stadtmitte sind römische Spuren zu finden: Das 2.Amphitheater, welches einst 13.000 Plätze bot; das 14m hohe Heidentor und in Richtung Donauufer die Ruine eines Palastes. Etwas jünger, aber auch sehr interessant, ist die Rundkapelle „Heiliger Johannes der Täufer". Die Kapelle aus dem 12.Jh. hat in der Tat die Form zweier Kreise und wurde später zur Familiengruft der Grafen von Traun. Auf jene Grafen geht auch das zu sehende Schloß zurück, das auf den Resten des Forums von Carnuntum entstand und im 17.Jh. ein barockes Gesicht bekam. Auch die Pfarrkirche z.hl.Petronilla (14.Jh.) und ganz besonders das Donaumuseum sollten auf Ihrem Besichtigungsprogramm stehen. Da die Donau der wichtigste Bestandteil unseres Urlaubes ist, sollte ein Besuch des Donaumuseums, in dem mit Modellen und Schaustücken alles Wissenswerte über den Strom vermittelt wird, obligat sein!

Zur Weiterfahrt zum Neusiedler See verlassen wir Pertronell auf der beschilderten Straße in Richtung Rohrau, das schon nach etwa 5 km erreicht ist:

Rohrau: Der Vater von Joseph Haydn war Schmied in Rohrau die Mutter Köchin im hiesigen Schloß und es ist nicht überraschend, daß den beiden 1732 in Rohrau ein Sohn geboren wurde, der einmal einer der bekanntesten Komponisten der Welt werden sollte. In seinem Geburtshaus, das heute fast unverändert dasteht, ist ein Museum untergebracht, in dem alles über das Lebenswerk des Künstlers berichtet wird. Neben dem Haydn-Museum sollten Sie sich in Rohrau das bereits erwähnte Schloß Harrach anschauen. Der im 17./18.Jh. errichtete Bau beherbergt heute eine exquisite Gemäldesammlung.

Wir verlassen Rohrau auf der ebenfalls beschilderten Straße nach Bruck an der Leitha.

Zu Füßen des sogenannten Arbesthaler Hügellandes liegt der kleine Ort **Bruck** mit seinem bemerkenswerter Schloß Prugg aus dem 18./19.Jh. und einem gepflegten Park. Sehenswert ist auch der Hauptplatz mit der Pfarrkirche, die um 1700 errichtet wurde.

Bruck ist genau der richtige Ort, um noch einmal vor dem „großen Endspurt" tief durchzuatmen. Es geht nämlich nun auf die Bundesstraße (B 10), die stark befahren und etwas wellig ist. So fahren wir parallel der Bahngleise nach Farndorf, wo wir rechts abbiegen nach Neusiedl am See.

Fast schon selbstverständlich, daß es in **Neusiedl am See** das Seemuseum gibt - alles Wissens- und sehenswerte über den Neusiedler See ist hier in komprimierter Form zusammengefaßt. Weiterhin sehenswert im Ort sind der Turm aus dem Mittelalter und die gotische Kirche, die im Innern mit einigen Barock-Schönheiten aufwarten kann.

Doch sicherlich haben Sie erst einmal Interesse an einer erfrischenden Abkühlung im See, wobei es da zunächst noch einen etwa 1,5 km langen Steg zu bewältigen gibt, der den Schilfgürtel durchquert.

Der **Neusiedler See** ist einfach ideal für Familien mit Kindern: 1,80 m mißt der See an seiner tiefsten Stelle, wobei das Wasser meist aber nicht tiefer als 1-1,5 m ist. Kein Wunder also, daß sich das Wasser, das im übrigen etwas salzig ist, in Windeseile auf weit über 20°C erwärmt. Dabei ist der Neusiedler See eigentlich alles andere als klein: 5 bis 15 km breit und „satte" 35 km lang ist er sogar grenzüberschreitend, denn das Südende liegt auf ungarischem Gebiet. Und der einzige Steppensee Europas hat noch mehr Besonderheiten zu bieten: Schilf, soweit das Auge reicht, nicht einen einzigen Abfluß und nur wenige Bäche, die ihn füllen. In besonders trockenen Sommern kann der See auch durchaus einmal zu Pfütze werden! Badefreunden sei das Ostufer

empfohlen, denn vor allem bei Podersdorf gibt es keinen Schilf, während der Schilfgürtel am Westufer bis zu 15 km breit ist. Doch auch am Ostufer wurden zahlreiche
Stege gebaut, die den Badegast durch den naturgeschützten Gürtel zum Wasser
bringen.

Empfehlenswert ist auch eine Umrundung des Sees auf dem beschilderten Radweg, der folgende Orte tangiert:

Info

Podersdorf: Pfarrkirche von 1791, hübsche, schilfgedeckte Häuser mit Storchenne-
stern

Illmitz: Ein typisches Pußtadorf mit Vogelreservat und einer Anhöhe

Pamhagen: Steppentierpark und Heilquelle

Mörbisch: Elegante Gassen mit Laubenhäusern

Rust: Fischerkirche von 1493 (1879 verändert), Seetor von 1745, alte Bürgerhäuser

Purbach: Stadtmauer aus dem 16./17.Jh mit 4 Toren

Breitenbrunn: Pfarrkirche mit Kreuzkapelle von 1706, Stadtmauer und Hauptplatz
mit Wachturm

Doch in erster Linie ist es empfehlenswert, einfach die Natur zu genießen, und es sich -genau wie die über 250 Vogelarten- am Neusiedler
See gut gehen zu lassen!

Der Donau-Radweg zählt zu den beliebtesten Fernradwegen in Mitteleuropa, nicht
zuletzt auch weil er von Radlern aller Altersgruppen bequem befahren werden kann >>

Serviceteil „Deutsche Donau"

Ausflugsschiffahrt

Falls Sie des Radelns müde sind, das Wetter nicht mitspielt, oder wenn Sie ganz einfach etwas Abwechslung in Ihre Reise bringen wollen, bietet die Donaudampfschiffahrtsgesellschaft (DDSG) die Möglichkeit, auch einmal ohne Radeln unserem Ziel Wien entgegen zu kommen. Die DDSG bsitzt eine enorme Flotte von Ausflugsschiffen und legt in nahezu jedem größeren Ort an. In aller Regel ist der Fahrradtransport auf dem Schiff möglich, doch Sie sollten sich dennoch vorher rückversichern, z.b. bei:
Donauschiffahrt Wurm & Köck, Höllgasse 26, 94032 Passau, Tel.: 0851/929292, Fax: /35518

Anlegestellen (bis österreichische Grenze)

Deggendorf - Niederalteich - Oberzell - Passau (Zentrum) - Regensburg (Stadtmitte) - Straubing - Vilshofen - Walhalla (nur bei Rundfahrten) - Windorf
Über dieses Angebot des Reisens von A nach B gibt es freilich auch eine Reihe von anderen Arrengenments, die Sie nutzen können, wenn Sie planen, längere Zeit an einem Ort zu bleiben. Genannt seien hier nur die beliebtesten:

1. Von Kelheim durch den Donaudurchbruch nach Kloster Weltenburg und wieder retour nach Kelheim (Wochentags ab 10.10 bis 18.10 Uhr Abfahrt alle 30 min, Sonn- u. Feiertags ab 10.00 bis 18.15 Uhr alle 30 min).

2. Mit dem Schiff den Rhein-Main-Donau-Kanal - ein eindrucksvolles Erlebnis im unteren Altmühltal : Sie fahren unterhalb der Befreiungshalle los, unter der längsten Holz-Hängebrücke Europas (bei Essing) hindurch, vorbei an der graziösen Burg Prunn hin zur "Perle des Altmühltals", nach Riedenburg mit seinen drei imposanten Burgen und dem Kristallmuseum (größter Bergkristall der Welt).

3. Eine "Dreiflüsse-Rundfahrt" in Passau (Donau, Inn und Ilz), Abfahrt täglich im 30-min-Rythmus von 9.30 bis 17.00 Uhr.

4. Romantische Abendfahrten um Passau herum mit Programm (samstags "Tanz an Bord", freitags "Musikanten an Bord" sowie "Traumschiff"), Abfahrt jeweils 19.00, Rückkehr gegen 23.30.

Auskunftsadressen

Bad Abbach: Kurverwaltung, 93077 Bad Abbach, Tel.: 09405/1555, Fax: /6433
Bad Gögging: s. Neustadt a.d.D.
Blindheim: s. Höchstädt a.d.D.
Beuron: Bürgermeisteramt, Verkehrsamt, 88631 Beuron, Tel.: 07466/ 214
        oder 07579/561, Fax: /07578/1871

Deggendorf: Kultur- und Verkehrsamt,Oberer Stadtplatz, 94469 Deggendorf
        Tel.:0991/2960-169, Fax: /31586
Dillingen: Landratsamt, Große Allee 24, 89407 Dillingen a.d.D.,
        Tel.: 09071/51-200, Fax: /51-101

Donaueschingen: Städtisches Fremdenverkehrsamt, Karlstraße 58,
78166 Donaueschingen, Tel.: 0771/857221, Fax: /857228
Donauwörth: Städtisches Fremdenverkehrsamt, Rathausgasse 1, 86609 Donauwörth,
Tel.: 0906/789-145, Fax: /789222

Ehingen: Stadtverwaltung, Fremdenverkehrsamt, Marktpaltz 1, 89584 Ehingen (Donau) 1,
Tel.: 07391/5030
Elchingen: Gemeinde Elchngen-Thalfingen, Pfarrgasse 2, 89275 Elchngen,
Tel.: 0731/20660, Fax: /206634
Erbach: Bürgermeisteramt, Erlenbachstraße 50, 89155 Erbach, Tel.: 07305/13-0, Fax /1313
Ertingen: Bürgermeisterarrt, Dürentinger Straße 14, 88512 Ertingen,
Tel.: 07371/5080, Fax: /50850

Fridingen: Naherholungsgebiet Donau-Heuberg, Verkehrsamt im
Rathaus, 78567 Frdingen a.d.D., Tel.: 07463/8370, Fax: /83750

Großmehring: Rathaus, Marienplatz 7, 85098 Großmehring, Tel.: 08407/461
Günzburg: Stadtverwaltung, Schloßplatz 1, 89312 Günzburg,
Tel: 08221/32063, Fa /32065
Gundelfingen: Kulturamt am Rathaus, Prof.-Bamann-Straße 22,
89423 Gundelfingen a.d.D., Tel.: 09073/8137

Höchstädt: Verwaltungsgemeinschaft der Gemeinden Höchstädt,
Blindheim, Lutzingen, Finningen und Schwenningen,
Bahnhofstraße 10, 89420 Höchstädt, Tel.: 0974/4416, Fax: /4455

Ingolstadt: Städtisches Fremdenverkehrsamt, Rathausplatz 4, 85049 Ingolstadt,
Tel.: 0841/305417, Faxx: /305415
Immendingen: Fremdenverkehrsbüro, Rathaus, 78194 Immendingen,
07462/240, Fax: /2424

Kelheim: 1) Verkehrsamt im Rathaus, 93309 Kelheim, Tel.: 09441/70234
2) Landratsamt Kehlheim, Schloßweg 3, 93309 Kelheim,
Tel.: 09441/17125, Fax: /17213

Lauingen: Stadtverwaltung, 89415 Lauingen (Donau), Tel.: 09072/ 703127, Fax: /2682
Leipheim: Stadtverwaltung, Marktstraße 5, 89340 Leiheim, 0822/7070, Fax: 70790

Mengen: Rathaus, 88512 Mengen, Tel.: 07572/6070, Fax: 60746
Munderkingen: Bürgermeisteramt, 89597 Munderkingen, Tel.: 07393/5930, Fax: /598130

Nersingen: Gemeinde Nersingen, Hauptamt, Rathausplatz 1, 89278 Nersingen,
Tel. 07308/ 8140, keir Fax
Neuburg a.d.D.: Fremdenverkenrsamt Landkreis Neuburg-Schroben-
hausen, Platz der dt. Einhe t 1, 86633 Neuburg a.d.D., Tel.:
08431/57237, Fax: 57205
Neustadt a.d.D.: Kurverwaltung Bad Gögging, 93333 Bad Gögging, Tel.: 09445/8066,
Fax: 57205
Neu-Ulm: Landratsamt, Presse- und Öffentlichkeitsarbeit, Kantstr.8,
89231 Neu-Ulm, Tel.: 0731/7040113, kein Fax

Passau: 1) Fremdenverkehrsverein Passau e.V., Am Rathausplatz 3,
94032 Passau, Tel.: 0851/33421, Fax: /35107
2) Urlaubsland südlicher Bayerischer Wald, Landratsamt, 94032 Passau,
Tel.: 0851/ 397216
Pförring: Verkehrsamt, Marktplatz 1, 85104 Pförring, Tel.: 08403/ 1528, kein Fax

Riedlingen: Verkehrsamt, Marktplatz 1, 88499 Riedlingen,
Tel: 07371/1830, kein Fax
Regensburg: 1) Tourist-Information im alten Rathaus, 93047 Regens-burg,
Tel.: 0941/5074410, Fax: /5074419
2) Fremdenverkehrsverband Ostbayern e.V., Landshuter Str.13,
93047 Regensburg, Tel.: 0941/560260, Fax; /57041

Scheer: Stadtverwaltung, 72516 Scheer, Tel.: 07572/2901, Fax: /3852
Sigmaringen: Landratsamt, Fremdenverkehrsreferat, Leopoldstr. 4,
72488 Sigmaringen, Tel.: 07571/102354, Fax: 102489
Sigmaringendorf: Bürgermeisteramt, Hauptstraße 9, 72517 Sigmaringendorf,
Tel.: 07571/4004, Fax: /14907
Straubing: 1) Verkehrsamt im Rathaus, Theresienplatz 20, 94315 Straubing
Tel.:09421/16307, Fax: /16245
2) Urlaubsland Straubing-Bogen im Bayerischen Wald, Postfach 0463,
94315 Straubing, Tel.: 09421/30015, kein Fax

Tuttlingen: Verkehrsamt, 78532 Tuttlingen, Tel.: 99230, kein Fax
Tuttlingen-Möhringen: Verkehrsamt, Rathaus, 78532 Tuttlingen-Möhringen,
Tel.: 0762/340, Fax: /7572

Ulm: Verkehrsbüro, Münsterplatz, 89073 Ulm, Tel.: 0731/64161, Fax: /64173

Vohburg: Stadverwaltung, Ulrich-Steinberger-Platz 12, 85088 Vohburg,
Tel.: 08457/1021, Fax: /1023

Wertingen: Stadtverwaltung, Schulstraße 12, 86637 Wertingen,
Tel.: 08272/8431, Fax: /8427

Zwiefalten (und Zwiefaltendorf): Bürgermeisteramt, Marktplatz 3,
88529 Zwiefalten, 07973/20520, Fax: /20555

Campingplätze / Zeltplätze
Während sich auf österreichischer Seite nahzu ein Camingplatz an den anderen reiht, sind
die Zeltmöglichkeiten vor allem im oberen Verlauf der Donau recht dünn gesät - eine eini-
germaßen genaue Planung der Touren ist daher dringendst zu empfehlen.
Eine Resevierung der Zeltmöglichkeit ist nicht unbedingt erforderlich, denn Radler haben
nunmal keine großen Hauszelte dabei, aber leere Plätze werden Sie wohl nirgendwo antref-
fen - besonders an sonnigen Sommerwochenenden kann es schonmal sehr eng auf dem
Platz zugehen. Daher -sicher ist sicher- lieber einmal ein paar Stunden vor Ankunft anrufen
und nachfragen, ob genügend Platz vorhanden ist und bei der Auskunft „könnte knapp
werden" lieber einen Platz eher die Tagesetappe beeenden!
Um Ihnen die Entscheidung zu erleichtern, habe ich nachstehend alle (mir bekannten) Zeltmöglichkeiten augeführt:

Bad Abbach-Poikam: Campingplatz an der Donaulände, Tel.: 09405/1636
Beuron - Hausen i.T.: Campingplatz Wagenburg, Tel.: 07579/559
Deggendorf: Donaustrandhaus (direkt am Radweg), Eginger Str.42, Tel.:0991/4324
Dillingen: Campingplatz, Georg-Schmidt-Ring 45, Tel.: 09071/3725
Donaueschingen-Pfohren: Riedsee-Camping, Tel.: 0771/5511
Donauwörth: Zeltmöglichkeit am Wörnitzwehr, Kanuclub, Tel.: 0961/5982
Ersingen: Zeltmöglichkeit am See, Tel.: 07305/7460
Fridingen: Jugendzeltplatz Jägerhaus, Tel.: 07466/254
Günzburg: Zeltplatz beim Naturfreundehaus, Schmiedlweg 2, Tel.: 08221/6103
Hausen: s. Beuron
Höchstädt-Mörslingen: (4km abseits der Strecke), Campingplatz, Tel.: 09074/4024
Ingolstadt: Campingplatz Auwaldsee, Tel.: 0841/68911
Kapfelberg: Bootsweg 3, Tel.: 09405/5335
Kelheim: Campingplatz Herrnsaal, Herrnsaaler Ring, Tel.: 09441/9607
Laiz: Zeltplatz (k.A.)
Leibertingen (ca. 6km abseits der Strecke bei Beuron, Höhendif-
        ferenz ca. 260m !), Campingplatz beim Segelflugplatz
Neuburg: -Zeltübernachtungsplatz im englischen Graten, 08431/53295
        -Zeltübernachtungsplatz Bürgerschweige, Tel.: 08431/57284
Neustadt: Campingplatz, Fedbachmühle, Tel.: 09445/516
Osterhofen: Camping auf dem bauernhof, Roßfelden 1, Tel.: 09932/2276
Parkstetten: Campingplatz Friedenhain-See, Tel.: 09418/347
Passau: -(in Irring) Drei-Flüsse-Camping, 94113 Tiefenbach-Irring,
        Tel.: 08546/633, schöne Aussicht auf Passau und Donau
        -(in Passau) Zeltplatz der Faltbootabteilung des TV Passau an
        der Ilz, Halser Straße 34, Tel.: 0851/41457
Regensburg: -Camping Dunrerkeil, Am Westpark, Tel.: 0941/26839
        -Azur Camping, Am Weinweg 40, Tel.: 0941/270025
Rennertshofen: Jugendzeltplatz, Tel.: 08434/621
Riedlingen: Zeltplatz an der Tennishalle, Kastanienalle 40, Tel.: 07371/2687
Sigmaringen: Campingplatz, Georg-Zimmerer-Straße 19, Tel.: 07571/4927
Stetten a.k.M.: Jugendzeltplatz am Naturfreundehaus, Auskunft Frau Dom,
        Tel.: 07461/71151
Straubing: Dammweg 17 (Direkt an der Schloßbrücke), Tel.: 09421/12912
Ulm: kein Campingplatz! (Letzte Möglichkeit vor Ulm in Ersingen!)
Untergriesbach: (über Obernzell, Höhendifferenz ca. 250m !)
        Campingplatz Volksbachmühle, Tel.: 08591/320
Vohburg: Zeltübernachtungsplatz, Donaugelände, kein Tel.
Vohburg-Mennig: Privater Zeltplatz, Tel.: 08457/1467
Weltenburg: Übernachtungsplatz für Zelte in Stausacker (neben der Fähre)
Zwiefalten: Jugendzeltplatz beim Höhenfreibad, Tel.: 07373/20520

Fahrräder
Der Donau-Radwanderweg ist vor Donaueschingen bis Wien mit wenigen Ausnahmen
(leichte Steigungen oder Ausflüge abseits der Strecke) brettl-eben, so daß man die Tour im
Grunde genommen auch mit einem Fahrrad ohne Gangschaltung bewältigen könnte. Doch
vergessen Sie nicht, daß unser „Drahtesel" auch zum „Packesel" wird, denn bei einer Radwanderung wie dieser komen schnell einmal 20-30kg (und mehr) zusammen, die schließlich mit bewegt werden wollen.

Bedenken sollte man auch, daß einem der Urlaubsspaß schnell vergeht, wenn man mit einem einfachen Rad keuchend den anderen hinterher fährt und alle paar Kilometer die nächste Reparatur hat. Die Empfehlung lautet: Falls Sie es noch nicht getan haben, schließen Sie sich einfach der momentanen Mode an und nehmen Sie ein City-, Trekking- oder Mountainbike, das 18 oder 21 Gänge besitzt - Sie werden es zu schätzen wissen! Hier sollten Sie sich aber selbst den Gefallen tun, und erst einmal zu Hause „trainieren", um sich an das neue Gefährt zu gewöhnen - worauf man die ganze Zeit gesessen hat, merkt man während der Tour noch oft genug!

Das Wichtigste, wenn auch das Selbstverständlichste zum Schluß: Werfen Sie einmal einen kritischen Blick auf die Fahrräder Ihrer Kinder - denen vergeht mit einem 0- oder 3-Gang-Kinderfahrrad sehr schnell die Lust, wenn sie den Eltern ständig auf die Rückleuchten sehen müssen.

Appropos Rückleuchten: Daß sich Ihre Fahrräder in einem straßentauglichen Zustand (Beleuchtung, Reflektoren, Schutzbleche, Flickzeug, Ersatzteile, etc.) befinden, setzen wir einmal als selbstverständlich vorraus - aber wann haben Sie es zum letzten Mal ordentlich gewartet (Kette, Ritzel, Bremsen, usw.)?

Fahrradverleih

Es gibt entlang der Strecke eine ganze Reihe regionaler Fahrradverleiher, die jedoch nur entsetzt schauen, wenn man Ihnen von einer Radwanderung über mehrere hundert Kilometer erzählt. Die sinnvollste Methode ist daher, das Fahrrad am Bahnhof zu leihen, denn so kann man es auch an einem solchen wieder abgeben. Eingetragene, auch überregional agierende Fahrrad-Verleihe sind:

Deggendorf: Deutsche Bundesbahn, Bahnhof Deggendorf, Tel.: 0991/4068
Donaueschingen: Edi's Fahrradshop, Schulstraße 12, Tel.: 0771/15300
       Fa. J. Rothweiler, Max-Egon-Straße 11, Tel.: 0771/13148
Fridingen: Gasthaus GFeuerhake, Bahnhofstraße 107, Tel.: 07463/410
Immendingen: Bundesbahn-Bahnhof, Tel.: 07462/6207
Möhringen: Verkehrsamt, Hermann-leiber-Straße 4, Tel.: 07462/340
Passau: Deutsche Bundesbahn, Bahnhof Passau, Tel.: 0851/5304397
Regensburg: Deutsche Bundesbahn, Hauptbahnhof, Tel.: 0941/500330
Sigmaringen: Bahnhof Sigmaringen, Bahnhofstraße, Tel.: 07571/2030
Straubing: Deutsche Bundesbahn, Bahnhof Straubing, Tel.: 09421/862368
Ulm: Expressgutabfertigung im Hauptbahnhof Ulm, Tel.: 0731/1021459
       -Fa. Reich, Frauenstraße 34, Tel.: 0731/21179

Fahrrad-Reparaturstellen

Allmendingen: Fa. K. Geiger, Hauptstr. 56, Tel.: 07391/6379
Bertoldsheim: Fa. L. Schiele, Seestr. 2 ,Tel.: 08434/1555
Blaubeuren: Fa. H. Käppeler, Karlstr. 52, Tel.: 07344/6398
Blaustein: Radsport Pfister, Ulmer Str. 19, Tel.: 07304/42192
Blindheim: Fa. M. Kapfer, Tel.: 09074/1356
Bogen: Fahrrad Edenhofer, Stadtplatz 52, Tel.: 09422/1418
Deggendorf: - Fahrradshop, untere Vorstadt, Tel.: 0991/33117
       - Zweirad Salmannsberger, Pferdemarkt 18, Tel.: 0991/30440
       - Zweirad Stiglmeier Graflinger Str. 4, Tel.: 0991/32420
Dellmensingen: Fa. Widmann, Schulstr. 4, Tel.: 07305/6427

Dillingen: - Fa. E. Bracherr, Am Stadtberg 21, Tel.: 09071/6222
 - Tankstelle A. Eisenhofer, Große Allee 2, Tel.: 09071/6474
 - Fa. J. Greger, Weberstr. 3, Tel.: 09071/1204
 - Stinnes Reifendienst, Joh.-Scheifele-Str. 11, Tel.: 09071/6068
Donaueschingen: Edi's Fagrradshop, Schulstr. 12, Tel: 0771/15300
 - Fa. J. Rothweiler, Max-Egon-Str. 11, Tel.: 0771/13148
Donaustauf: Fa. J. Bradfisch, Prüllstr. 2, Tel.: 09403/1821
Donauwörth: - Zwe rad Jochum, Hindernburgstr. 1, Tel.: 0906/8077
 - Fahrrad Mück, Dillinger Str. 57, Tel.: 0906(3468
Ehingen: - Fa. A. Bloching, Hauptstr. 26, Tel.: 07391/6289
 - Fa. H. Rothenbacher, Lindenstr. 71, Tel.: 07391/2909
Erbach: - Fa. Ochs, Erlenbacher Str. 8, Tel.: 07305/7312
 - Die Speiche, Daimlersтr. 3, 07305/23777
Fridingen: Fahrradgeschäft H. Hamma, Tuttlinger Str. 14,
 Tel.: 074363/7703
Geisingen: Fa. F. Büh er, Mchrergasse 4, Tel.: 07704/428
Großmehring: - Fa. Hallermeier, Marienplatz 3, Tel.: 08407/224
 - Fa. Ostermeier, Regensburger Str. 15, Tel.: 08407/242
Günzburg: - Auto-Fahrrad-Service, Augsburger Str. 18a, Tel.: 08221/30054
 - Fa. W. Glaß, Ulmer Str. 25, Tel.: 08221/6428
 - Fa. L. Heidbrink, Wätteplatz 5, Tel.: 08221/1339
Gundelfingen: Fa. A. Hausmann, Schulstr. 5, Tel.: 09073/7257
Hintschingen: Fa. A. Keller, Feldeleweg 11, Tel.: 07462/1323
Höchstädt: Autohaus Kraus, Donauwörther Str. 27, Tel.: 09074/1247
Ingolstadt: - Fa. Kellerhals, Mauthstr. 11, Tel.: 0841/34163
 - Jugendzentrum Fronte 79, Am Freibad Mitte, Jahnstr. 25,
 Tel.: 0841/1247 (nur am Wochenende als Notdienst)
 - Fahrradinsel, Krumenauer Str., Tel.: 0841/8800
Kelheim: Fa. T. Jessen, Brunngasse 4, Tel.: 09441/3493
Lauingen: Fa. Zweirad Riesenegger, Gundelfinger Str. 10, Tel.: 09072/3405
Leipheim: Fa. W. Schaarschmidt, Marktstr.1, Tel.: 08221/7705
 - Fa. Biedenbach, Güssenstr. 25, Tel.: 08221/7555
Mengen: - Zweirad-Cer ter Bacher, Mittlere Str. 28, Tel.: 07572/5696
Neuburg a.d.D.: - Fa.E.Behr, Münchener Str. 328, Tel.: 08431/44889
 - Fa. H. Lierheimer, Schmicstr. 133, Tel.: 08431/2076
 - Fa. ASB (im Neukauf), Ingolstädter Str. 18, Tel.: 08431/1844
 - Fa. K. Rössl, Blumenstr. 274, Tel.: 08431/2401
Neustadt a.d.D.: Christa Müller, Rambaldistr. 3, Tel.: 09445/7960
Oberdischingen: Landmsch.werkstatt Braun, Schenkgasse 5, Tel.: 07305/6427
Obernzell: - Spenglerei F. Hammel, Marktplatz 31, Tel.: 08591/1812
 - Radsport Müller, Marktplatz 38, Tel.: 08591/890
Öpfingen: Fa. K.-H. Seitz, Obere Gasse 14, Tel.: 07391/6134
Osterhofen: - Zweiradshop Hans Se dl, Plattlinger Str. 46, Tel.:
 09932/2146
 - Fahrradhandel W. Hofbauer, Vorstadt 3, Tel.: 09932/1663
Passau: - Fahrrad Geier, Regensburger Str. 22, Tel.: 0851/6346
 - Fahrrad König, Lindertal 5. Tel.: 0851/34388
 - Fahrrad Seidel, Spitalhofstr.83, Tel.: 0851/57813
 - Fahrrad Zeller, Grünaustr. 4, Tel.: 56302
Pförring: Fa. S. Forstner, Kelstr. 8, Tel.: 08403/258

Regensburg: - Fa. Ehrl, Am Protzenweiher 5, Tel.: 0941/85124
- Fa. Rosenhammer, Lappersdorfer Str. 2, Tel.: 0941/84223
- Fa. Stadler, Schäffnerstr. 25, Tel.: 0941/51246
Rennertshofen: Fa. W. Baierlein, Marktstr. 44, Tel.: 08434/276
Riedlingen: Werksvertr. Endress-Stihl, Siemensstr. 4, Tel.: 07371/2033
- Zweirad G. Heudorfer, Marktplatz 2, Tel.: 07371/7366
- Reifendienst K. Weiß, Industriestr. 24, Tel.: 07371/2042
- Radsport Haller, Hindenburgstr. 20, Tel.: 07371/3878
Rottenacker: Fa. H. Lerner, Volkersheimerstr. 2, Tel.: 07393/3586
Schelklingen: Autohaus Schaude, Ehinger Str. 20, Tel.: 07394/2008
Sigmaringen: Fahrradladen Sattelfest, Laizer Str., Tel.: 07571/52021
Steinheim: - Fa. H. Ayrle, Reichenbachstr. 1, Tel.: 09074/1010
- Fa. J. Dollinger, Sudetenstr. 36, Tel.: 09074/1413
Straubing: - Fa. M.Fuchs, Steinergasse 15, Tel.: 09421/12773
- Radsport Drexel, Innere Passauer Str. 32, Tel.: 09421/80334
- Fa. J. Simmerl, Rosengasse 39, Tel.: 09421/22539
- Zweiradcenter, Äußere Passauer Str.45, Tel.: 09421/32727
Tuttlingen: - Fa. Dangelmaier, Oberamteistr. 26. Tel.: 07461/3019
- Fa. Nertz, Am Autobahnhof, Tel.: 07461/3623
Tuttlingen-Möhringen: Fa.H. Meister, Gänsäcker 2, Tel.: 07462/7817
Ulm: - Fa. Leppich, Hahnengasse 25, Tel.: 0731/23971
- Fa. Reich, Frauenstr.34, Tel.: 0731/21179
- Fa. Thürheimer, Frauenstr. 54, Tel.: 0731/23427
Vohburg: Fa. S. Schmidmaier, Donaustr., Tel.: 08457/1234
Vilshofen: Spielwaren Gierster, Vilsvorstadt 41, Tel.: 08541/479
- Fa. M. Würdinger, Obere Vorstadt 42, Tel.: 08541/5356
Weichering: Fa. J. Fürholzer, Neuburger Str. 4, Tel.: 08454/568
Wörth a.d.D.: Fa. K. Probst, Ludwigstr. 1, Tel.: 09482/635
Winzer: H. Sandner, Tel.: 09901/6548
Zwiefalten: Autohaus Engst, Riedlinger Str. 50, Tel.: 07373/566

Hotels und andere Unterkünfte

Die unter „Auskunftsadressen" angegebenen Informationsstellen sind Ihnen bei der Zimmersuche gerne behilflich. Bitte haben Sie Verständnis, daß wir hier nicht alle Unterbringungsmöglichkeiten aufführen können - es würde den Rahmen dieses Buches sprengen.

Doch auch wenn es hunderte von Pensionen, Hotels und anderen Unterbringungsmöglichkeiten entlang der Strecke gibt - kümmern Sie sich bitte rechtzeitig um Ihre Unterkunft, denn im Sommer ist hier oftmals alles hoffnungslos überlaufen, so daß eine Reservierung zwingend erforderlich ist. Falls Sie exakt im Voraus planen, können Sie dies schon von zuhause aus tun. Die Erfahrung zeigt allerdings, daß dies keine allzu gute Lösung ist, denn so setzen Sie sich selber unter Zeitdruck.

Die Kilometerangaben im Buch sollen Ihnen diesbezüglich Hilfestellungen geben - sicherlich kann man mittags abschätzen, wo man abends ankommen wird. Dann sollte man via Telefon ein Zimmer in dem entsprechenden Zielort reservieren.

Jugendherbergen
Insbesondere während der Schulferien ist eine Voraneldung in den Jugendherberger sehr empfehlenswert!
Beuron-Irndorf: Wanderheim „Rauher Stein", Tel.: 07466/276
Blaubeuren: Jh, auf dem Rucken 69, Tel.: 07344/6444
Blaustein-Weidach: Wanderheim Weiderbacher Hütte (mit Matrazenlager), Tel.: 07304/7184
Dillingen: Clubheim Kanuc ub Dillingen, Georg-Schmidt-Ring 45, Tel.: 09071/3725
Donaueschingen: Naturfreundehaus Baar, Alte Wolterdinger Straße, Tel.: 0771/2985
Donauwörth: Jh, Goethestraße 10, Tel.: 0906/5158
Günzburg: -Jh Kolpinghaus, Schillerstraße, Tel.: 08221/34487
    -Naturfreundehaus, Schmiedlweg 2, Tel.: 08221/6103
Gundelfingen: Jugendheim TC Gundelfingen, Stadionstraße, Tel.: 09C73/2406
Ingolstadt: Jh, Friedhofstraße 4, Tel.: 07466/411
Kelheim: -JH, Kornblumenweg 1. 93346 Ihrlerstein, Tel.: 09441/3309, 26 Betten
    -Naturfreundehaus: Hammertal, Saustal 3, 93346 Ihrlerstei, Tel.: 09441/360,
    40Betten,Anmerkung:Ihrlersteinliegtetwas nördlichvonKelheim,das
    Naturfreundehaus noch etwas abgelegener. Dennoch wird für beide eine Voranmeldung empfohlen.
Passau: Veste Oberhaus 125. 94C34 Passau, 198 Betten, herrliche
    Lage über dem Flußdreieck
Regensburg: Wöhrdstraße 60 (auf der Donauinsel Unterer Wörth),
    Tel.: 0941/57402, 243 Betten
Sigmaringen: Hohenzoller-Jh, Hohenzollernstraße 31, Tel.: 07571/13277
Stetten a.k.M.: Naturfreundhaus Donautal, Steighöfe, 07573/2591
    (nicht ständig bewirtschaftet, Auskunft bei Frau Dom, Tel. 07461/71151)
Straubing: Friedhofstr.12, 94315 Straubing, Tel.:09421/80436, 62 Better .
Ulm: Geschwister-Scho l-Jh, Grimmelfinger Weg 45, Tel.: 0731/384455

 In Nachbarschaft zum "Donau-Radweg" sind im Stöppel Verlag
Weilheim Radkarten 1:100.000 (mit Begleitbuch) erschienen:

803 Altmühltal-Radweg   (ISBN 3-89306-803-1)
804 Taubertal-Radweg   (ISBN 3-89306-804-X)
805 Neckartal-Radweg   (ISBN 3-89306-805-8)

Serviceteil „Österreichische Donau"

Ausflugsschiffahrt

Wie schon auf deutscher Seite, so ist auch eine Weitereise mit dem Schiff jederzeit möglich.
Informationen erhalten Sie bei:
DDSG-Donaureisen GmbH, Handelskai 265, A-1024 Wien, Tel.: A-0222/ 7289238.

Anlegestellen (ab deutsche Grenze) gibt es in:

Aggsbach Dorf - Agsstein - Aschach - Brandstadt (bei Eferding) - Dürnstein - Grein -
Kirchberg (Nähe) - Linz - Marbach - Markt Engelhartszell - Mauthausen - Melk - Oberranna -
Ottensheim - Pöchlarn - Schlögen - Spitz - Stein / Krems - Tulln - Untermühl (gegenüber Kai-
ser) - Weißenkirchen - Wesenufer - Wien-Nussdorf - Wien-Kaisermühlen - Ybbs

Auskunftsadressen

Überregionale Auskünfte gibt es bei der Österreich Information, Postfach 1231, 82019 Tauf-
kirchen (bei München), Tel.: 089/ 66670100, Fax: /66670200.

Folgende spezielle Radinformationsstellen entlang des Donaurad-weges haben während
der Radsaison (Mai bis Oktober) täglich geöffnet und befinden sich direkt am Radweg:
Hinweis: In diesen Infostellen ist eine Zimmerreservierung möglich!

Dürnstein: Tel.: 02711/200
Klosterneuburg: Tel.: 02243/2038
Krems: Tel.: 02732/82676
Melk: Tel.: 02752/2307, Durchwahl 32 oder 33
Mitterkirchen: Tel.: 07269/8488
Spitz: 02713/2363
Tulln: Tel.: 02272/5838
Weißenkirchen: Tel.: 02715/2600
Ybbs: Tel.: 07412/55233

Die regionalen Informationsstellen, die Ihnen auch bei der Zimmersuche behilflich sein können, lauten:

Au: Fremdenverkehrsinformation am Zeltplatz, A-4332 Au/Donau,
    Tel.:A-07262/3090
Aschach: Tourismusverband,A-4083 Aschach,Tel.:A-07273/6355-10
    Rad-Info: A-07273/7000

Dürnstein:Touristeninformation,A-3601 Dürnstein,Tel.:A-02711/200

Eferding: Tourismusverband,A-4070 Eferding,Tel.:A-07272/55550

Grein: Tourismusverband,A-4360 Grein,Tel.:A-07268/680

Klosterneuburg: Tourismusverein Klosterneuburg, Niedermarkt
    (Bahnstation Klosterneuburg-Kierling), A-3402 Klosterneuburg, Tel.: A-02243/2038

Krems: Fremdenverkehrsbüro, A-3500 Krems an der Donau, Tel.:A-02732/82676

Linz: Touristen-Information im alten Rathaus, Hauptplatz 34,
    A-4010 Linz, Tel.:A-0732/2393-1777

Marbach: Marbacher Freizeitzentrum, A-3671 Marbach an der Donau, Tel.:07413/466)
Markt Engelhartszell: Tourismusverband, A-4090 Markt Engelhartszel,
    Tel.: A-07717/8245 (Sparkasse)
Mautern: Touristeninformation, A-3512 Mautern, Tel.:A-02732/83151
Mauthausen: Tourismusverband, A-4310 Mauthausen, Tel.:A-07238/2243
Melk: Fremdenverkehrsstelle der Stadt Melk, Babenberger Str.1,
    A-3390 Melk, Tel.:A-02752/230732
Mitterkirchen: Tel.: 07269/8488

Persenbeug: Tourist-Information am Kraftwerk (rechte Donauseite am
    Radweg), Tel:A-07412/2206
Pöchlarn: Touristeninformation, A-3380 Pöchlarn, Tel.: 02757/2310

Spitz: Auskunftsstelle des Fremdenverkehrsvereins, Hauptstr.8,
    A-3620 Spitz an der Donau, Tel.:A-02713/2362
Stein: Informationsstelle im Kloster Und, Undstr.6, A-3500 Krems-
    Stein Tel.:02732/87555

Tulln: Tourismusverband Tullner Donauraum, Albrechtsgasse 32
    (Neben der Minoritenkirche), A-3430 Tulln, Tel.: A-02272/5838
Traismauer: Info: Hauptplatz 1. A-Tel.:3133 Traismauer, Tel.: 02783/8555

Wallsee-Sindelburg: Tourismusverband, A-4085 Wallsee-Sindelburg,
    Tel.:A-07433/2238
Wien: (Vorwahl A-0222)
    -schriftliche Anfragen: Wiener Fremdenverkehrsverband,
    Kinderspitalgasse 5, A-1095 Wien, Fax: A-1/433292
    -Offizielle Tourist-Information, Kärnter Str.38, 1035 Wien
    Tel: Wien-5138892
    -schriftliche und telefonische Auskünfte: Wiener Fremden-
    verkehrsverband, Obere Augartenstraße 40, A-1025 Wien, Tel:
    Wien-222/21114-0
    -Rathaus-Information, 1, Rathaus, Friedrich-Schmidt-Platz,
    Tel.:Wien-438989
    -sowie an der Oper, an den Bahnöfen und am Flughafen
Weißenkirchen: Informationsstelle und Frühstückspension Franz
    Haller, A-3610 Weißenkirchen in der Wachau, Tel.:A-02715/2221

Ybbs: Donaulände, A-3370 Ybbs an der Donau, Tel.:07412/2612

Campingplätze / Zeltplätze

Albern: Campingplatz Gasthof Gurhof (am Donauufer)
Aschach: Campingplatz Kaiserhof 4082 Aschach-Kaiserau 1, Tel.:A-07273/221).
Au: Campingplatz, Hafenstraße, Tel.:A-07262/3090

Engelhartszell: Campingplatz am Donauufer
Freizell: Campingplatz Ratzenböck, Freizell 2 (am Donauufer)
Grein: Camping Grein, bei Ortseinfahrt am Ufer, Tel.:A-07268/255
Hainburg: Campingmöglichkeit beim Haus des Rudervereins (am Donauufer)
Hößgang: Zeltmöglichkeit beim Naturfreundehaus, Hößgang 11
Inzell: Campinplatz Steindl, A-4083 Inzell, Tel.: A-07279/328
Kaiserhof: Campingplatz Kaiserau, Aschach-Kasiserau 1, Tel.: A- 07273/6221
Klosterneuburg: AMTC-Donaupark-Campingplatz, In der Au, A-3402
Klosterneuburg: (ca.50m neben dem Bahnhof Kierling), Tel.: 02243/85610
Krems: ÖAMTC-Donau-Camping,A-3500 Krems a.d.D.,Tel.:02732/84455
    (am Donauufer, gut ausgeschildert)
Linz: - Linz-Pichlinger See, A-4030 Linz, Wiener Str.937,
    Tel.: A-0732/305314, /40016
    Zeltplatz am Restaurant Holmer (am Radweg)
    - Campingplatz Pleschinger See
Marbach: Marbacher Freizeitzentrum,A-3671 Marbach an der
    Donau,Tel.:07413/466)
Melk: Camping am Melker Fährhaus, Kolomanniau 3, A-3390 Melk, Tel.: A-02752/3291
Ottensheim: -Campingplatz Grünberger, Höflein 20, A-4100
    Ottensheim, Tel.: A-07234/2418
    -Camping im Rodlgelände/Donau, Tel.: A-07234/2255
Pöchlarn: Zeltplatz bei den Bootshäusern des Union-
    Rudervereins
Schönbühel: Camping Stumper,A-3392 Schönbühel,Tel.:A-02752/8510
Schlögen: Campingplatz Hotel Donauschlinge, A-4083 Haibach (am
    Donauufer), Tel.: A-07279/241
Traismauer: Marina Traismauer (an der Donau), Tel.:A-02783/434
Tulln: Internationaler ÖAMTC Donaupark-Campingplatz,Hafenstraße,
    A-3430 Tulln,Tel.:A-02272/5200
Wesenufer: Nibelungencamping, A-4085 Wesenufer, Tel.:A-07718/589
Wien: -Camping Wien West I, Hüttelbergstr. 40, 1140 Wien,
    4.Bezirk, Tel.: Wien-941449
    -Camping Wien West II, Hüttelbergstr. 80, 1140 Wien, 4.Bezirk
    Tel.: Wien-942314
    -Camping Wien Süd, Breitenfurterstr. 269, 1230 Wien, 23.Bezirk
    Tel.: Wien-869218
    -Schwimmbadcamping Rodaun, Willergasse/Promenadenweg, 1238
    Wien, 23.Bezirk, Tel.: Wien-884154
Zwentendorf: Restaurant Donauhof, Pappelallee 1, A-3435 Zwentendorf,
    Tel.: A-02277/2444

Campingplätze am Neusiedler See
Breitenbrunn: Seebad, A-7091 Breitenbrunn, Tel.: A-02683/5252
Donnerskirchen: Frau M. Rohrer, Badstr., A-7082 Donnerskirchen,
    Tel.: A-02683/8670
Oggau: Campingplatz, A-7063 Oggau, Tel.: A-02685/7271
Podersdorf: FV-Büro, Hauptstr. 2, A-7141 Podersdorf, Tel.:
    A-02177/2227
Purbach: Camping GmbH, Türkenstr.13, A-7083 Purbach/See, Tel.: A- 02683/5538
Rust: Camping GmbH, A-7071 Rust, Tel.: A-02685/595

Fahrräder
s. Serviceteil Deutschland

Fahrradverleih
An nachstehend genannten Bahnhöfen der Österreichischen Bundesbahn (ÖBB) können Sie Fahrräder leihen bzw. abgeben. Wichtig zu wissen ist, daß man das Fahrrad an jedem beliebigen der genannten Bahnhöfe wieder abgeben kann. Noch viel wichtiger allerdings ist die unbedingt notwendige teleforische Vorbestellung; daher als Service die erforderlichen Rufnummern:

Bad Deutsch-Altenburg (Nähe der Grenze zur Tschechischen Republik) Tel.: A-02165/62 190
Greifenstein-Altenberg: Tel. A-02242/3219
Hainburg a.d.D. (ebenfalls Nähe Grenze zu CZ) Tel.: A-02165/622291
Klosterneuburg-Weidling: Tel.: A-02243/2073/30
Korneuburg: Tel.: A-02262/2467/33
Krems: Tel.: 02732/02732/82536/357
Melk: Tel.: 02752/2321
Persenbeug: Tel.: 07412/52308
Pöchlarn: Tel.: 02757/7301/385
Spitz: Tel.: 02713/2220
Traismauer: Tel.: 02783/280
Tulln: Tel.: 02272/2438 oder 2552/385
Ybbs: Tel.: 0741/2600

Fahrrad-Reparaturstellen
Ardagger: Fa. R. Schnabel, Markt 33, Tel.: A-07479/253
Grein: Info s. „Auskunftsadressen"
Hainburg: Info s. „Auskunftsadressen"
Klosterneuburg: Radservice, s. „Auskunftsadressen"
Korneuburg: Fa. Ringhofer & Co., Wiener Str.26, Tel.: A-02266/2446
Krems: Fa. Zweirad- und Sport, Hohensteinstr. 22, Tel.: A- 02732/82876
Krummnußbaum: Radservice bei Fa. Gartler
Linz: mehrere Fahrradhändler in der Innenstadt
Marbach: Fa. Giestheuer, Tel.: A-07413/230
Melk: Info s. „Auskunftsadressen"
Mitterkirchen: Info s. „Auskunftsadressen"
Persenbeug: Fa. A. Kaderavek, Nibelungenstr. 4, Tel.: 07412/52328
Pöchlarn: Info s. „Auskunftsadressen"
Spitz: Info s. „Auskunftsadressen"
Traismauer: ÖMV-Tankstelle, Wiener 27
Tulln: - Fa. Schüller, Jasomirgottgasse 4, Tel.: A-02272/2695
        - Fa. BOVO-Radsport, Bahnhofstr. 34, Tel.: A-02272/2278
Wallsee-Sindelburg: Radservice, Tel.: A-07433/2213
Wien: Eine Vielzahl von Radsportgeschäften in und um Wien
Zwentendorf: Info s. „Auskuftsadressen"

Hotels und andere Unterkünfte
s. Serviceteil „deutsche Donau"

Jugendherbergen
Insbesondere während der Schulferien ist eine Voraneldung in den Jugendherbergen sehr empfehlenswert!

Klosterneuburg: Jugendherberge, Hüttersteig 8, 3400 Klosterneu-
    burg-Gugging, Tel.: A-02243/83501, 60 Betten
Krems: Jugendherberge, Ringstr.77, A-3500 Krems a.d.D., Tel.:
    A-02732/84217 (direkt im Zentrum,Nähe Park,52 Betten)
Linz: Jugendherberge, Kapuzinerstr.14, A-4010 Linz, Tel.:/782720, 36 Betten
    Landesjugendherberge, Blütenstr.23, A-4010 Linz, Tel.:A-0723/
    237078, 106 Betten
    Jugendgästehaus: Stanglhofweg 3, A-4010 Linz, Tel.:/664434, 152 Betten
Melk: Jugendherberge, Abt-Karl-Str.42, A-3390 Melk, Tel.: A-02752/   2681, 90 Betten

Wien: (Vorwahl A-0222)
    -Jugendgästehaus Wien-Brittengau, 1200 Wien, 20.Bezirk,
    Friedrich-Engels-Platz 24, Tel.: Wien-3382940, 343 Betten
    -JH, Myrthengasse 7 / Neustiftgasse 85, 1070 Wien, 7.Bezirk,
    Tel.:Wien-936316,221 Betten
    -Turmherberge Don Bosco, Lechnerstraße 12, 1030 Wien, 3.Bez.
    Tel.: Wien-7131494, 53 Betten
    -Hostel Ruthensteiner, Rober Hamer Linggassse, 1150 Wien,
    15.Bezirk, Tel.: Wien-853693, 77 Betten
    -Jugendgästehaus der Stadt Wien (Hütteldorf), Schlossberg-
    gasse 8, 1130 Wien, 13.Bezirk, Tel.: Wien-8771501, 277 Betten
    -Schloßherberge am Wilhelminenberg, Savoyenstraße 2,
    1160 Wien, 16.Bezirk, Tel.: Wien-458503700, 164 Betten

Register

Notizen

Radwander-Bücher

ISBN 3-924012-88-1 DM 24.80   ISBN 3-924012-63-6 DM 19.80

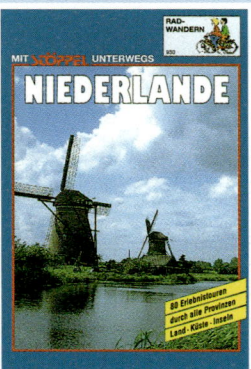

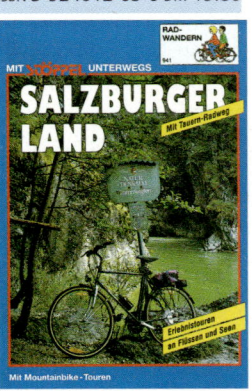

ISBN 3-924012-91-1 DM 29.80   ISBN 3-924012-60-1 DM 29.80   ISBN 3-924012-70-9 DM 26.80

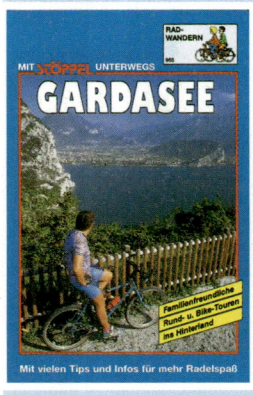

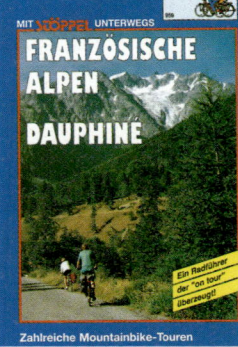

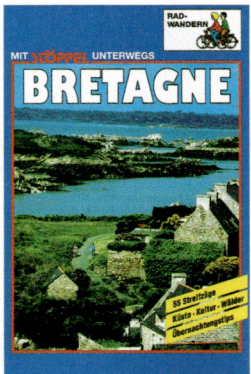

ISBN 3-924012-96-2 DM 29.80   ISBN 3-924012-90-3 DM 29.80   ISBN 3-924012-68-7 DM 29.80